JN438676

현대수필의
아포리아

김정화 문학평론집
현대수필의 아포리아

인쇄 2019년 12월 09일
발행 2019년 12월 11일

지은이 김정화
발행인 서정환
펴낸곳 수필과비평사
주소 서울시 종로구 삼일대로 32길 36(익선동 30-6 운현신화타워) 305호
전화 (02) 3675-3885, (063) 275-4000 · 0484
팩스 (063) 274-3131
이메일 sina321@hanmail.net essay321@hanmail.net
출판등록 제300-2013-133호
인쇄 · 제본 신아출판사

ISBN 979-11-5933-252-4 03800

값 15,000원

이 도서의 국립중앙도서관 출판예정도서목록(CIP)은 서지정보유통지원시스템 홈페이지(http://seoji.nl.go.kr)와 국가자료공동목록시스템(http://www.nl.go.kr/kolisnet)에서 이용하실 수 있습니다.(CIP제어번호: CIP2019050558)

Printed in KOREA

* 이 책은 2019년 부산광역시 부산광역시, 부산문화재단 부산문화재단 지역문화예술특성화 지원사업으로 지원을 받았습니다.

김정화 문학평론집

현대수필의 아포리아

수필과비평사

서문

≪현대수필의 아포리아≫라는 이름으로 첫 평론집을 발간한다. 1 · 2부에서는 그동안 ≪수필과비평≫, ≪수필세계≫, ≪에세이포레≫, ≪문학도시≫ 등에 게재한 월평과 계간평을 싣고, 3 · 4부에서는 신문, 잡지, 수필집, 문학토론회 등에서 발표한 서평과 작가론, 발제문 위주로 엮었다.

현대문학을 전공하고 비평이론 공부를 하면서 '문예 미학'에 관심이 깊었다. 서구 이론가들이 독특한 각도와 다양한 미학관으로 예술의 개념을 분석하는 방법이 흥미로웠다. 칸트와 헤겔, 마르크스와 엥겔스, 바흐친과 볼로시노프, 벤야민과 아도르노, 롤랑바르트와 움베르트 에코, 자크 데리다와 질 들뢰즈까지 그들의 논리에 많은 의문도 들었지만 인식을 뒤집는 특정한 술화述話 앞에서는 전율이 일었다. 그것이 '문학literature'에 있어서 '리테라litera'가 지칭하는 좀 더 '읽을 수 있는 능력'의 응답이 되었다고 여겨본다.

한 편의 수필을 완독하고 난 뒤 평자마다 해석의 방향은 같지 않을 것이다. 각자의 철학적 관점에 따라 분해하고 종합하는 방식 속에 논쟁과 대립이 생성될 수 있다. 본디 문학의 해석이란 언제나 문제는 있으나 해답은 없다. 어느 입장에서 해석을 해도 접근이 가능하지만 어느 입장의 해석을 해도 다 해석되는 것은 아니지 않은가. 따라서 비평가는 담론이 엉키어 풀리지 않으면 매듭을 찾아내기 위해 노력한다. 하지만 의미가 해석되지 않거나 문맥의 출구가 막혔을 때는 '아포리아Aporia' 속에 갇혔음을 확신한다.

그리스어에서 유래한 '아포리아Aporia'는 '통로 없음', '막다른 길'을 의미하며, '난처함', '당황스러움', '혼돈' 등의 뜻을 지니게 되었다. 아포리아는 풀 수 없는 문제를 지칭하는데 쓰인 단어임에도 불구하고 철학자들은 지속적인 관심을 가지게 된다. 그들은 아포리아를 새로운 진리 인식을 위한 하나의 방법론으로써 간주하였다. 상대방 이야기의 논리적 허점을 파고들어 자기주장이 모순에 빠졌음을 깨닫도록 한 소크라테스적 문답법과, 상반된 주장이 동등한 타당성으로 구성된 것을 제시한 아리스토텔레스에게 있어서 아포리아는 오히려 변증론적 논의에 걸맞은 훌륭한 출발점 역할을 하였다. 그러기에 "철학은 아포리아의 놀라움에서 시작한다."라는 명제가 성립된다.

아포리아가 철학자들이 거쳐야 하는 통과의례처럼 문학평론가 역시 텍스트 앞에서 수많은 아포리아의 난경難境에 봉착한다. 출구가 막혔을 때 평자는 어떻게 해야 하는가. 무엇을 근거로 판단을 내려야 하는가. 수필작가가 본질을 향해 탐구하듯이 수필평론가 또한 장벽을 극복하고 끊임없이 비평의 길을 내기 위하여 전진할 것이다. 아포리아는 답을 구해가는 도정道程이므로.

본 평문도 어떻게 읽을지에 관한 한 '읽기 방식'의 한 부분에 지나지 않음을 지적한다. 따라서 미숙한 부분은 더욱 노력하여 비평적 사유를 확장하겠다. 아울러 수록된 수필가들에게 고개를 숙이며, 졸저 발간을 배려해주신 서정환 사장님과 ≪수필과비평사≫에 감사를 드린다. 수필을 사랑하는 분들의 많은 격려와 고언을 기대한다.

2019년 12월

저자 김정화

차례

제2부

제3부

제4부 기획부록

제 1 부

01
수필의 생태적 상상력과 순환성

로그인

인간의 삶은 근원적으로 자연과 연결되어 있다. 죽음과 탄생, 소멸과 생성, 이별과 만남의 순환을 구성하는 자연은 인간과 교감하는 하나의 공동체인 것이다. 그러므로 인간은 자연과 적절한 조화를 이뤄 공생을 지향하며 균형 있는 생태계를 이뤄나가야만 한다. 이러한 생태의식은 인간이 자연과 하나로써 유기적 관계를 맺고 있다는 것이다.

오늘날 '생태학Ecology'은 1886년 독일의 자연학자 헤켈Haeckel이 창안하였다. '생태'를 뜻하는 '에코Eco'는 그리스어 '집'이라는 뜻을 지닌 '오이코스Oikos'에서 유래되었는데, 사람의 거주지인 집안과 주변의 다른 종들과 상호 의존하면서 가족과 같은 구성으로 이해하는 '집의 학문'으로 해석된다. 헤켈의 개념은 우주는 만물이 예상하지 못한 수많은 방식으로 연결되어 관계망의 줄이 끊어지면 피해가 일어날 것을 경고한다.

생태학적 세계관은 인간 중심에서 벗어나 자연환경 속의 생명체들에 관심을 기울인다. 인간은 주체이고 자연은 객체라는 이기적인 세계관에 저항하는 동시에 인간과 자연의 관계를 회복하려는 것이다.

수필 역시 인간의 삶과 공동체적 생명의 공존을 통해 인간과 자연이 각각 의미 있는 존재로 거듭날 수 있게 하는 글쓰기를 지향한다. 이 점을 바탕에 두고 수필작가가 보여준 '물의 순리'와 '새들과의 동거', 그리고 '생生과 멸滅'을 통해 인간과 자연을 대하는 시각과 태도에 주목하고자 한다.

1. 서정길의 〈순리를 읽다〉

만물의 근원인 물은 모든 생명체의 발생지로서 끊임없는 탐구의 대상이 되어왔다. 정화와 재생, 끓음과 고요, 젊음과 늙음, 덧없음과 영원성 등을 상징하는 기호로 작용해 왔다. 그러므로 물이 품고 있는 상징과 이미지는 인간의 고뇌가 머무는 현세적 삶의 기호들을 다중으로 해석한다. 엘리아데는 물이 모든 존재의 가능성을 가진 '모태'로 설명하고, 노자는 '최상의 선'으로, 공자는 사물의 '생멸'을 강조했다.

서정길은 〈순리를 읽다〉에서 물의 기호와 상징을 어떻게 읽어내고 있는가. 그는 '빗방울'의 질서를 통해서 '순리'를 거역하지 않는 물의 속성을 읽어낸다.

> 질서에 순응하는 빗방울이다. 인간처럼 앞 다투어 가려고 경적을 울리거나 과속하는 법이 없다. 급하고 바쁘다고 해서 얌체 짓을 않는다. 벼랑길

같은 위험천만한 곳이 널려 있지만 그 어디에도 준수해야 할 표지판이나 단속 카메라가 설치되어 있지 않다. 그럼에도 질서를 칼같이 지킨다.

작가는 낙하하는 빗줄기를 지켜보면서 물방울의 자유로운 동작에서 절제된 순리를 펼쳐낸다. 대열을 벗어나지 않고 '일사불란하게 안착하는 비', 지상에 모여 서로 '하나 되어 흘러가는 비', 질서에 순응하여 '막히면 돌아가는 비'로 구현한다. 그러면서도 서정길이 인식하는 백미는 웅덩이를 가득 채운 다음에 '낮은 곳을 향하는 비'를 제시한다. 물이 순서를 건너뛰지 않고 흘러가기에 마르지 않는다는 맹자의 '영과후진盈科後進' 사상을 압축하여 "질서를 허물고 약자를 짓밟는" 인간 사회를 풍자한다.

작가에게 비는 자신의 삶을 성찰하고 반영하는 화소로 작용된다. 물은 끊임없이 순환하며 영원성을 가지는데 인간이 추구한 물질의 덧없음은 물의 영원성과 대비되는 것이다. 인간 본래의 모습 즉, 자연 속의 인간존재로서의 원시 생명력을 복원하려면 자연과 대지에 순응하는 삶의 방식이 필요하다. 이에 작가는 자연과 조화된 인간으로 되돌아가기 위한 삶의 비전을 "나비"와 "꽃잔디"로 제시한다.

비가 그러하듯이 한갓 미물인 나비도 수만 번의 날갯짓을 통해 풍성한 열매를 맺게 한다. 순리를 거역하지 않고 치열한 삶을 살아가는 나비가 부럽기만 하다.

빗물을 한껏 머금은 도라지꽃이 화단을 환하게 한다. 저마다 화사한 꽃을 무리로 피워 이목을 끈다. 반면, 화단 돌 틈에 겨우 자리잡은 꽃잔디[홍솔]와는 대조를 이룬다.

화자의 눈길은 화단의 중심이 아니라 변방이다. 변두리 돌 틈에 끼인 꽃잔디는 화초라기보다 잡초에 가깝지만 "개화를 서두르지도 않고 민감하지도" 않다. 그저 묵묵히 제자리를 지키며 조용히 피고 진다. 꽃잔디에게서 "낮아져야만 대접을 받는다."는 통찰을 끌어올린 독보적인 해석이 돋보인다. 그러기에 섭리에 순응하는 빗물과 나비의 소명의식과 과신하지 않는 꽃잔디에 자신의 삶을 투영시키게 된다. 나아가 결미의 "의義를 지키고 원칙과 순리대로 살라."던 아버지의 유언으로써 서정길의 생태적 상상력을 한껏 끌어올렸다고 할 수 있겠다.

2. 신상숙의 〈새들과의 동거〉

진정한 존중에는 베풂의 의미가 깃들여 있어야 한다. 돌봄과 희생을 지닌 베풂의 관점으로 세상을 바라본다면 인간의 상처뿐 아니라 자연도 어루만져 치유할 수 있을 것이다. 그러한 방법 중 하나가 인간 본성의 일부인 모성애를 인식시키는 것이다. 사랑을 근본으로 하는 모성이야말로 대상을 부드럽고 포용력 있게 감싸 안을 수 있다.

신상숙이 〈새들과의 동거〉에서 보여준 상호존중 체계는 남다르다. 그가 거처하는 '터'와 새들이 사는 '둥지'에 공간의 경계를 짓지 아니한다. 생태학적 사유에서도 인간과 동물의 경계는 없다. 모든 유기체는 서로 연결되어 있으며 인간은 지구라는 거대한 집에 다른 생물 그리고 무생물과 함께 세 들어 사는 관계론적 존재라는 인식을 바탕으로 한다. 그것을 작가는 새들의 '둥지 틀기'로 설명하고 있다.

전신주 맨 꼭대기로 딱새란 놈이 자주 들락거리는 것이다. 게다가 주둥이에 벌레를 잔뜩 물고서 주위를 빙빙 도는 것이 아닌가. 세상에나 저것들이 어린 새끼들과 비바람을 어찌 피하려고 천길 벼랑 백척간두 같은 그 높은 곳에다 둥지를 틀었을까?

지난여름 박새 한 쌍이 주방 가스 환풍구에 둥지를 틀었다.

새는 하늘을 나는 비상한 능력의 존재로서 인간의 영원한 이상향인 하늘에 존재한다. 시공을 넘어 인간에게 초월과 비상의 상징으로 인식되어왔다. 그러한 신성의 새가 화자의 주방에 거처를 마련했다. 전신주 꼭대기에 둥지를 튼 딱새와 달리 박새가 먼저 세속으로 발을 내디딘 것이다. 물론 처음에는 새끼들이 질러대는 소리가 여간 성가신 것이 아니다. 그러나 어미 새가 먹이를 사냥해오는 동안 새들과의 삶에 동화되어 떠나갈 때를 자연히 기다리기로 마음먹는다. 결국 베푸는 것이 곧 자신을 위한 것임을 인지한 작가의 생태적 마음을 헤아린 딱새마저 "지붕 물받이 홈통" 속에 깃들기 시작한다. 하지만 동네 사람들의 "시끄럽게 떠들어대는 소리"에 딱새는 알 낳을 자리를 옮겨버렸고, 인간들의 실수에 화자는 마음을 애태운다.

곳간 구석을 뒤져대기 시작했다. 갈대로 엮은 발 위에 부화한 새끼 네 마리가 소복하게 쌓여 있는 회색 털을 비집고 노란 주둥이를 삐죽이 보였다. …… 새들이 몰래 한 사랑을 내게 어이없게 들키고 말았으니. 새들의 애타는 심정을 무시한 채 남편과 아들에게 새들의 기쁜 소식을 알렸다.

신상숙이 새로이 발견한 것은 새의 둥지를 넘어서 자연에 내재된 생명체에 대한 존재의 재발견이다. 새들을 만날 때마다 "마음이 편하고”, “욕심을 내려놓을 수” 있으며, 삭막한 겨울에도 그의 “마음이 춥지 않”다. 마찬가지로 떠나버린 새들의 빈 둥지를 볼 때면 네 명의 자식을 키워낸 자신의 “헐렁한 자궁”을 연상한다. 그러한 사유는 삼라만상의 관계 그물망은 끝없는 반복과 순환과 평형을 이룬다는 생태적 상상력을 함의하는 것으로 볼 수 있다.

3. 설성제의 〈소만小滿에 부치다〉

설성제의 자연에 대한 완상은 소만小滿의 절기에 주목하여 밀도 있는 성찰을 보여준다. 소만의 ‘만滿’ 자에 햇볕이 풍부하고 만물이 점차 자라 가득 찬다는 의미가 담긴 만큼 이 시기에는 꽃이 떨어지고 식물이 열매를 맺는다. 벌과 나비를 불러들이던 꽃이, 깊은 향기로 사람을 불러대던 꽃이, “기꺼이 막을 내리고” 때에 “순복”했다. 작가는 그러한 소만을 이르러 “꽃이 제 임무를 다하자 나무에게 새로운 일이 시작되는” 절기, “멸滅에서 생生으로 건너가는” 시기로 단언한다.

> 자리를 내어 준다는 것은 쉬운 일이 아니다. 꽃이 진다고 그 자리에 모두 열매가 앉는 것도 아니다. 비록 열매가 맺었다고 해도 햇볕과 물이 주어지고 바람이 다녀가야 하며 벌레로부터도 상하지 않아야 한다. 태풍도 홍수도 잘 이겨낸 뒤에야 비로소 참된 열매로 영글어질 수 있다.

설성제에게 꽃 진 자리는 소멸이 아닌 생성의 자리로서 끊임없이 창조되고 재생되는 순환성의 표상이다. 꽃과 열매가 서로 종속관계이거나 대립하는 존재라면 향기를 피울 수 없고 열매를 맺는 성장단계는 형성되지 않는다. 자연은 그리스어로 '피시스Physis'라고 한다. 피시스는 본래 생성을 뜻한다. 자연의 외면은 꽃피고 열매를 맺으며 소멸하는 것처럼 보이지만, 내면의 생명력은 언제나 재생의 준비를 하고 있는 것이다.

그러한 이치를 제대로 인식하지 못하고 "내 안의 꽃"에 집착하여 "봄의 열락"만 즐기려 했다면 작가의 고백대로 놓아버리고 싶지 않아서 힘들고, 곪고, 아플 수밖에 없다. 그러나 작가가 소만이야말로 "축복의 시점"임을 인지하고 "자신을 거둠질"하여 또 하나의 계절을 받아들이게 되는 것이다.

> 만물의 품으로 바람과 햇볕이 그득해지는 절기, 소만小滿이다. 영장靈長의 품속까지도 모든 것이 풍성해질 것이다. 꽃이 내어주고 간 자리 자리마다 열매가 차오를 것이기에 미리 찬사를 보낸다.

작가의 의식은 생명의 명을 우주의 것으로 보고 인간의 생명 역시 우주의 명에 순응해야 함을 내포한다. 그러기에 훗날 자신의 "꽃 진 자리에 맺힐 열매"를 희원할 수 있으며 아울러 자신이 "맺어야 할 열매"까지도 그릴 수 있게 된다. 이로써 작가는 현대사회의 욕망과 이기심을 에둘러 지적하는 한편, 그 대안적 삶에 대한 탐구 방법을 제시했다고 간주한다.

프랑스 작가 자크 브로스Jacques Brosse가 주장한 "식물의 신화가 사라진다면 인간의 역사도 사라진다."라는 말을 떠올리며 설성제의 자연친화적인 언어가 독자의 의미망에도 뿌리내리길 기대한다.

로그아웃

생태적 사유는 자연에 대한 인간의 태도변화를 근본적으로 촉구한다. 인간이 자연의 지배자라는 인간중심주의에서 벗어나 자연 역시 공동체를 이루기 위한 한 구성원이라는 인식을 지녀야 한다. '에고Ego'를 '에코Eco'로 확장하는 탈중심사고의 지향을 스스로 발전시키는 것이다.

인간과 사물이 근원적으로 평등하다는 생각은 생태학적 인식을 기반으로 한다. 이번 호에서는 자연과 인간이 어떠한 방식으로 소외와 공생, 그리고 순환하는지를 생태학적 측면에서 살펴보았다.

서정길의 〈순리를 읽다〉를 통해 자연과 대지에 순응하는 삶의 방식을, 신상숙의 〈새들과의 동거〉에서 공생은 상호존중을 통한 베풂으로 이어져야 함을, 설성제의 〈소만小滿에 부치다〉에서 소멸과 생성은 순환의 고리로 연결되어 있음을 알 수 있었다. 이로써 우주만물의 모든 생명체는 결국 '존재의 사슬'로 연결되어 있음을 재확인하게 된 셈이다.

| 작품 |

순리를 읽다

서정길

먹구름이 몰려온다 싶더니 '후두둑' 탁음과 함께 소낙비가 쏟아진다. 처마를 타고 내리는 빗줄기는 잔디에 내려앉는 짧은 순간에도 질서를 흩트리지 않는다. 묵직하게 내리는가 싶더니 날렵한 동작으로 착지한다. 절제된 멋진 동작은 올림픽 메달감으로 손색이 없다.

물방울은 잘 훈련된 병사처럼 대열을 벗어나지 않고 일사불란하게 안착한다. 하지만 똑같은 속도는 아니다. 스타카토처럼 내리기도 하고 답답할 정도로 여린 박자로 내리기도 한다. 때로는 베토벤의 월광 소나타 3악장처럼 가늠조차 어렵지만 질서만큼은 정연하다. 늦다고 채근하지도 빠르다고 불평하지도 않는다. 서로 앞다투어 뛰어내릴 법도 한데 유순한 성격인지 부딪치는 일도 없고 우왕좌왕하지도 않는다. 자유로운 동작에서 절제된 순리를 본다.

바람이 불자 빗방울의 몸짓이 금방 달라진다. 지금까지의 일사불란한 동작을 멈추고 처마에서 떨어지는 순간 몸을 뒤튼 채 내리기도 한다. 사다리를 타고 내리듯 규칙적으로 내리던 모습은 온데간데없다. 자신의 숨은 끼를 발휘하듯 공중에서 펼치는 묘기는 신기에 가깝다. 하나로 합쳐지다가도 뿔뿔이 사방으로 흩어져 예상치 못한 곳에 낙하하기도 한다. 처마와 마당을 잇는 짧은 공간에서 연속 동작으로 펼치는 공중곡예는 아찔한 순간을 맞기도 하지만, 지상에 안착하는 순간 본연의 모습을 되찾는다. 땅에서는 서로를 부둥켜안고 하나임을 확인한다. 그리고는 어깨동무를 한 채 낮은 곳을 향해 여유롭게 흘러간다. 끈끈한 우애를 유감없이 발휘하는 모습이 대견하다.

세차게 내리던 소낙비가 세우로 바뀌는가 싶더니 이내 말갛게 갠 하늘이 고개를 내민다. 소나기에 목욕한 햇볕이 신선하다. 잔디에 머물던 빗방울이 햇살과 짝을 이뤄 오색영롱한 빛을 발산한다. 맑고 고운 빛깔에 시선을 뗄 수 없다. 마당에 머물며 잔디를 파릇하게 단장시킨 물방울이 고맙다. 잎마다 뒹굴던 빗방울은 햇살에 하나둘 종적을 감춘다. 물방울은 좀처럼 흔적을 남기지 않지만, 이번에는 촉촉한 습기를 대지에 남겨 두었다. 어디에 머물든 간에 물의 속성을 잃지 않으면서도 때와 장소에 따라 자연스럽고도 대담하게 변신을 꾀하고 있다. 고지식하고 미련스럽게 달려온 내 모습과는 너무나 대조적이다.

질서에 순응하는 빗방울이다. 인간처럼 앞다투어 가려고 경적을 울려대거나 과속하는 법이 없다. 급하고 바쁘다고 해서 얌체 짓을 않는다. 벼랑길 같은 위험천만한 곳이 널려 있지만 그 어디에도 준수해야 할 표지판이나 단속 카메라가 설치되어 있지 않다. 그럼에도 질서를 칼같이 지킨다. 하지만 우리는 스스로를 제어하는 수많은 장치가 있음에도 사고로 몸살을 앓는다. 질서 위반의 대가가 목숨을 담보로 할 만큼 위험한데도 말이다. 스스로 정한 질서를 허물고 약자를 얕잡거나 짓밟는 일이 일어나는 인간사회와는 달리 비는 순리를 거역하는 법이 없다. 막히면 돌아가고 웅덩이를 만나면 가득 채운 다음에야 낮은 곳을 향한다. 순리의 백미일까 싶다.

비는 존재를 드러내지 않지만 모든 생명에 자양분을 공급하여 만물을 풍성하게 한다. 보랏빛으로 단장한 도라지꽃에 나비 한 마리가 입맞춤을 하고 있다. 몸을 맡긴 도라지꽃이 가늘게 흔들린다. 춤추는 나비의 몸통이 금빛으로 물든다. 나비를 유혹하는 꽃들이 여기저기에서 손짓한다. 나비는 기다렸다는 듯 기꺼이 구애를 받아 준다. 정해진 순서가 있을 리야 없겠지만, 어느 꽃 하나라도 빠트림이 없이 날아드는 나비의 소명의식은 남달라 보인다. 쉼 없는 날갯짓으로 지칠 만도 한데 전혀 지친 기색이 없다. 짧은 시간 꽃과의 교감이 짜릿해 보인다. 비가 그러하듯이 한갓 미물인 나비도 수만 번의 날갯짓을 통해 풍성한 열매를 맺게 한다. 순리를 거역하지 않고 치열한 삶을 살아가는 나비가 부럽기만 하다.

빗물을 한껏 머금은 도라지꽃이 화단을 환하게 한다. 저마다 화사한 꽃을 무리로 피워 이목을 끈다. 반면, 화단 돌 틈에 겨우 자리 잡은 꽃잔디[홍솔]와는 대조를 이룬다. 화초라기보다는 잡초라고 해도 좋을 듯한 꽃이다. 개화를 서두르지 않으며 피고 지는 것에 민감하지도 않다. 순리를 아는 꽃잔디는 먼저 핀 꽃이 질 무렵에야 차례로 꽃봉오리를 내민다. 도라지꽃처럼 잘난 체 고개를 내밀어 과신하지도 않는다. 땅에 기댄 꽃잔디는 봄부터 가을까지 조용히 무리지어 핀다. 바람이 볼에 닿아야만 그제야 살짝 향기와 미소를 발산한다. 한 번쯤 관심을 가져달라며 응석이라도 부릴 텐데 말없이 제자리만 지킨다. 낮아져야만 대접을 받는다는 사실을 잘 알고 있는 듯하다.

비 갠 밤하늘을 바라본다. 무수히 반짝이는 별들이 꽃이 된다. 꽃길 사이로 걷고 있는 내가 보인다. 내가 걸어온 삶의 궤적이 뒤엉켜있다. 이순耳順을 넘긴 세월 동안 남긴 무수한 발자국이다. 형체를 알 수 없을 정도로 희미하거나 금방 남긴 것처럼 선명한 것도 더러 있다. 걸어온 삶 곳곳에 찢어지고 굽고 패인 생채기가 얼룩으로 남아 있을 줄이야.

삶의 궤적을 깨끗이 닦고 싶다는 충동이 뇌리를 자극한다. 심호흡을 하며 남은 생을 어떻게 갈무리해야 할지 생각에 잠긴다. 오묘한 섭리에 순응하는 빗물이기보다는 자신의 영달에만 집착했을 뿐이다. 나비처럼 부지런한 날갯짓은 무의미한 일이라 여겼다. 꽃잔디의 매력보다는 늘 화려한 도라지꽃으로 인정받고 싶었다. 질서와 순리에 순응하는 것이야말로 나를 지켜내는 유일한 방법임을 이제야 조금은 알 것 같다. 의義를 지키고 원칙과 순리대로 살라던 아버지의 유언이 유성이 되어 내 가슴에 안긴다.

| 작품 |

새들과의 동거

신상숙

누가 저 새들을 미물이라 했던가. 악천후에도 새끼를 포기하지 않는 저들이야말로 영물이 아닌가 싶다.

새들의 지저귐으로 새벽잠을 설친 때가 한두 번이 아니다. 그런데도 녀석들의 둥지가 눈에 띄지 않는다. 우리 집 근처에서 새끼를 낳아 기르는 녀석들이 하도 신기해서, 이곳저곳을 아무리 살펴봐도 먹이를 물어 나르는 모습만 보일 뿐이다.

제비들은 오히려 천적을 피하고자 사람이 거처하는 집에다 둥지를 튼다고 하는데, 집 근처에서 재잘대는 수많은 새 떼가 어디에다 둥지를 틀었을까? 서리가 내리면 나뭇잎이 다 떨어지고 앙상한 가지만 남게 마련이다. 초겨울 쓸쓸한 조팝나무 가지에 걸쳐 있는 빈 둥지를 보고서야 궁금증이 다소나마 풀렸다.

이젠, 녀석들의 낯가림도 끝나가련만 저것들이 아직까지도 나 몰래 새끼를 치고 있다. 나와 마주한 지 십 년이 훨씬 넘었는데도 내 마음을 몰라준다고 아쉬워하던 차에 대문 앞 전신주 맨 꼭대기로 딱새란 놈이 자주 들락거리는 것이다. 게다가 주둥이에 벌레를 잔뜩 물고서 주위를 빙빙 도는 것이 아닌가. 세상에나 저것들이 어린 새끼들과 비바람을 어찌 피하려고, 천길 벼랑 백척간두 같은 그 높은 곳에다 둥지를 틀었을까?

지난여름 박새 한 쌍이 주방 가스 환풍구에 둥지를 틀었다. 처음 며칠은 여간 신기한 것이 아니었다. 하지만 가슴 설렘도 한순간, 인내심에 한계를 느껴야 하는 일이 벌어지고 말았다. 어미 새가 먹이를 사냥해오는 횟수가 점점 늘어나면서, 하루가 다르게 무럭무럭 커가는 새끼들이 질러대는 소리가 어찌나 시끄러운지, 도저히 참기 어려울 지경이다. 궁여지책으로 환풍구를 주먹으로 '팡팡' 두들겨 보았지만, 처음에는 쥐죽은 듯 조용하던 녀석들도 만성이 되었는지 그 짓도 별반 소용이 없다. 결국, 내가 포기하고 얼른얼른 자라서 떠나갈 때를 기다리는 수밖에 묘책이 따로 없었다.

어느 날 딱새가 지붕 물받이 홈통 속에서 '따다닥 따다닥' 요란하게 쪼아댄다. 알 낳을 자리가 마련되었다고 제짝에게 신호를 보내는가 했다. 박새에 이어 딱새도 내 집에 깃들다니 이건 분명히 경사스러운 일이다. '저 새들이 전신주 꼭대기에서 내 마음을 다 들여다본 거야!' 그러나 기쁨도 잠시 녀석들이 둥지를 포기하는 일이 일어나고 말았으니, 마실 온 사람들이 떠들어대는 바람에 불안한 딱새 부부가 휘리릭 날아간 것이다. 새들의 짝짓기 철에는 등산객도 휘파람 부는 것조차 삼가는데, 딱새가 집짓기 하는 옆에서 시끄럽게 떠들어대는 사람들이 밉지 않을 수 없었다.

곳간 정미기 근처엔 방아를 찧을 때 흘린 낟알이 새들의 먹잇감으로는 더없이 좋다. 그 때문에 여러 종의 새들이 먹이를 취하려고 찾아들게 마련이다. 그런데 딱새 수놈이 참새무리가 나타나기가 무섭게 잽싸게 달려들어 쫓아내는 것이다. 저 새들도 서로 다툼을 하면서 싸움에서 밀려난 참새가 쩔쩔매나 했다. 아니! 딱새 주둥이에 벌레가 잔뜩 물려 있는 것이 아닌가. 이제야 낯가림을 끝내고 우리 집에 둥지를 틀다니 그렇게 반가울 수가 없다.

그러나 참지 못하는 내 조급증 때문에 곳간 구석을 뒤져대기 시작했다. 갈대로 엮은 발 위에 부화한 새끼 네 마리가 소복하게 쌓여있는 회색 털을 비집고 노란 주둥이를 삐죽이 보였다. 목을 움츠린 채 죽은 듯이 꼼짝도 하지 않는 털북숭이를 손가락으로 툭툭 건드려 보았지만, 목만 움찔움찔할 뿐이다. 새들이 몰래 한 사랑을 내게 어이없게 들키고 말았으니, 새들의 애타는 심정을 무시한 채 남편과 아들에게 새들의 기쁜 소식을 알렸다.

이날 해 질 무렵 어미 딱새가 애간장이 녹아내리듯 울어대는 것이 아닌가. 어쩌면 좋으랴! 나의 잘못으로 새끼를 포기하려고 슬피 우는 것 같아서 조바심이 나기 시작했다. 이튿날 아침 해가 뜨면서 내 걱정도 말끔히 사라졌다. 초조하게 날 밝기를 기다린 내 앞에 녀석들이 다시 먹이를 물고 나타난 것이다. 둥지 가까운 추녀 아래서 잠을 자면서까지 망을 보던 어미 새가 잠자리를 옮기면서, 새끼들에게 아무 걱정하지 말라는 신호를 보냈을 성싶다.

그 후에도 궁금증이 매일 매일 발동을 해서 새끼들이 커가는 모습을 막내와 번갈아 가며 들여다보았다. 새끼들이 떠나던 날, 한쪽이 비어있는 둥우리에 두 마리 새끼가 눈을 깜빡이고 있었다. 천적에게 들켰나 걱정을 하는 순간 남겨진 두 마리도 포르르 날아가 버렸다.

새끼들이 떠나가 버린 빈 둥지의 따뜻한 온기가 네 명의 자식을 키워낸 헐렁한 내 자궁처럼 허무감이 쓸쓸하게 가슴을 파고들었다. 첨엔 나의 조급증 때문에 어린 것들이 날아가 버렸나 싶어 가슴이 철렁했지만, 내 염려와 달리 어미 새가 집 근처에서 뻔질나게 먹이를 물어 나르며 새끼를 돌보고 있었고, 딱새들은 제비와는 달리 날개가 덜 자란 상태로 둥지를 떠난다는 것을 나중에 알게 되었다.

농촌 생활에 활기를 불어넣는 새들을 만날 때마다 마음이 편하고 즐겁다. 거기에다 딱새와 박새가 우리 집에서 새끼까지 쳤으니 말이다. 새 떼들이 농작물을 망가트리기 때문에 홀대를 받기도 한다. 하지만 온갖 해충을 먹이 사슬로 살아가는 새들을 보호하다 보면, 농작물에 기승을 부리는 병충해

발생도 차츰차츰 줄어들 것이 아닌가.

늘 푸른 숲속에서 우짖는 꾀꼬리와 봄소식을 담아오는 뻐꾹새 울음소리에 부질없는 욕심을 내려놓을 수 있어서 좋고, 더구나 큰 기러기무리가 앞 논배미에서 편안하게 휴식을 취하고 있으니 좋다. 영하 15도를 오르내리는 이렇게 추운 겨울이지만 내 마음이 조금도 춥지 않은 것은 딱새와 박새가 새끼를 이끌고 여전히 내 주위를 맴돌고 있으니, 삭막할 것 같은 이기울의 생활이 이보다는 더 좋을 순 없다.

* 정미기 : 가정용, 소형 방아.
** 이기울 : 민통선 부근 마을 이름.

| 작품 |

소만小滿에 부치다

설성제

소만小滿에 이르렀다. 여름 문턱에 들어선 후 처음 만나는 절기로 햇볕이 많고 만물이 점점 생장하여 가득 차오른다는 의미를 지녔다. 실제로 꽃이 떨어지고 열매가 맺기 시작하는 시기, 벌과 나비를 불러들이던 꽃이 제 임무를 다하자 나무에게 새로운 일이 시작되는 것이다. 열매를 맺기 위해서는 꽃이 져야만 하는 자연의 순리에 따라 소만은 멸滅에서 생生으로 건너가는 징검다리와 같은 시기이다.

도도한 봄날이었다. 담벼락에 줄지어 서서 오줌을 누는 개구쟁이들처럼 노란 개나리가 새실거렸다. 목련은 나뭇가지 위로 촛대를 세우고 심지에 불을 밝혔다. 돌 틈에 앉은 영산홍도 한껏 타올랐다. 뒤이어 조팝과 이팝이 가지가 휘어지도록 하얀 튀밥을 쏟아냈다. 배와 사과며 복숭아나무에도 꽃이 피어 서로의 존재를 알렸다. 꽃을 보고서야 이름을 알아주는 것이 서운하듯 저마다 더 깊은 향기로 사람들을 불러댔다.

그제야 나도 아파트 마당에 앉아 꽃잎을 헤아리며 그들의 이름을 불렀다. 그러다 시멘트 바닥에 내려앉아 퇴색되어가는 꽃잎에서 화무십일홍, 짧은 생에 대한 안타까움을 보았다. 존재의 무상함이 애달팠다. 꽃의 향락을 좇아다니던 내 인생의 봄도 이제는 꽃잎을 하나씩 내려놓아야 할 때가 되었던

가. 공원 한켠에 뒤늦게 자리 잡은 꽃 잔치도 기꺼이 막을 내렸다. 달고 따사로운 햇살을 떠나지 못해 머뭇거리다가도 꽃은 때에 순복했다.

어느새 완연한 초록의 계절을 맞고 보니 떨어진 꽃자리에 할 일을 마친 후련함이 보였다. 떠난다고 끝이 아니며 슬픈 것도 아니라고 말하는 것 같았다. 인생에서도 꽃이 졌다고 청춘이 식은 것은 아니다. 내일을 향한 그리움을 품고 더 큰 열망을 꿈꾸는 것이 아닐까 싶었다.

꽃이 져야만 열매가 맺힌다. 벌과 나비가 부지런히 꽃술을 펴 나를 때부터 꽃은 열매를 꿈꾼다. 언젠가는 제 자리를 털고 떠나야 한다는 것도 알고 있었으리라. 그래서일까, 미련 없이 낙화하는 의미를 아는 사람들이 되레 꽃놀이를 즐겼던가 보다. 하다못해 텃밭에 핀 냉이꽃, 파꽃, 부추꽃도 꽃 진 자리에 씨를 남겨 거룩한 본능을 실천한다.

자리를 내어 준다는 건 쉬운 일이 아니다. 꽃이 진다고 그 자리에 모두 열매가 앉는 것도 아니다. 비록 열매가 맺었다고 해도 햇볕과 물이 주어지고 바람이 다녀가야 하며 벌레로부터도 상하지 않아야 한다. 태풍도 홍수도 잘 이겨낸 뒤에야 비로소 참된 열매로 영글어질 수 있다.

자식은 부모의 열매다. 많지 않은 자식이라 애지중지하며 마음에서 놓지 못해 그 끈을 묶어놓는다 해서 좋은 열매가 되는 것은 아니다. 품 안에 넣고 있던 시간이 어느 정도 지나면 부모는 마음자리를 비울 수 있어야 하리라. 맘껏 자라 무르익을 수 있도록 자리를 내어주지 않는다면 부모도 자식도 결국 시들어버리고 말 것이다. 자식도 부모가 비켜주는 자리만큼 성장하기에 인생사도 꽃 져야 열매 맺는 자연의 이치와 다를 바 없다. 소만, 열매를 위해 꽃을 거두는 이 절기야말로 축복의 시점이라고 할 수 있겠다.

올봄 꽃이 질 무렵 몸이 무던히 아팠다. 인생의 절기를 제대로 계산하지 않은 탓이었다. 봄의 열락만 즐기려 내 안의 꽃에 집착했는지도 모른다. 놓아버리고 싶지 않은 것들, 오래오래 붙잡고 싶었던 것들이 시들어가며 향기마저 사라지는 것 같았다. 가지가 꽃을 떨어뜨릴 때의 고통이 싫다고, 지는 꽃도 그 아픔이 힘들다고 서로 놓지 못한다면 곪을 수밖에 없다. 자기로부터 자신을 거둠질한다는 것만큼 어려움도 없는 것 같다.

이치를 거스르지 않고 그 흐름에 부합하며 또 하나의 계절을 받아들여야 하리라. 그렇다면 떨어진 꽃에 연연할 때가 아니다. 이제 맺고 영글어가야 할 열매를 생각해야 한다. 성경에 9가지의 열매가 나온다. 사랑, 희락, 화평, 오래 참음, 자비, 양선, 충성, 온유, 절제이다. 누구나 축복의 삶을 위해 이 열매를 갈망한다. 지금껏 붙들고 싶었던 내 안의 욕망의 꽃들을 놓지 않고서는 이런 거룩한 열매를 맺을 수가 없다니, 더구나 이 중 어느 하나도 고통의 대가 없이 얻을 수 있는 것은 없다. 훗날 나의 꽃 진 자리에 맺힐 열매는 무엇인지, 내가 맺어야 할 열매는 또한 어떤 것인지 그려본다.

만물의 품으로 바람과 햇볕이 그득해지는 절기, 소만小滿이다. 영장靈長의 품속까지도 모든 것이 풍성해질 것이다. 꽃이 내어주고 간 자리 자리마다 열매가 차오를 것이기에 미리 찬사를 보낸다.

02

내적시선으로 그려낸 수필화隨筆畵

들어가며

인간은 자아가 가지는 의미 변화를 통해 세계와 소통한다. 무엇을 보고 듣는다는 것은 외부의 '대상'과 내면의 '마음'이 서로 만남으로써 가능해진다. 그것은 내적시선에 비춰진 대상으로써 의식이 확장될수록 내적 존재는 깊어지고 외적 지평은 풍요로워진다.

우리가 대면하고 있는 세계는 고정적이며 규칙적인 것이 아니라 지속적으로 변화하는 속성을 가지고 있다. 에리히 프롬은 자신을 알기 위해서는 감추어지지 않은 것뿐만 아니라 감추어지고 억압된 것에 대해서도 자각할 것을 이야기하고 있다. 만물의 흐름과 함께 인간 내면세계의 변화도 이해하고자 주목한 것이다. 어떤 가시적 현상을 마주할 때 원인과 결과를 내면의식과 연관지어 본다면 삶을 보다 넓게 이해하게 된다.

창작 역시 내면 탐구를 통한 정신적 활동이다. 수필은 무엇보다 자기 자신에 대한 생각을 기반으로 하고 있다. 작가는 외부 대상들을 통해서 내재된 의미를 읽어내며 자기 자신을 이해한다. 내적시선으로 표현한 수필은 '나[自己]'를 되돌아볼 기회가 되는 것으로 자기인식에 이르게 한다. 그러나 이 일은 지속적인 노력과 지혜와 인내를 필요로 한다.

작가가 어떠한 내적시선으로 수필의 테두리 내에서 자기실현에 이르렀는가를 백두현의 〈마이동풍〉에서 '호칭'의 수용과 송귀연의 〈벼꽃〉에서 보여준 '찰나'의 의미와 이일배의 〈단풍을 보는 법〉에 나타난 '풍경'의 관조법을 통하여 살펴보려 한다.

1. 백두현의 〈마이동풍馬耳東風〉 : 호칭을 듣다

'나는 누구인가?'라는 물음은 자아정체감을 반영한다. 그것이 타자를 통해 획득한다면 화자가 청자를 부르는 부름말을 어떻게 받아들이는가에 따라 결정하게 된다. 의사소통의 시작 지점은 호칭이다. 그러기에 호칭은 인간관계를 이루는 도구라고 할 수 있다. 화자는 상대와의 친밀감과 연령 그리고 사회적 지위에 주목해서 호칭을 결정하게 되는데 그 방법은 다양하다.

백두현 역시 자신을 부르는 호칭에서 잠재되어 있던 자아의 본능이 발현된다. 본인이 사회적 주체로서의 자신이 누구인지에 대한 내적갈등을 경험하게 되는 것이다. 해를 더할수록 판단력과 분별심도 생기고 사회적 위치에 따라 아랫사람도 늘기 마련이다. 나이를 먹는다는 것조차 성숙의 개념으로 여기던 그였다. 하지만 언제부터인가 "아버님"이라는 호칭에 대해 점점 부담을 느끼게 된다.

그런데 그 아버님이라는 호칭이 참 묘하다. 내 나이에 어울리는 호칭이거니와 막연하게 존칭이란 것도 인정하지만 마냥 달갑진 않은 이유가 뭘까. 정확하게 말하면 나이를 먹을 만큼 먹었다는 표현이라 유쾌하지 않은 것 같다. 좀 간지럽기는 하지만 술자리에서 취기에 들어봤던 젊은 오빠란 호칭이 차라리 낫다는 생각이다.

작가는 "아버님"이란 호칭이 표준화법에는 어긋나지만 친근감을 더하기 위한 발화라는 것도 인정한다. 처음 만나는 타인에게 "아버님" 정도의 호칭이라면 무난하다는 생각도 한다. 그러나 "아버님"이라는 호칭은 상대를 하대하지는 않지만 "대충 존중해주는 표현"인 것만 같아서 서운하고 씁쓸하다. 그동안 "아버님"이라는 호칭을 들으면서 내심 "선생님"이란 호칭을 기대했을는지도 모른다. 2인칭 대명사인 호칭으로써 존경감과 친화력과 힘의 우위가 표상된다는 것을 알기 때문이다. 그러던 차에 "더욱 기가 막힌 사건"이 발생한다.

지난 주 속이 안 좋아 내과에 들렀는데 초음파 검사를 하던 의사가 계속해서 "아저씨는 간이 안 좋으세요. 아저씨는 술 드시면 안돼요." 하고 계속 아저씨 타령을 해대는 게 아닌가. 기껏 서너 살 아래로 밖에 보이지 않는 내과의사가 줄기차게 아저씨 타령을 해대는데 왜 그렇게 언짢던지.

한국 사회에서는 우연히 만난 남성 어른에게 "선생(님)"이라고도 하지만, 나이를 짐작하여 "오빠, 아저씨, 아버님, 어르신" 등으로 표현한다. 백두현은 "아저씨"라는 호칭 앞에서 평소 달갑지 않던 "아버님"도 "괜찮은 호칭"임을 비로소 자각한다. 실생활에서 친족에서만 쓰던 "아버님"의 세력이 매우 커져 오늘날 나이든 남자에 대한 경칭의 현실언어가 되어버렸음을 인지한 것이다. 아울러 아직 "어르신"이라고 명명되지 않았으니 스스로 기운이 조금 남은 남자 어른으로 해석을 모색한다. 시간과 상황의 변화에 따라 스스로를 순응시키는 자신의 내면을 발견한 까닭이다.

2. 송귀연의 〈벼꽃〉 : 찰나를 생각하다

인간의식의 뿌리에는 직선의 시간이 흘러간다. 멈추지 않는 시간을 우리는 항상 과거, 현재, 미래로 구분하고 있다. 현재라는 중심에서 직선을 분할하여 좌측이 과거라면 우측은 미래가 된다. 우리는 이러한 시간의식으로 세상을 보고 현실을 이해하고 사물을 다루며 타인과 관계를 맺는다. 그러나 단지 이것으로 '시간'이라는 개념을 구분 지을 수 있을까.

송귀연이 시간에 대해 내적시선이 머문 곳은 벼꽃이다. 작가는 벼 대궁에 "떡고물처럼 붙어" 있는 벼꽃을 들여다보며 생과 사, 생성과 소멸, 무한성과 유한성에 대한 문제를 제기한다. 벼꽃이 피어 있는 찰나의 순간을 마주함으로써 자신의 존재 의미를 밝히고 삶에 대한 새로운 인식을 가능하게 한다.

> 자세히 관찰하지 않으면 꽃으로 느낄 수 없는 작은 존재들. 이 놀라운 개화는 아주 짧은 시간에 생을 접고 황망히 떨어져 버린다. 벼꽃은 찰나의 인생이다. 대체로 입추에서 말복 사이에 꽃이 핀다. 연초록 벼 껍질이 벌어지면 새하얀 수술이 고개를 내밀면서 수정이 이뤄진다. 그러나 열렸던 껍질

이 불과 한 시간여 만에 다시 닫히면서 꽃의 생애는 허무하게 끝나고 만다.

흔히 전광석화電光石火보다도 더 짧은 시간을 '찰나'에 비유한다. 실제로 그 찰나가 이어지고 있으나 존재하는 것은 아니며 늘 사라지고 만다. 작가 또한 영속적인 것은 아무것도 없음을 인지하며 찰나의 순간을 환기시킨다. 두 해 정도 삶을 살다 간 "벼꽃 같은 아이", 빛을 포착한 그림을 그린 "인상주의 화가들", 작품을 대하자마자 순식간에 사라지는 "샌드아트" 영상, 그리고 총각 선생님을 좋아했던 찰나 같은 "첫사랑"의 기억까지 소환하여 사유의 시간을 갖게 되는 것이다.

> 삶과 죽음의 모호한 경계에서 한 치 앞을 모르고 치열하게 살았던 지난 시간들 모두 부질없는 욕심이었다. 삶 또한 찰나에 불과한 것을. 행복은 자신이 가진 물질만큼 비례해서 느낄 수 있는 건 아니었다. …… 백년도 살지 못하는 짧은 인생, 내 것이 있을 수 없다. 다만 잠시 머무를 뿐이다.

송귀연은 찰나와 영원이란 단어들이 모두 "인간의 마음에서 만들어낸 결과"임을 잊지 않는다. 그것은 인간은 누구나 죽음을 향해서 가고 있다는 유한성에 바탕을 두는 것이다. 작가에게 이러한 죽음의 지각은 주변을 살뜰히 챙기지 못한 채 "움켜쥐기 위해 아등바등"하였던 젊은 날의 자기중심적인 삶을 반성한다. 찰나와 겁劫의 의미를 같이하는 불교사상을 빌어온다면 인간이 설정한 시간의 의미를 '새로고침'할 수 있게 된다. 과거, 현재, 미래는 병렬되어 있으면서 동시에 존재하는 것이니까 송귀연 역시 "백년도 살지 못하는 인생, 내 것이 있을 수 없다.”는 내적인식에 다다르는 것이다.

3. 이일배의 〈단풍을 보는 법〉 : 풍경을 읽다

‘보다see’라는 말에는 관찰을 통한 인지와 판단이 포함되어 있다. 인간은 신체적 경험으로 외부세계를 인식할 때 대부분 시각을 통해 인지한다. 이때 ‘본다’는 행위는 눈에 비친 모든 것을 대상으로 하는 포괄적인 개념이 아니라 시선이 미치는 범주 내에서만 가능하다. 따라서 대상과 주체의 거리에 따라 각기 다른 결과물이 도출된다.

이일배는 “한촌 숲정이”에 살면서 계절 따라 성대한 꽃 잔치를 벌이는 뒷산 풍경에 주목한다. 설화로 순백의 세상을 만드는 겨울을 지나 꽃 대궐을 이루는 봄과 녹음의 여름을 거쳐 “한바탕 단풍의 향연”을 벌이는 가을에 다다랐다. 이러한 단풍철이면 그는 묵언으로 황홀한 산빛을 감상한다. 인간의 말이 자연의 “참모습에 티를 지울까” 주저하는 까닭이다. 하지만 숲속 나무의 망막에 비치는 형상으로써의 ‘단풍’에서는 멀리 들판과 마을에서 바라보던 웅장한 빛깔을 찾아볼 수 없다. 이에 작가는 진정한 단풍 감상법을 찾으려는 내적의식이 작동하게 된다.

> 단풍을 어찌 그렇게만 볼까. 단풍을 보는 마음에 어찌 정서와 감각이 일지 않을까. 그 마음으로 한철을 장식하는 단풍의 아름다움에 순박하게 젖을 양이면, 들판에서, 마을에서 눈을 들어 그 자색을 볼 일이다. 그렇게 멀찍이 바라볼 일이다.

사물을 바라보는 작가적 시각을 반영했다. 아울러 ‘광화문 글판’에서 시민들에게 많은 사랑을 받은 "자세히 보아야 예쁘다/ 오래 보아야 사랑스럽다"는 시구를 떠올린다. 그러나 풀꽃 사랑법과 단풍의 감상법은 상반됨을 주장한다. 단풍을 자세히 보고 오래 보는 것은 "생물적, 관념적인 감상법"이라 규정하며 "실눈 사랑법"을 주창하는 것이다.

> 실눈 사랑법, 사랑이란 멀찍이서 지그시 음미하는 것이란 말이겠다. 자연의 모든 이법 앞에서 겸허라는 말이겠다. 그러면 가장 아름다운 것을 볼 수 있다는 말이겠다. 이 또한 우리가 단풍을 보는 법이라 할 수 있지 않을까.

대상을 마주하는 작가의 시선은 내면언어를 거쳐 지면 위에 표출된다. 마치 동양화의 삼원三遠 배치법을 연상시킨다. 산수화에서 높은 산을 올려다보는 '고원高遠법'에서는 자연의 웅대함을, 산을 정면으로 바라보는 '평원平遠법'에서는 자연의 광활함을, 그리고 산의 정상에서 아래를 바라보는 '심원深遠법'으로 자연의 깊이를 다층적으로 나타냈다. 이렇듯 정신적 가치로 자연을 즐기는 동양사상처럼 이일배는 단풍을 멀리서 실눈으로 보는 법도 배워야 함을 강조한다. 웅장함과 신성함과 신비로움을 지닌 자연의 원경 앞에서 미적 거리가 생성된다. 멀찍이서서 관조할 때 "더욱 아름다운 것도 있다."는 내적인식에 다다르면 인간은 한없이 겸허해질 수밖에 없다.

덧붙여

"예술가는 무엇인가 전달하지 않으면 안 된다."라는 추상화가 칸딘

스키의 말이 있다. 작가 역시 글을 통하여 새로운 의식세계를 받아들이는 개척자라고 할 수 있다. 그런 점에서 수필은 눈에 보이는 것의 재현뿐만 아니며, 보이지 않은 것을 보이게 하는 놀라운 힘을 지녔다. 작가 스스로 생각의 경계를 허물고 인접개념들과 접속함으로써 새로운 의미를 만들어내는 내적인식의 결과이다.

그 점을 바탕에 두고 호칭에 대한 변모양상을 수용하게 된 〈마이동풍馬耳東風〉과, 찰나라는 순간의 인식과정으로 시간의 재발견을 그려낸 〈벼꽃〉과, 미적 거리두기를 일깨워준 〈단풍을 보는 법〉을 통해 내적시선의 방향성을 살펴보았다.

작가가 자기인식의 길을 찾게 되는 과정은 미처 의식하지 못했던 대상의 존재를 인지하는 것에서 출발한다. 개인의 의식은 타자와의 관계 속에서 재정립되므로 수필작가는 언제라도 스스로를 객관화시키는 주체자가 될 필요가 있다.

| 작품 |

마이동풍馬耳東風

백두현

어김없이 올 정초에도 떡국 한 그릇을 후딱 비웠다는 기억이다. 그 대가라야 기껏 나이 한 살을 더 먹은 게 다였지만 별 수 없었다. 젊은 시절에는 그런 식의 대가가 나름 좋기도 했었다. 나이를 먹는다는 것은 점점 덩치가 커지는 거였고, 누군가의 간섭으로부터 조금씩 벗어나게 되는 성숙의 개념이라 내심 뿌듯하기도 했었다. 무엇보다도 주어진 역할이 생기기 시작하면서 다스릴 부하들이 하나, 둘 생기는 과정이라 어깨에 힘이 들어갔었다. 그런데 이젠 아니다. 좋았던 기억들은 하나씩 줄어들고 우울하게도 피부의 탄력이 없어지거나 머리색이 하얗게 변해가는 등, 대개가 지키지 못하는 것들에 대해 곱씹어보는 나이가 되었다.

그중 하나가 호칭의 변화다. 어릴 적은 주로 웃자는 애칭으로 불리고 장년기에는 꼭 필요해서 나를 찾던 호칭이었는데 언제부터인가 부담스럽게 불린다는 생각이다. 대표적인 것이 아버님이라는 호칭이다. 물리치료차 병원에 가면 간호사들이 "아버님, 이리 누우세요." 하고, 머리를 깎으러 미장원에 가도 "아버님, 이리 앉으세요." 한다. 모처럼 외식을 하거나 쇼핑을 할 때도 처음 대하는 나를 아버님이라며 대수롭지 않게 부른다. 회사에 가면 직책이 있으니 직책대로 불리고 작은 모임에 가면 회장님이라고도 불리지만 처음 만나는 타인들이 날 그렇게 불러줄 리 없다. 기실 아버님 정도면 호칭이 무난하다는 생각이다. 뭐 홀아비로 늙지 않고 평범하게 남들처럼 누군가의 아버지라는 말이니 억울할 것도 없다. 자식 복도 없지 않아 스스로 일가를 이루고 산다는 정도의 호칭이라 불편할 까닭이 없지 않은가.

그런데 그 아버님이라는 호칭이 참 묘하다. 내 나이에 어울리는 호칭이거니와 막연하게 존칭이란 것도 인정하지만 마냥 달갑진 않은 이유가 뭘까. 정확하게 말하면 나이를 먹을 만큼 먹었다는 표현이라 유쾌하지 않은 것 같다. 좀 간지럽기는 하지만 술자리에서 취기에 들어봤던 젊은 오빠란 호칭이 차라리 낫다는 생각이다. 대충 존중해주는 표현 같기는 한데 왠지 성의 없게도 들린다. '승호 아버님!' 하고 부르면 무척 살가울 것 같은데 그때마다 그들에게 자식 이름을 미리 밝힐 수도 없는 노릇이고. 그냥 럭셔리하게 멋진 아버님! 하고 불러주면 좋겠는데 뉘라서 그렇게 배려심이 충만할까.

그런 내게 더 기가 막힌 사건이 발생했다. 지난주 속이 안 좋아 내과에 들렀는데 초음파 검사를 하던 의사가 계속해서 "아저씨는 간이 안 좋으세요. 아저씨는 술 드시면 안돼요." 하고 계속 아저씨 타령을 해대는 게 아닌가. 기껏 서너 살 아래로밖에 보이지 않는 내과의사가 줄기차게 아저씨 타령을 해대는데 왜 그렇게 언짢던지. 이 병원 돈 벌기는 틀렸구나 하는 생각이 들었다. 의사라는 사람이 참 몰인정하기는…. 선생님 호칭이 아까우면 맘에 안 들기는 마찬가지지만 아버님 정도라도 불러주지, 나 역시 의사 아저씨라고 부르고 싶은 생각이 물밀 듯 밀려왔다. 그리고 비로소 깨달았다. '아버님'도 그런대로 괜찮은 호칭이라는 것을.

그래서 요즘은 혼자 생각을 정리하는 습관을 기르는 중이다. 아니 내 마음대로 들어버리는 단련을 하고 있다. "아버님!" 하고 부르면 막내아들처럼 "아빠!" 하고 부른 것으로 들어버리는 거다. 그러면 신기하게도 나라는 존재를 누군가 필요로 하는 느낌이 들곤 한다. 아니면 아버지! 하고 부른

거라고 들어버린다. 그러면 군에서 제대한 큰아들이 철이 들어 불렀을 때 느낌이 떠오르는 게 나쁘지 않다. 기왕이면 아저씨보다는 아버님이라고 불러주지, 아버님보다는 선생님이 나을 텐데, 하고 살짝 원망도 하지만 그러거나 말거나 내 귀를 어둡게 해 마음을 정화시키는 훈련을 시도하고 있다.

그래, 아버님 정도만 불러주면 이제 이해해 주기로 하자. 아직 어르신이라고 불리지 않는 게 어딘가. 극존칭일 것 같지만 쓰임새가 거의 바닥났다는 의미로 들릴 것 같은 어르신 소리는 절대 듣지 않아야지. 아무렴, 아버님이 어때서. 아직은 힘이 조금 남았다는 뜻일 거야. 이제부터는 듣고 싶은 대로 들어가며 정을 붙이는 거다.

"빨간 불이에요. 아버님! 조심하세요."

미장원 가는 건널목에서 들리는 소리가 아! 기분이 좋다. 부축해주지 않고 말로 소리치니 아직 방해된다는 뜻은 아니다.

"아이고 아버님, 염색 좀 하셔야겠어요."

미장원에 도착해서 들리는 소리도 와! 기분이 좋다. 머리 자르다 말고 매출 좀 올리자는 장삿속이니 아직은 내 지갑이 차 보이는 거다.

나이를 먹어가는 말의 귀에 바람이야 불 건 말 건 내년 설에도 떡국 한 그릇을 기꺼이 해치워야겠다.

| 작품 |

벼꽃

송귀연

논두렁에 올라선다. 풀 향내가 쌉싸름하니 코에 와 닿는다. 벼 대궁의 수술들은 피어 있다기보다 떡고물처럼 붙어 있다는 표현이 더 어울릴 것 같다. 가만히 들여다보면 몇 천 년 만에 핀다는 우담바라를 닮기도 해 경이롭다. 미동 없이 숨죽이며 감았던 눈을 다시 뜬다. 자세히 관찰하지 않으면 꽃으로 느낄 수 없는 작은 존재들. 이 놀라운 개화는 아주 짧은 시간에 생을 접고 황망히 떨어져 버린다.

벼꽃은 찰나의 일생이다. 대체로 입추에서 말복 사이에 꽃이 핀다. 연초록 벼 껍질이 벌어지면 새하얀 수술이 고개를 내밀면서 수정이 이뤄진다. 그러나 열렸던 껍질이 불과 한 시간 여 만에 다시 닫히면서 꽃의 생애는 허무하게 끝나고 만다. 하루살이보다 더 짧은 삶을 살다 간다.

어릴 적 이웃 친구네는 장애아가 있었다. 팔남매 중 막내였다. 걷지 못하는 대신 앉은 자세에서 두 다리를 이용해 개구리 헤엄치듯 방바닥을 쓸고 다녔다. 그 애 부모는 먹고살기 어려운 시절 장애를 가진 자식의 앞날을 예견이라도 했는지, 아이 이름조차 짓지 않았다. 그렇게 두 해 정도를 살았을까. 친구네 가족 모두가 쉬쉬하는 가운데 소문은 새나왔다. 그 애가 죽었다고. 생각해보면 일어서서 걷지 못한다는 것뿐 먹성 좋았던 명랑한 아이였다. 한동안 천진스레 웃던 아이의 표정이 뇌리에서 떠나지 않았다. 순간을 살고 간 벼꽃 같은 아이였다.

바닷가에 서서 건너다보이는 화려한 불빛 야경을 카메라에 담아본 적이 있다. 실제 풍경의 빛을 살려내기가 쉽지 않았다. 초보적 수준 때문이기도 했지만 조리개와 셔터, 속도의 원리를 이해하지 못한 때문이기도 했다. 순간적으로 그러한 것들을 잘 조절해야 좋은 작품을 얻을 수가 있다.

반 고흐는 빛, 색채, 그리고 영혼의 화가이다. 예부터 인상주의 화가들은 빛이 세상에 닿는 순간의 찰나에 집중하여 빛의 축복 속에서 그림을 그렸다. 이들의 화법이 고흐에게 영감의 원천이 되었음은 말 할 나위 없다. '아를의 별이 빛나는 밤'은 태양이 떠올라 황금으로 물드는 저녁까지 풍경에 담긴 내면의 빛을 포착한 그림이다.

불교에서는 찰나를 시간의 최소단위라 말한다. 생기고 멸하면서 계속된다는 의미는 극히 짧은 시간, 겁劫, 어떤 현상이 이루어지는 바로 그때 순간이다. '찰'이라는 글자가 지니고 있는 시공간의 둘레는 '무한'이며, 이는 완전한 해탈에 이르는 것을 의미한다. 겁은 천지가 한 번 개벽할 때부터 다시 개벽할 때까지의 시간을 가리킨다. 그것이 눈 깜짝할 사이라는 의미와 뜻을 같이 한다는 사실이 놀랍다. 그러고 보면, 찰나니 영원이니 하는 시간적 단어들이 모두 인간의 마음이 만들어낸 결과들인 것을 알 수 있다.

언젠가 TV에서 샌드아트에 관한 영상을 접했다. 모래를 이용하여 손으로 그려내는 것이어서 친근하게 다가왔다. 모래를 만지는 작업은 심리치료의 효과가 있다고 한다. 고운 모래를 뿌리거나 지우면서 시시각각 만들어가는 모습들이 흥미로웠다. 쉬운 것 같지만 결과물이 나오기까진 섬세함과 노련함이 요구되는 작업이기도 하다. 그러나 작품을 보며 감동을 느끼는 순간 눈앞에서 홀연히 사라져 버리고 만다.

첫사랑은 농도 짙은 진한 무언가가 아닌 파스텔톤의 색감을 내는 투명하고 순수한 느낌이 아닐까? 이 십리 논두렁길을 돌고 돌아 공민학교 같은 중학교에 다녔다. 학교 선생님들은 주로 어려운 청소년들에게 봉사하는 분들이었다. 전교생을 통틀어 몇 반 되지 않았지만 본인들이 지원했던 만큼 한결같은 향학열로 불타올랐다. 그 중심에는 과로로 쓰러지면서까지 자신의 몸을 돌보지 않고 사랑으로 이바지한 스물다섯 살의 총각 선생님이 있었다. 난 그 선생님의 마음에 들기 위해 더 열심이었다. 얼굴이 화끈거려 눈길조차 마주칠 수 없었다. 검정고시 준비를 위해 도시락 두 개씩 싸서 밤샘을 하여도 피곤한 줄 몰랐다. 세상의 전부만 같았던 그 시간들은 순식간에 지나가 버리고 말았다. 아직도 안부가 궁금한 선생님은 찰나 같은 첫사랑이 아니었을까.

보다 나은 내일을 꿈꾼답시고 주변을 살뜰히 챙기지 못했던 젊은 시절이 있었다. 움켜쥐기 위해 아등바등 살았다. 그렇다고 내 것이 되는 것도 아니어서 마음만 더 헛헛해졌다. 세상을 원망했으며 이르지 못하는 스스로를 자책하니 자꾸만 피폐해져 갔다. 알 수 없는 미래를 향해 하루하루 외줄타기 같은 삶을 살아냈다. 삶과 죽음의 모호한 경계에서 한 치 앞을 모르고 치열하게 살았던 지난 시간들 모두 부질없는 욕심이었다. 삶 또한 찰나에 불과한 것을. 행복은 자신이 가진 물질만큼 비례해서 느낄 수 있는 건 아니었다.

최근 인접한 곳에서 지진이 일어났다. 순식간에 일어난 강진에 이어 여진이 계속되는 중이다. 사람들에겐 정서적으로 불안하다 못해 트라우마가 돼 버렸다. 평화의 보금자리였던 집이 일순 두려운 공간으로 바뀌었다. 어쩌다 깊은 잠에 빠져들 수 있을 때만이 편안할 수 있었다. 하루라도 여진 없는 날이면 살얼음을 밟는 심경으로 안도의 한숨을 몰아쉰다. 큰 재난은 한순간 삶을 송두리째 무너뜨리거나 괴멸시키고 만다. 백 년도 살지 못하는 짧은 인생, 내 것이 있을 수 없다. 다만 잠시 머무를 뿐이다.

이따금 바람이 불 때마다 연둣빛 이삭들이 군무를 이룬다. 살랑살랑 파르라니 꽃잎들이 비명처럼 떨어진다. 혼신의 힘으로 순간을 살아내고 떠나는 것들에 경의를 보낸다.

| 작품 |

단풍을 보는 법

이일배

집 뒷산은 철마다 한 번씩 꽃 잔치판을 이룬다.

봄에는 생강나무꽃이며 진달래꽃, 산벚꽃이 노랗고 붉고 하얀 빛깔로 어우러져 그야말로 울긋불긋 꽃 대궐을 이루고, 여름에는 명도와 채도가 다른 갖가지 푸른색으로 싱그러운 녹음의 세상을 이룬다.

가을에는 늘 푸른 소나무나 노간주나무 말고는 단풍나무, 벚나무, 생강나무, 상수리나무, 떡갈나무, 신갈나무 등 거의 모든 나무들이 저마다의 가을빛을 내면서 한바탕 단풍의 향연을 벌인다. 그 잎들이 낙엽되어 온 산을 휘덮은 어느 겨울날 눈이라도 내릴라치면, 속세의 티끌이란 다 묻어버리고 가장귀마다 소복소복 설화가 피어나 눈부신 순백의 꽃 천지가 된다.

그런 계절의 변화란 어디에 있는 어느 산인들 그렇지 아니할까마는, 이토록 일매지게 커다란 봉오리를 만들어 성대한 꽃의 향연을 벌이고 있는 산은 나는 그리 흔하게 보지를 못했다.

내가 다른 곳을 다 두고 이 한촌 숲정이를 찾아와 살고 있는 까닭도 이들이 철 맞추어 빚어내는 꽃 잔치판과 무관치 않다. 어쩌면 가장 큰 소이연인지도 모른다. 세상의 탁류에 조금도 은결들지 않은 그 자연의 아름다움이 있어 한촌의 나날을 아늑하게 살고 있는지도 모른다.

지금은 단풍철이다. 금빛으로 물결치던 들판은 은풍한 부요를 남기고 검은 흙을 드러내었지만, 그 들판에서 바라보는 뒷산은 찬연하고 현란하다. 노랗고 푸르고 붉고 누르고 한 저 얽히고설킨 빛깔들의 황홀을 무슨 말로 풀어내랴.

차라리 잠시 말을 내려놓는다. 그냥 멍하니 바라보는 것으로 저들이 빚어내는 빛깔의 향연에 답하고 싶다. 말로 드러내려다 오히려 저들의 참모습에 티를 지울까 주저로워서다.

오늘도 언제나처럼 해거름 산을 오른다. 대체 어떤 색소를 머금고 있기에, 서로 어찌 어우러져 있기에 저토록 찬연한 빛깔의 오로라를 이루는 것일까.

먼저 눈에 들어오는 것은 생강나무 잎이다. 아기 손바닥 같은 잎에 든 노랑 물이 곱다. 나지막이 서 있는 생강나무 노란빛과 함께 간간이 보이는 단풍나무 붉은빛이 정취를 돋워주고 있지만, 벚나무며 상수리나무는 너무도 훌쩍해서 우듬지 고운 빛을 볼 수가 없다.

들판에서 마을에서 바라볼 때 웅장한 교향악처럼 찬연히 어우러지던 빛깔이 산속에서는 오히려 한미하게만 보인다. 그 현란하던 빛깔들은 허공을 꾸미고 있을 뿐, 낙엽 밟히는 소리만 바스락거릴 뿐이다.

우뚝한 나무들 속에서 노란빛으로 가을 산 색을 지키고 있는 생강나무 잎을 다시 본다. 이제 막 고운 빛으로 물들고 있는 것도 보이지만, 거뭇한 반점이 점점이 서려 있기도 하고, 어떤 잎은 서서히 말라 들기도 한다. 조금은 처연한 모습이라 할까.

우리가 그리 고와하는 단풍이란 무엇이던가를 다시 돌아보게 한다. 푸르던 것이 물기를 얻지 못해 서서히 말라가고 있는 것이 아니던가. 날씨가 추워지기 시작하면 줄기의 수분을 지키기 위해 줄기와 잎자루 사이에 떨켜[離層]를 만들어 수분의 소비를 막는 것이다.

수분을 얻지 못하는 잎은 말라가면서 짙고 옅은 여러 가지 노란빛으로, 붉은빛으로 변하여 가을 산을 꾸민다. 그 빛이란 물을 공급받지 못하는 중에도 계속 일어나는 광합성에 의해 초록색 엽록소가 파괴되면서 나타나는 색소들일 뿐이다.

어느 시인은 '풀꽃'을 두고 "자세히 보아야/ 예쁘다/ 오래 보아야/ 사랑스럽다" (나태주)라고 했지만, 단풍을 두고도 '자세히' 보고, '오래' 보면 예쁘고 사랑스럽다 할 수 있을까. 그럴 수 있다 할지라도, '풀꽃'의 그 사랑과 어찌 같을 수 있으랴.

단풍을 자세히 보고 오래 보면 생명작용의 엄숙함에 먼저 마음이 기운다. 여름 그 푸른 활력으로 열매를 품어주고, 바뀌는 철을 따라 고운 물빛으로 세상을 장식하다가 새 잎눈을 배태해야 할 줄기들을 기꺼이 떠나 미련 없이 모태의 뿌리로 돌아간다. 그것을 보며 우리는 시리고도 숭엄한 아름다움에 젖지 않을 수 없다. 그러나 이것은 단풍의 생물적, 관념적인 감상법이라 할 수 있을 것이다.

단풍을 어찌 그렇게만 볼까. 단풍을 보는 마음에 어찌 정서와 감각이 일지 않을까. 그 마음으로 한 철을 장식하는 단풍의 아름다움에 순박하게 젖을 양이면, 그 찬탄으로 우리의 가슴을 데울 양이면, 들판에서, 마을에서 눈을 들어 그 자색을 볼 일이다. 그렇게 멀찍이에서 바라볼 일이다.

가까이서 볼 때보다는 적절히 거리를 두고 감상할 때 더욱 아름다워 보이던 전람회의 그림처럼 바라볼 일이다. 그렇게 저들을 바라보면 산속에서는 볼 수 없던 우듬지가 얼마나 고운가. 저 빛이 얼마나 찬란한가.

여기서 우리는 '인생은 가까이서 보면 비극이지만 멀리서 보면 희극'이라고 한 찰리 채플린의 말을 상기해 보면 어떨까. 그렇게 단풍의 아름다움을 만끽하다가 그 고운 잎들이 가지를 떠나더라도 상심에 젖지 않아도 좋다. 저들은 다시 찬연한 생명을 얻을 수 있을 것이니까. 모든 생명현상이란 다 그렇지 아니한가.

어느 시인은 '사랑법'을 이렇게 말했다. "……그러므로 실눈으로 볼 것/ 떠나고 싶은 자/ 홀로 떠나는 모습을/ 잠들고 싶은 자/ 홀로 잠드는 모습을/ 가장 큰 하늘은 언제나/ 그대 등 뒤에 있다." (강은교).

실눈 사랑법, 사랑이란 멀찍이서 지그시 음미하는 것이란 말이겠다. 자연의 모든 이법 앞에서 겸허하라는 말이겠다. 그러면 가장 아름다운 것을 볼 수 있다는 말이겠다. 이 또한 우리가 단풍을 보는 법이라 할 수 있지 않을까.

빈 들판에 서서 단풍을 바라본다. 불타는 아름다움으로 이 가을을 장식하다가 순명으로 기꺼이 낙하할 빛들의 향연을 지그시 그은 실눈으로 바라본다.

그렇게 단풍을 바라보며 세상일을 그린다. 가까이서 보아 사랑스러운 것도 있지만, 멀리서 보아 더욱 아름다운 것도 있는 세상을.

03

존재에서 실존으로의 길 찾기

열면서

우리는 모두 세계에 던져진 존재이다. 인간은 홀로 사는 자아가 아니라, 세상 속에서 생존하며 실존으로 나아가는 실체이다. 단지 서바이벌survival에 머무는 삶은 존재에 그친 동물적 삶에 불과하다. 하이데거Heidegger는 인간의 가치는 '되어감becoming'의 과정 속에 있다고 했다. 자신에 대해 끊임없이 묻고 해명하면서 살아가는 존재라는 뜻이다. 나는 "네가 있으므로" 존재하게 되며, 타자와의 관계 속에서 자아를 찾는 철학적 사고를 가질 때 실존의 길로 올라설 수 있다.

실존의 의미는 세상 안에서 자신을 이해하는 것이며 삶의 주체로서 설 수 있음을 뜻한다. 대중적 유행을 좇거나 타인의 요구가 아닌 자신의 결단으로 살아갈 때 실존적 삶이 이루어진다. 그러면 작가는 어떻게 실존으로 나아가는가. 그것은 창조행위로써 글쓰기를 통해 '존재의 집'을 지을 때이다. 자기 결정이 실존자로서의 힘을 얻게 되는 것이다.

이번 호에서는 김은주의 〈설렘과 살맛 사이〉, 박미서의 〈사는 게 기도다〉, 이명선의 〈화투 패〉를 통해 실존적 관계맺기에 대한 방안을 찾아보려 한다.

1. 김은주의 '일'로써 자기응시

김은주의 실존은 현존재를 자각하는 것에서 시작한다. 〈설렘과 살맛 사이〉를 통해 '지금 여기' 내가 '있다'라는 위치position에 의미를 부여한다. 구월 바람이 "싱싱하고 팽팽"하며 "별이 넉넉"하여 음식 일을 하는데 살맛이 나는 이유도 스스로 음식이라는 언어로 자신의 삶을 영위하기 때문이다. 작가에게 일거리와 글 쓸거리가 있다는 것은 살아 있는 증거이다. 그 소소한 일상이 갈등과 고민을 잠재운다. 그러기에 열무김치 국물 속 양파 조각을 "흰등고래"로 인식하는 개안을 갖게 된다.

중년의 삶을 극복하기 위해서는 자신이 삶의 창조자가 되어야 한다. "재미는 누가 거저 주는 것이 아니라 스스로 찾아내는 것"이라고 말하는 작가는 틀에서 벗어나는 방향을 제시한다. 그것은 운명을 만들고 개척하는 살맛나는 삶이다. 내가 좋아하는 것이 분명할수록 "설렘"의 파장은 더욱 빨리 찾아온다. 만일 설레지 않는다면 "몰입하라"고 촉구한다. 그래서 김은주는 하루하루가 새롭고 매번 바뀌는 가을바람조차 고맙기 그지없다.

> 으득으득 밥알이 보일 정도로 갈아 마루에 앉아 풀을 바른다. 연근에는 풀을 발라 호박씨로 수를 놓고 얇게 편을 썬 감자에는 검정깨를 뿌려 마무리

한다. 우엉은 손가락 크기로 잘라 찹쌀가루를 묻혀 쪄 놓고 다시마에는 밥풀 꽃을 붙인다. 하나하나 손으로 매만지며 가을볕과 신나게 놀다 보니 그새 해거름이다. 아침과 저녁이 매번 다르듯 사람도 바뀌어야 산다.

– 김은주의 〈설렘과 살맛 사이〉 일부

처음 "음식 일"을 시작했을 때의 두려움을 그는 잊지 못한다. 평생 살아온 일상의 장소를 벗어나 전혀 다른 세상을 맞이할 때, 그곳에서 실존모색이 이루어지고 지친 삶을 회복할 수 있는 터전이 된다고 믿는다. 인간답게 사는 일의 본질은 온몸으로 자기화하는 것이다. 김은주가 하는 '음식 일'은 '참나'의 길로 들어서는 통과의례이다. 살아있음의 의미를 갖게 하는 "지극한 즐거움"일 뿐 아니라 자신의 존재감을 회복하는 "살맛"으로 치환된다. 새로운 '일'의 그물망들이 존재의미를 구현하고 실존에 다다르게 하는 자기 이해는 자신만의 길을 실현해 나갈 때 이루어진다. 김은주 작가의 "설레야 재미있고 재미있어야 오래간다."는 말 속에 담긴 실존성에 귀 기울일 때다.

2. 박미서의 '기도'를 통한 반성과 수용

삶에는 때로는 친숙함을 깨는 '낯선 것'이 출현하기도 한다. 낯설고 이질적인 경험은 존재가 무엇인가를 깨닫게 하는 계기가 된다. 〈사는 게 기도다〉에 나타난 박미서의 경우도 예외가 아니다. 10여 년 전, 남편의 육신에 이상 징후가 왔을 때 단지 "심한 염증"이라는 진단에 안도했으나 그녀의 생활은 전환기를 맞이한다. 일상의 모든 친숙한 상황이 흔들릴 때, 당사자의 정신은 자기 내면으로 되던져진다. 현실을 제대로 직시하는 기회가 되는 것이다. 그 '불안'과 '전환'을 작가는 어떻게 헤쳐나가는가.

화자가 의지하는 것은 인간이 만든 제도가 아니다. 목숨도 인간의 영역이 아님을 인지하게 된다. 삶의 유한성을 성찰하여 "신께 맡기자"는 결론에 이른다. 인간이 할 수 있는 것은 오로지 주어진 삶에 최선을 다하는 것임을 인지한다. 병든 남편을 "상전 모시듯" 하면서 생업에 뛰어든다. 설상가상 두통, 위경련, 무력증 등으로 자신의 건강도 해치게 된다. 비로소 남편의 입장을 역지사지의 심정으로 헤아리게 된다. 타자의 존재를 있는 그대로 자각하는 힘이 '서로 함께'라는 실존적 인식으로 나아가게 하는 것이다.

그때 그의 눈에 들어온 것은 한동안 외면 받았던 소엽풍란이다. 작가는 말라버린 꽃대에 물을 주면서 "상처 딛고 피어라, 아픔 딛고 일어나라"는 기도를 올린다. 그 무량한 기도는 남편과 자신에게 올리는 비원이기도 하다.

> 그런데 이게 웬일인가. 말라들던 꽃대가 날마다 쑥쑥 자라나며 색이 옅어지더니 하얀 색의 꽃망울을 터트리지 않는가. 죽어가던 꽃대에서 꽃이 피어나다니, 맑은 향이 칙칙한 집안의 공기를 내몰았다. 기적이었다. 그냥 꽃이 아니었다. 상처를 딛고 일어선 꽃이었다. 죽음을 극복한, 그것은 순백의 환희였다.
>
> – 박미서의 〈사는 게 기도다〉 일부

소생한 꽃은 그에게 희망과 위로를 준다. 그녀는 특별한 치료를 베푼 것이 아니라 오직 기도와 물주기를 했을 따름이다. 기도의 내용도

거창하지 않다. "밥하고 빨래하고 얘기를 나누고 잠자는 것, 그리고 그저 바라보아 주는 것"이 전부다. 하지만 그녀의 기도와 수발은 자기 고통이 수반된 행위로써 진정한 헌신이다. 상처를 극복하는 일은 한번 뿐인 삶이 더욱 가치 있다는 걸 깨닫는 의식으로 나아간다. 그녀에게 '기도'는 외부세계로 나아가는 출발선이며 자신과 남편과의 관계맺기를 위한 실존의 길이라고 하겠다.

3. 이명선의 '화투'에 드러난 순환성

인간은 대상을 통해 부활한다. 인간을 포함한 세상의 모든 사물은 존재의 관계로 만나고 그때마다 인간은 실존을 지향하는 다른 방식을 선택한다. '나'는 물리적 차원에서 하나지만 의미적 차원에서는 여러 개의 '나'로 이루어진다. 서로 다른 대상과 소통할 때 '나'는 각기 다른 고유한 관계를 갖게 된다. 그때의 사물 또한 분리된 객체가 아니라 인간 존재의 한 부분이 될 수 있다.

〈화투 패〉는 이명선이 아버지의 존재를 '화투'에서 찾는 내용이다. 화투를 아버지의 삶과 결속시켜 유희성 외에 순환성을 찾아낸다. 화자는 6년 전 아버지 장례식장에서 문상객들이 썼던 화투를 지금껏 보관해 왔다. 생전의 아버지가 화투 패를 떼면서 생의 고단함을 내려놓던 기억을 되살린다. 작가 자신도 아버지의 "과외교습"으로 배웠던 화투 패를 펼친다. 그녀에게 화투는 단순한 유희 도구가 아니다. 그것은 용도로만 포착될 수 없다. 시공간을 뛰어넘어 생사의 간격을 극복하는 본질이 되는 것이다. 작가가 밤을 새워 화투를 만지는 것은 아버지의 삶과 만날 수 있는 유일한 통로이기 때문이다.

아버지께서 화투를 만지는 그 순간은 아버지의 어깨에 지워진 모든 것을 내려놓는 시간이었다. 고단한 삶 속에 휴식을 가지며 즐길 수 있는 것. 굽이 굽이 애환이 많기도 한 것이 인생길이라 했다. 화투처럼 열두 굽이만 정해져 있다면 고까짓 것 못 참을 것도 없었겠다 싶다. 열이 아닌 아홉은 모자람을 채워가기 위한 정거장이었다.

— 이명선의 〈화투 패〉 일부

화자는 화투를 인생길에 병치시킨다. 매화, 구절초, 휘파람새, 두견 울음소리 등으로 인생의 희비애락을 엮어낸다. 아버지의 삶이 화투를 통해서 펼쳐지고, 화자 역시 화투를 침으로써 아버지의 딸로서 존재한다. 주목할 것은 이명선의 화투 속에는 시간의 순환이 반복한다는 점이다. 아버지의 과거와 자신의 현재 그리고 불변의 세월이 나타난다. 이로써 화자는 화투의 순환성을 통해 1년 내내 아버지와 "함께 있음"을 자각하려고 노력한다. 존재의 차원을 넘어 시간의 영속성을 인지하며 실존하게 되는 것이다. 작가는 그 시간의 순환성을 열두 종류 화투 그림의 계절적 해석으로 잘 보여주었다. 대상의 존재성이 올바르게 해석될 때 독자도 고유의 삶에 대한 실존성을 직시할 수 있게 된다.

닫으며

인간은 항상 의문을 품는다. '나는 누구이며 나아가 어떻게 살아갈 것인가?'에 대해 묻고 해명하는 동기를 자신 안에서 찾는다. 자신을 전체로써 반성할 때 존재의 힘을 갖게 되며 실존을 자각한다. 그래서 수필가는 자아의 가치를 재확인하는 정신적 순례를 끊임없이 나서는 것이다.

세 수필가의 '존재의 집'이라는 글쓰기는 '산다'는 것에서 출발한다. 그 대상은 '일', '기도', '화투'라는 화소다. 좋아하는 일을 할 때 김은주는 자아를 제대로 응시하고, 박미서는 기도로써 남편과 꽃의 존재성을 재인식하며, 이명선은 화투를 통해 시간의 순환성을 체험한다. 그들이 인식하는 대상이 각각 다를지라도 인간의 존재를 성찰하고 실존적 가치를 회복하는 공통적 도달점이 글쓰기다. 그런 점에서 각자의 체험과 개별적 언술은 나름대로 의의를 지닌다고 하겠다.

| 작품 |

설렘과 살맛 사이

김은주

내 입맛에 딱 맞는 볕과 바람이다. 처서 지나고 구월이 오니 바람의 결이 달라졌다. 엄지와 검지를 허공에 대고 살살 비벼보니 손끝 사이로 빠져나가는 바람의 낌새가 전과 다르다. 엉키지도 머물지도 않고 가뿐히 손가락 사이를 빠져나간다. 한마디로 싱싱하고 팽팽한 바람이다. 부각을 말리기 전에 몸으로 하는 습도 측정법이다. 대기 중에 머무를 습도와 바람을 감지한 후에 음식을 내다 말린다. 여름의 습기를 얼추 거둬간 바람은 한없이 가벼워졌으니 볕이 넉넉히 마음 내어 줄 때 부지런히 움직여야 한다. 계절은 제철 식재료를 쏟아내고 물물이 쏟아지는 먹을거리를 다 받아내기가 버거운 나날이다.

몸은 버거워도 신새벽 눈을 뜨면 오늘 할 일이 나를 반기니 이 아니 재미로운가? 설레는 일거리가 있다는 것은 곧 살아 있다는 증거고 설레다 보면 살맛은 절로 생기는 법이다. 차 한 잔 마련해 책상에 앉으니 새벽 산사에서 보내온 편지가 도착했다. 열어보니 다 먹은 열무김치 국물 속에 한 점 남은 양파 조각이 떠 있고 양파 머리 부분에 간장으로 눈을 찍어 놓으니 영락없는 흰등고래다. 붉은 바다에 유유히 떠 있는 고래 한 마리. 아침 공양으로 드셨음직한 열무김치 한 종지가 개안開眼에 대해, 나만 옳다고 주장하는 어리석음에 대해, 파도 같은 법문을 남긴다. 일하다 보면 누우떼같이 마음이 들끓을 때가 있지만 그것을 일시에 잠재우는 것은 늘 소소한 일상이다.

일상이 시들해져 우울증에 걸린 중년이 많다는 소식을 접한다. 모임에 나가보면 너나없이 힘든 세상에 살맛나지 않는다는 소리뿐이다. 특히 자영업 하는 친구들의 처지가 날이 갈수록 힘들어진다니 들을 때마다 걱정이다. 우울증 환자가 늘어나고 스스로의 감정조절이 어렵다고 하소연한다. 백이라는 수를 기준에 두고 보면 오십이라는 고개는 삶의 가장 중심에서 삶과 죽음의 에너지가 양쪽에서 잡아당기는 중도 분열의 시절은 아닌지. 무엇을 위해 그렇게 열심히 달려왔는지 알 길 없으나 은퇴 후 할일이나 놀이를 따로 마련해 두지 않고 일 밖으로 내몰린 탓이다. 조기 퇴직과 자식을 떠나보내고 난 뒤의 빈 둥지 증후군이 겹쳐 뭘 해도 삶이 재미롭지 않으니 사회적 문제다. 비워진 삶을 채워야 하지만 무엇으로 채워야 할지 모르는 중년이 태반이다.

힘들지 않고 세상을 살려는 마음은 도둑심보라는 옛 어른의 말이 생각난다. 하루 눈 떠 일없기를 바라지 말라는 말처럼 산 넘어 또 산을 오르다 보면 비바람도 닥치고 꽃도 만나게 된다. 시난고난해도 그 속에서 찾아내는 재미는 누가 거저 주는 것이 아니라 나 스스로 찾아내는 것이다. 분식집 물만 셀프가 아니다. 우리네 인생살이도 스스로 만들고 떠다 먹어야 하는 물 같은 것은 아닐지? 작지만 구체적인 목표를 세우고 조금씩 이뤄가는 과정 안에서 설렘이 생겨나고 설렘이 있어야 살맛이 난다. 그럼 설렘은 어디서부터 올까? 방법은 간단하다. 내가 좋아하는 것이 선명할수록 설렘은 더 빨리 찾아든다. 아주 기분이 좋았던 일, 그 일에 몰입하다 보면 금방 설렘과 만날 수 있다. 그날이 그날인 하루를 새롭게 설레라고 계절은 매번 바뀌는지도 모를 일이다.

때맞춰 마른 바람이 불어주니 이 아니 고마운가. 지난밤 불려 놓은 찹쌀로 부드럽게 죽을 쑨다. 으득으득 밥알이 보일 정도로 갈아 마루에 앉아 풀을 바른다. 연근에는 풀을 발라 호박씨로 수를 놓고 얇게 편을 썬 감자에는 검정깨를 뿌려 마무리한다. 우엉은 손가락 크기로 잘라 찹쌀가루를 묻혀 쪄 놓고 다시마에는 밥풀 꽃을 붙인다. 하나하나 손으로 매만지며 가을볕과 신나게 놀다 보니 그새 해거름이다.

아침과 저녁이 매번 다르듯 사람도 바뀌어야 산다. 아주 오래되고 익숙한 것은 편할지는 모르나 새로움만 못하다. 지친 삶을 회복하고 싶다면 전혀 다른 세상과 대면할 필요가 있다. 서툴고 낯설지라도 하나씩 알아가는 재미는 익숙함보다 새로움 속에 있다. 평생 해 오던 일을 놓고 음식 일을 시작했을 때의 두려움을 나는 잊지 않고 있다. 주변의 만류도 뿌리치고 혼자 하나씩 꾸려가던 시간이 이제는 나만의 지극한 즐거움이 됐다. 만사 설레야 재미있고 재미있어야 오래간다. 스스로 재밌을 때 살맛이 난다는 만고진리를 깨닫는 순간, 저만치 가을이다.

| 작품 |

사는 게 기도다

박미서

병원에 간 사람이 나지막한 목소리로 전화를 했다. 검사 결과, 암 수치가 높다고 조직검사를 하라고 했단다.

"암 아냐. 염증일 거야. 그러니 조금도 걱정 말고 검사 받고 와요."

이틀 후 내 개인전 오픈식이 있을 예정이었다. 아무리 걱정 말라고 큰소리 빵빵 쳤어도 어찌 걱정이 안 되겠는가. 남의 정신으로 개인전 오픈식에 뒤풀이까지 하느라 오밤중에야 집에 들어왔으니 자기 몸 아니라고, 해도 너무 한다고 했을 법.

어쨌든 그는 하던 대로 그의 일을 해내고 나는 내 일을 했다. 그다음 주초에 나온 결과는 근거 없이 큰소리쳤던 내 말대로 심한 염증이었지만 그때부터 십 년 째, 병은 병을 낳고 키우는 것인지, 안 아픈 데보다 아픈 데가 더 많은 것 같은 몸이다. 먹는 약이 식전부터 끼니마다 한 보따리다.

저염식에 칼륨과 인의 섭취를 제한해야 하니 과연 내가 잘하고 있는지, 섭생을 잘못 시켜 병이 깊어지는 건 아닌지 모를 일이다. 하지만 어쩌겠는가. 걱정은 하지 않기로 했다. 우리가 할 수 있는 것만 최선을 다하고 신의 영역은 신께 맡기자고 했다. 그에게도 나 자신에게도.

죽을 때 죽더라도 영혼에 병이 들지 않기를. 몸이 좋지 않으니 아무것도 아닌 것에 울화가 치밀어오기도 하고 말하기 싫을 때는 남이 친절하게 구는 것도 귀찮을 것이니 아픈 사람이 상전이다.

내 잘난 맛에 살던 나는 늙기도 서럽거늘, 은퇴할 나이도 되기 전에 상전을 모시는 신세가 되었다. 언제 상전을 모셔봤어야 종의 처신을 알게 아닌가. 게다가 상전이 벌지 못하고 써야만 하니 없던 재산이 그나마 거덜이 났다. 서서히 망하려거든 자식 유학 보내고, 한꺼번에 망하려거든 선거에 출마하라는데, 유학자금에 선거까지 치른 우리는 한술 더 떠 우환까지 떠안고 있으니 남아나는 게 있겠는가.

아픈 사람에게 병원비 걱정까지 하게 할 순 없어 생전 안 해 본 장사를 한답시고 장을 벌여놓았다. 자고 일어나면 밥해 먹고 빨래하고 가게에 나갔다 돌아와 이런저런 일상의 얘기를 하고 잠이 들었다. 차도 안 다니고 사람도 안 다니는 언덕배기 새 건물에 들인 가게에 앉아 종일 오지 않는 손님을 기다리며 책을 읽다가 붓을 잡다가 날이 어두워지면 더 어두운 그늘이 깃든 집으로 돌아온다. 돈이 벌리는지 어쩐지 계산도 못하지만 그럭저럭 괜찮다고 생각했다.

그런데 그렇게 생각한 건 정신이었던가 보다. 정신을 담는 그릇이 영 부실했다. 몸 상태가 점점 수상쩍었다. 두통에 비위도 상하고 자꾸만 더웠다. 위경련이 심하더니 요즘은 아예 파업을 했는지 무력증으로 위가 그득하여 어지럽다. 한 사람은 더워죽겠는데 한 사람은 춥다고 문을 닫았다. 아침밥상을 차려주고 기진해 한참씩 누워있어야 할 정도였다. 왜 밥을 먹지 않느냐는 소리에 좀 쉬었다 먹겠다는 대답을 하기도 짜증이 났다.

영 기력이 없으니 아픈 사람의 입장이 헤아려지기 시작했다. 미루어 짐작했던 건 그러니까, 아는 게 아니었다. 아파보니 이해가 되었고 이해가 되니 미안했다. 그가 상전 노릇을 한 게 아니었다. 역지사지다. 한의사 동생이 무조건 쉬라며 보약을 지어줬다. 만병통치약이던 동생의 보약도 이번에는 별 효험이 없었다.

그때였다. 우연히 베란다에 처박혀 있던 소엽풍란 석부작에 눈이 갔는데 언제 물을 주고 까맣게 잊고 있었는지, 다섯 대나 올라오던 꽃대가 갈색으로 말라비틀어져 있었다. 이런, 이런, 죄로 가겠네. 얼마나 목이 말랐으면 저리 되었을까. 내 몸 건사하기 힘들다고 멀쩡한 생물을 죽이다니…. 급하게 물을 흠뻑 준 다음 거실 문갑 위에 올려놓았다. 꽃대를 잘라버릴까 하다가, 자르는 게 뭐가 급할까 싶어 하루 이틀 더 두고 보기로 했다.

누렇게 마른 꽃대가 마치 우리 같았다. 까딱하기도 싫은 몸을 움직여 아침 저녁 분무기로 물을 흠뻑 뿌려주며 상처를 딛고 어서 피어나라고, 아픔을 딛고 일어나라고 주문을 외었다. 마치 꽃이 피면 환자가 완쾌될 듯 마음을 쏟았다. 그렇게 마음먹어지는 건 미신도 아니고 엉뚱한 신념도 아니었다. 그것은 기도였다. 물을 주는 것도, 시들지 말고 싱싱하게 피어나라고 외던 주문도, 그렇게 마음 쓰이는 것도, 그저 바라보아 주는 것도 기도였다.

그런데 이게 웬일인가. 말라 들던 꽃대가 날마다 쑥쑥 자라나며 색이 엷어지더니 하얀색의 꽃망울을 터트리지 않는가. 죽어가던 꽃대에서 꽃이 피어나다니, 맑은 향이 칙칙한 집안의 공기를 내몰았다. 기적이었다. 그냥 꽃이 아니었다. 상처를 딛고 일어선 꽃이었다. 죽음을 극복한, 그것은 순백의 환희였다. 기도가 이루어지고 있었다.

아, 벗어날 수 있겠구나. 우리는. 이 꽃처럼 환희의 절정이 오기도 하겠구나. 그렇게 우리 집 소엽풍란은 우리에게 희망과 위로를 심어주고 만개한 다음 막을 내렸다.

힘을 내서 나는 다시 밥하고 빨래하고 얘기를 나눈다. 그리고 잠을 잔다. 밥하고 빨래하고 얘기를 나누고 잠자는 것, 그리고 그저 바라보아 주는 것, 그것이 나의 기도다. 사는 게 기도고 예배다.

풍란은 내년에도 어김없이 꽃을 피울 것이다.

| 작품 |

화투 패

이명선

빠끔히 열어 둔 창문으로 가을이 바람으로 돌아와 귀밑에서 속살거린다. 이 야심한 밤에 둘이서 데이트하잔다. 말똥해진 내 눈을 바람이 먼저 알아차렸나 보다. 먼 길을 가자는가. 한동안 소식 끊어진 서울 친구가 생각난다. 수첩 속의 친구를 찾느라 서랍을 열었다. 녹색으로 된 갑匣이 눈에 먼저 들어온다. 고상하게 격상된 이름으로 동양화라 부르는 화투다.

육 년 전, 아버지를 보내드리기 위해 이틀을 머물렀던 장례식장에서 문상객들이 썼던 것이다. 국화꽃 속에 둘러싸인 아버지의 얼굴을 물끄러미 쳐다보다 가방에 넣어왔던 물건이다. 손에 들고 툭툭 섞어서 침대 위에 나란히 줄을 세워본다.

흑색 앨범이 펼쳐지는데 총천연색 무늬가 쏟아진다. 잠이 오지 않는 밤이면 아버지는 화투를 가지고 시간을 보내셨다. 네 개를 놓고 다섯 줄을 세우고는 똑같은 것이 나오면 떼어서 그날의 운수를 점쳤다. 화투가 상징하는 것들의 재미였다. 맨 위 한 장에서 아홉 장까지의 피라미드를 만들어서 부수기도 하였다. 열두 장을 나란히 두 줄을 세워 대장부터 서열대로 같은 것끼리 넉 장을 만들기도 하였다.

11월의 오동과 12월의 비는 끼워주지 않고 하는 것도 있었다. 화투놀이에서도 때로는 필요 없는 것들이 있었다. 다섯 줄을 놓고는 한 장씩 부쳐서 석 장을 떼어오기도 하고, 그냥 더 부치기도 했다.

도무지 알 수 없는 것들인데 아버지의 얼굴에는 진지하기도 엷은 웃음이 스치곤 했다. 사람들에게만 있는 규칙이 화투에도 있는 모양이다. 한 장을 부쳤다가 세 개를 가져오는 이상한 패 떼기는 호기심을 일으켰다. 끝자리 수가 아홉이 되면 가져오는 거라고 하셨다. 산수算數를 잘 못하는 나는 석 장을 놓고 끝자리가 아홉이 되는 숫자 맞추기는 꽤 오랜 시간이 걸렸다. 연습장에 써서 계산해 볼 수 없는 암산하기는 내게 쉬운 일이 아니었다. 화투장에 논과 밭을 바쳤다는 어른들도 계산하는 것이 나처럼 어려웠을까. 아니면 알록달록 화려한 색깔과 꽃들의 유혹에 못 이겼을까. 왜 아홉이라는 숫자에 머물러야 했을까. 훨씬 쉬운 짝수를 두고 꼭 홀수가 되어야만 하는가. 묻는다는 것을 하지는 못했다. 이런 모양 저런 줄 세우기가 신기하기만 해서 어떡하든 배우고야 말겠다는 야무진 다짐만을 했다. 작문 시간에 이런 결심이라도 있었다면 지금쯤은 세상 향한 큰 소리라도 내었지 싶다.

엄마와 나는 아버지가 일찍 퇴근하시는 토요일을 손꼽았다. 기다리는 목적은 달랐다. 엄마는 일손을 찾지만 나는 눈앞에서 어른거리는 화투와 아버지 손에서 나오는 마력을 기다렸다. 사람의 손이 때로는 신神 같기만 했으니까. 엄마의 타박에도 동생까지 합세하여 고라니의 울음소리가 들려도 아버지를 붙들기만 하였다. 공부 시간의 게슴츠레하던 눈은 간 곳이 없었다. 과외 교습으로 혼자만의 놀이를 배웠던 시기였다.

화투는 열두 종류이며 마흔여덟 장이다. 어른들이 가지고 놀 수 있는 딱지의 일종이다. 매화가 필 무렵이면, 오지도 않을 휘파람새가 눈망울을 굴리는 것에서 예기치 못한 복음을 소망한다. 삼, 사월이 되면 벚꽃 피고지고 보랏빛 등나무 벙그는 길에, 두견이 울음 따라 황매산 등정도 해 본다. 오월의 모내기에 젖은 신발 툭툭 털고서 창포물에 머리 감으며 집안의 기나

긴 역사를 쓰기도 한다. 정열의 유월 목단화가 나비를 유혹한다. 칠월의 싸리꽃이 좋아서 어쩔 줄 모르는 멧돼지는 빙그르르 벅수를 넘는다. 공산명월이 비치는 달빛 속에는 기러기가 남쪽으로의 날갯짓을 한다. 구월에 피는 구절초야, 찬 서리 오기 전에 향수에 지지 않는 네 향기 피워내고 싶어라. 시월의 단풍 숲을 겅중겅중 뛰던 사슴이 뒤돌아보며 멀거니 쳐다보는 하늘이 높다. 저 건너 산자락에서부터 바쁘게도 왔으리라. 숨 가쁘게 달려 온 아버지 발처럼. 오동나무가 아니면 앉지 않는다는 봉황을 안고 동짓달 밤을 새우면 부귀가 안길까. 저쪽 산비탈에 심어둔 키 작은 아버지 오동나무에는 언제쯤 봉황이 깃을 들이려나. 가느다란 가지는 아버지의 숨결같이 오늘도 수액은 바삐 오르내리기도 하겠지. 무덤덤하게 바로 누웠다 뒤집히는 화투에도 겨울비가 내린다. 펼쳐드는 우산 밑으로 까투리 개구리가 들어온다. 빗소리, 천둥 번개, 햇볕도 한 지붕 아래에서는 두려움도 고달픔도 어울렁더울렁의 삶이다. 넘실넘실 물안개가 개울 위로 피어오른다. 둥치가 내어준 가지 위에 푸드덕, 1년의 소식 몰고 올 학이 창공을 나른다.

아버지께서 화투를 만지는 그 순간은 아버지의 어깨에 지워진 모든 것을 내려놓는 시간이었다. 고단한 삶 속에 휴식을 가지며 즐길 수 있는 것. 굽이굽이 애환이 많기도 한 것이 인생길이라 했다. 화투처럼 열두 굽이만 정해져 있다면 고까짓 것 못 참을 것도 없었겠다 싶다. 열이 아닌 아홉은 모자람을 채워가기 위한 정거장이었다. 만월은 그믐으로 가는 길만이 있을 뿐이니까. 열두 달과 함께 하는 의미 있는 고독. 이 묵언 수행을 가르쳐 주시던 아버지. 굳이 밤을 기다리지 않아도 되는 곳에서는 한 번 씩 즐기고 계실까.

복습하지 않았어도 패 떼기는 세월에 파묻히지 않았다. 머리의 기억인가 손에 익혀진 손놀림인가. 열두 장의 진열도, 다섯 개의 줄 세움도 거침없이 나온다. 두 잔의 커피에 잠을 잊고 쌓아 올린 피라미드는 오늘 한 번 만에 무너져 내리는 희열을 안겨준다. 다섯 시 반 센스가 있는 가로등도 하루 일을 끝내고 가 버렸다.

04

대상을 위한 화자의 인식유형

인식은 작가의 본성이다. 작가는 글로써 존재esse하는 세계와 현상을 풀이한다. 사물의 현상은 이미 존재하는 것일지라도 작가의 의식이 지각됨percipi으로써 문학적 가치를 갖는다. 가치는 발견이 아니라 주관적으로 부여하는 생명력을 지니게 되는 것이다. 사르트르는 대상 그 자체와 상황을 구별할 때 "무엇이 있느냐?"의 존재의 속성에서 "어떻게 아는가?"라는 인식론적 문제로 회전시켰다. 그것은 만물의 존재가 언어적 개입을 전제하는 것이며 감각과 기억, 지성과 상상력을 지닌 작가적 해석이 뒤따라야 함을 의미한다.

현상학적 존재론에서 주체인 '나' 밖의 모든 것은 객체로서 '대상'이다. 의식의 성질을 가진 주체는 '대자對自'적이며 대상은 그 자체로만 존재하는 '즉자卽自'적 성질을 갖는다. 그러나 같은 의식을 가진 타인도 서로에게는 대상성이 될 수 있다.

'대자', 즉 주체인 의식은 '있으면서 없고 없으면서 있는 존재'로서

'무無'라고 부르고, 대상인 '즉자'를 역설적이게도 '존재存在'라고 부른다. '무'로써의 존재인 '대자'는 언제나 충족되지 않은 욕망을 가진 존재, 어딘가 비어있는 '결함manque'을 가진 존재라는 것이다. 그리하여 사르트르는 주체를 정당화시켜 줄 수 있는 타자가 필요하다고 주장한다.

이번 호에서는 이난호의 〈나비꿈의 족〉, 이용구의 〈박수갈채를 받으세요〉, 장미숙의 〈동전은 필요 없어요〉를 통해 세 명의 작가들이 타자로서 집단을 바라보는 인식유형을 살펴보기로 한다.

이난호의 〈나비꿈의 족〉

이난호가 주관적인 의식세계를 투사시키는 대상은 포르투갈에 사는 '케타 가족'이다. 화자는 이틀 반 순례동지였던 20년 연하의 이국 여인 케타와 3년째 인연을 맺으며 마음의 쉼터로 인지한다. 이러한 관계 맺기는 화자가 케타 가족과 장자의 호접몽을 함께 공부함으로써 더욱 구체화된다.

장자 자신이 나비의 꿈을 꾸었는지 나비가 자신의 꿈을 꾸었는지 구별하지 못하는 상태를 물화物化라고 부른다. 물화란 나와 사물과의 상대적 구분이 없어진 상태, 사르트르식으로 말하면 대자가 즉자로 화한 상태이다. 나를 잊고 객체인 대상이 되는 삶을 뜻한다. 인간은 온갖 시비의 근원인 분별分別심을 떨쳐내지 못한다. 이난호가 "유영시공으로 그네 쪽"을 향하는 까닭도 케타 가족과의 융화로 잠시나마 시시비비에서 벗어나 정신의 자유를 얻기 위해서다. 장자가 꿈을 통해서 또 다른 변화를 체험하듯 화자 역시 여행을 통해 현실의 벽을 넘어서고 싶다.

우선 호접몽을 정서正書해 교재로 놓고 다른 백지를 당겨 2천여 년 동서양 시공을 넘나들며 글자와 그림과 줄을 그으며 '공부'에 열 냈다. 나비꿈의 시공감각을 어림 잡히려 성경 구절 "천년도 하루 같고"도 끌어오고 인간 희로애락을 일순의 꿈과 얽어 생의 허무와도 이었다. 열락에 오래 취하지 않고 고뇌를 속히 벗어나려면 '꿈 깨는 것'뿐이라고 묵상했다.

장자의 '遊'가 의미하는 '정신의 자유'는 주체까지도 무화하여, 기존의 봉합을 해체하고 초월하여 도달하는 자유로써 스스로 유쾌함을 인지한다. 망아忘我의 경지에서는 천년도 하루 같고 하루도 천년 같다. 자아를 망각하면 스스로 즐겁고 뜻대로인 삶을 지향하고 새로운 존재, 더 큰 존재의 길을 열 수 있다. 하지만 케타가 정서된 호접몽을 벽에 붙이려 할 때 화자가 "기겁했다." 왜냐하면 호접몽의 상태는 어디까지나 추상의 인식 내에 있기 때문이다. 물화의 의미를 깨칠 때만이 인간은 앎知의 길을 끝없이 걷는 것이다.

이용구의 〈박수갈채를 받으세요〉

이용구에게 대상은 '학생(제자)들'이다. 그의 시선은 교사였던 자신에 대한 정체성을 불러일으킨다. 과거 실업학교에 첫 부임하여 1학년 담임을 맡았을 때, 학생과 선생 모두 "신입 티를 벗지 못한 풋내"를 풍겼다. 초년 교사로서의 패기와 의욕은 가출 학생, 지각 대장 등 속 끓이는 학생들로 인해 얼마 가지 못해 무너져버렸다.

'어떻게' 가르쳐야 하는가에 대한 화자의 고민은 가을 체육대회에서 제자들이 몸으로 '보여준' 행동을 통해 존재에 대한 이해 지평을 넓혀간다.

녀석들은 계주도 잘하지 못했다. 줄다리기도 금세 무너졌고, '2인 3각' 경기도 마지막 주자들이 넘어지고 말았다. 아, 신나지도 않는 체육대회에 무엇을 더 기대하랴. 그러나 그것이 끝은 아니었다. 녀석들은 종을 칠 때까지 빨강 고무장갑을 흔들며 목이 터져라 응원가를 불렀고, 세숫대야를 두드렸다. 반짝이 장갑을 끼고, 함박웃음을 지으며 어깨동무 춤을 추었다.

담임을 "딱 한 번만이라도 행복하게" 하려는 제자들의 헌신적인 노력이 교사와 학생 간의 거리를 좁히며 주체의 내면의식을 변화시킨다. 가르친다는 것은 학생들이 세상을 볼 수 있는 안목을 키워주는 것이고 그것만으로 가치로운 일이다. 화자가 제자를 객체로 자각하는 것은 항상 "선생이 제자보다 다 잘하는 것"이 아니라는 점이다. '가르치는 일'을 "기계적으로 훈수"만 하는 행위에 일침을 가하며, 교육을 사업적으로 하는 행위도 비판한다. 진정한 선생이란 풍부한 교양과 훌륭한 인격도 중요하지만 기르는 대로 자라는 아이들에게 "그들이 무엇을 해도 다 이해해 주는 어른"이 되어야 함을 강조한다. 이러한 과정은 상호 간에 교감을 불러들이고 존재를 자각하는 삶의 지표가 되는 것이다.

장미숙의 〈동전은 필요 없어요〉

작가는 사물현상을 그 자체로 나타내지 않고 반드시 상황으로 서술한다. 그 말은 의식 주체의 작가가 대상을 어떤 의미 있는 것으로 보게 된다는 것이다. 장미숙은 스스로 서술자로서 관찰하다가 동전을 의인화시켜 상황을 풀어내는 '교차서술 cross-writing'의 기법으로 화폐에 대한 인식을 제고하고 있다. 과거 경제 활동에 기여해 왔던 동전은 오늘

날 가치 하락으로 애물단지 취급을 받는다. 휴면동전으로 전락하고 은행에서도 반기지 않으며 아이들에게조차 천덕꾸러기 신세를 면치 못하고 있다.

> 동전 세 개가 굴러떨어진다. 손님이 밀어둔 모양이다. 떨어진 동전을 주워 금고에 넣는다. 남자 손님이 빵을 사고 천 원짜리 두 장을 내민다. 거스름돈으로 사십 원을 돌려주자 손사래를 치며 가버린다. 여자 손님이 지갑에서 지폐를 꺼내려다 동전이 귀찮다며 카드를 내민다. 950원을 카드로 긁는다. 고등학생은 거스름 동전을 돼지저금통에 넣어버린다.

심지어는 지갑 속 "동전을 탈탈 털어" 지폐로 바꿔 가는 얌체 손님도 있다. 나아가 보완책으로 거스름돈을 전자화폐, 마일리지, 포인트 등으로 충전 시스템을 실행할 계획이다. 이러한 실상에 직면한 동전은 더욱 설 자리를 잃었다. 대우받던 시절 "시장 할머니들이 거칠고 투박한 손으로 매만질 때는 우리도 덩달아 따뜻해지곤 했다."고 회상하며, 가난한 청춘들의 주머니에서 "얼마나 당당했나."라고 토로한다.

장미숙이 중요시하는 담론은 '동전 없는 사회'로 가는 과도기에서 동전의 소중함을 일깨우는 것이다. 실제로 대형마트들은 상품가격을 10원씩 내리면서 경쟁을 벌이기도 하며, 노사 양측은 1원 단위까지 치열하게 줄다리기한다. 동전의 가치가 예전만 못하지만 우리 삶 구석구석에서 여전히 제 역할을 하고 있듯이 화자는 천대받는 동전을 투시하며 소외된 것들의 가치를 찾는 삶에 동참하고 있다.

덧붙여

이번 호에서는 '의식'과 '의식의 대상'에 초점을 맞추어 살펴보았다. 의식에는 언제나 '지향성'이 도입된다. 특히 수필작가는 무조건적인 순행의 기록자가 아니라 선택과 결단의 주체적 존재로서 다채롭게 해석하는 서술자이다.

이난호가 외국인 가족과의 '호접몽' 풀이로 생활철학을 구현하고, 이용구는 제자들을 통해 인본주의 교육관을 제시하며, 장미숙은 동전이라는 화소로 경제관념을 끌어내었다. 이로써 작가의 세계관이 제시하는 방향에 따라 독자가 수용하는 감동의 폭과 정서의 효과가 달라지게 되는 것이다.

| 작품 |

나비꿈의 촉

이난호

30여 일 스페인 걷기 여행을 마치는 발로 포르투갈행 기차를 탔다. 내 쉼의 정의는 몸풀이에 앞서 마음풀이 쪽에 기운다. 발르셀로스, 나는 거기서 양수를 노는 태아의 유영을 상상하며 몸맘 풀었다. 누구나 알게 모르게 타인에 기대어 살면서 가소롭게도 대인관계의 기본 원칙은 '남에게 폐 안 끼치기'일 터이다. 그 점에 소심함은 나도 남 못잖은데 꼭 이틀 반 순례 동지였던 20년 연하의 이국 여인 케타를 쉼터 삼기 3년째다. 그다지 말 헤픈 편이 아닌 그네가 "의사, 멘토, 영혼의 친구" 내키는 대로 나를 부풀려 호칭해도 내버려둔다. 나도 어떤 때 어떤 이에게 별것 아닌 걸로 꽂혀 연배 불문코 그 비슷한 고백을 한 적 있으니까. 전형적인 이베리안답게 입 무거운 도밍고가 아내에 한술 더 떠 "환영해요! 나는 진실만을 말해요!" 무표정하게 진국을 토로하면 비로소 작동하는 나의 촉기, 거기 말고 내 양수가 달리 없는 이유다.

"자, 공부시간!" 케타가 선언했을 때 내 수필집 ≪아홉 번 떠났다, 산티아고≫가 펼쳐지려니 했다. 도착 즉시 우리 둘은 서로 엇비슷 엉성한 영어 실력으로 수필집을 영역하기 시작했다. 내가 영어 단어를 몇 개 주워섬기면 그는 깨알 같은 글씨로 책의 행간을 채웠다. 자기와 관련된 챕터나 그의 신분(그는 순례자협회 본부에서도 인정받는 도우미였다)에 정보가 될 사안에서는 시간을 끌었으므로 훑어야 할 챕터는 둘이나 남았는데 나는 내일 비슷한 시각에 마드리드행 기차에 앉은 지 두어 시간 후일 것이다.

생뚱맞게도 A4용지 두 장이 놓였다. 정서된 장자莊子의 호접몽胡蝶夢과 한자와 그림과 선들이 마구 얽힌 '공부'의 흔적이었다.

순례 초입 핸드폰에 담아온 호접몽을 일기장에 옮겨 적은 걸 본 케타가 "이거 중국 글자지요!?" 반색했고, "공부할래!?" 내가 반색해서 시작된 공부였다. 어불성설, 상식선에도 못 미치는 내 한자 실력에 하필 높음도 깊음도 넓음도 까마득 현묘한 장자라니. 그럼에도 나는 별로 겁나지 않았다.

우선 호접몽을 정서正書해 교재로 놓고 다른 백지를 당겨 2천여 년 동서양 시공을 넘나들며 글자와 그림과 줄을 그으며 '공부'에 열 냈다. 나비꿈의 시공 감각을 어림 잡히려 성경 구절 "천년도 하루 같고"도 끌어오고 인간 희로애락을 일순의 꿈과 엮어 생의 허무와도 이었다. 열락에 오래 취하지 않고 고뇌를 속히 벗어나려면 '꿈 깨는 것'뿐이라고 묵상했다. "깨어나라! 그러나 깨어봤자 그 또한 꿈속! 우리는 나비일까, 사람일까, 지금 여기는 꿈속일까, 생시일까. 누가 분별할까." 놀랍게도 여기서 케타는 헷갈리지 않았다. 급기야 촉을 맞은 눈이 되어 정서된 호접몽을 들고 가 거실 벽 한곳을 짚었다. 동제銅製의 '최후의 만찬도圖' 옆자리였다. 기겁했다. 이건, 이건 벽에 붙여놓기보다 마음속에 품고 세상 보는 눈을 밝혀가는 거라고 분별심을 성찰하는 거라고 얼버무렸다. 분별심이란 말이 아픈 촉이 되어 내게 먼저 박혔다. 요행 학생은 케타 하나였다.

그런데 이번엔 학생이 넷이다. 케타의 맏아들 에릭이 일터인 포르토로부터 고향 마을 축제를 빛내러 기타를 메고 왔고 3년 전 커다란 카메라를 어깨에 얹고 연 3일 우리 내외의 순례 여정을 찍었던 프리랜서 사진기자 카를로스가 우리를 겨냥해 왔고 퇴근 시간을 조정한 도밍고가 합석했고 케타와 내 남편이 끼었다.

엎질러진 물, 내가 소화한 만큼만 말하자고 맘먹었다. '제자를 잘 만나라'는 말이 있던가. 요행 내 '학생'들의 기본 소양이 수준급이라는 믿음이 있었다. 두뇌 좋은 에릭과 카를로스로의 예술 감각이 비슷한 시각에 비슷한 눈빛으로 내 말뜻의 함의를 찍는 것 같았다. 나는 고무되었다. 나는 케타가 이들 세 학생에게 바라는 내심을 짚고 있었다. 올곧은 수재에 준수한 외모 애향심 넘치는 맏아들의 혼전 동거. 중년 초입에서 재능을 인정받아 고정 일터를 잡자마자 20년 함께한 조강지처를 버리고 한참 연하의 이혼녀와 재혼한 카를로스의 분방함, 그리고 남편 도밍고의 숨 막히는 경제관념, 이들에게 알맞게 나비꿈의 촉이 박히기를 바랄 것이다. 정작, 고질이 된 불면증으로 시달리는 그 자신은 무슨 촉에 찍혀 호접몽을 벽에 붙이려 했던 걸까.

들뜨지 않으리라 맘먹었지만 나는 "꿈 깨라!" 할 때 목에 힘이 들어갔고 '꿈 깨봤자 다시 꿈!' 할 때 허망한 시선을 과장했다. 그때마다 학생들은 잠깐씩 굳었다. 바야흐로 장자의 시간이었다. 그가 나의 무지를 알고도 나부대게 내버려 뒀으니 당연히 '공부'의 마무리는 그의 몫이라는 배짱, 침묵 속에서 내 무구한 학생들에게 당신의 촉을 꽂아달라고 떼썼다.

도밍고가 정서된 호접몽을 핸드폰에 담았다. 나는 장식으로 켜놓은 촛불에서 '최후만찬도'로 눈을 올렸다. "성탄전야에 빛으로 오는 이를 맞으려 촛불을 켜는 우리는 나비일까 사람일까." 중얼거리며 어처구니없다는 표를 내려고 양 손등을 비벼 보였다.

다음 날, 마드리드행 밤 기차 속에서 전날 양 손등 비빈 걸 부끄러워했다. 나는 물로 다음번에도 유영 시공으로 그네 쪽을 향할 것이다.

| 작품 |

박수갈채를 받으세요

이용구

우리 아래층 B학원에서 착한 강사 몇 사람이 '공부방'을 만들기로 의기투합하고 학원을 그만두었다. 방학특강을 성황리에 잘 마치면 원장들은 늘어난 학생 수를 담보(?) 삼아 쉬 팔아넘기곤 했기 때문이다. 그렇게 두어 번 학원장이 바뀌자 동네 학원을 믿을 수 없다는 학부모들의 항의가 빗발쳤다.

학원의 꽃은 아이들과 순대도 먹고, 날마다 지친 아이들의 이야기를 들어주면서 그것들을 잘 버물어 수업으로 이끌어 주는 강사들이다. 보기 좋게 일류대학을 나와도 좋겠지만, 풍부한 경험으로 아이들에게 전달하고 끌어내는 힘을 가진 강사들은 목소리와 눈빛이 별나기도 하다.

3년여 아산의 실업학교에서 '국어'를 가르친 일이 생각난다. 초년 교사로서 처음 만난 1학년 아이들, 나도 아이들도 바로 앞 자신의 울타리에서 졸업하고 진급은 했으나, 3월엔 양쪽이 서로 신입 티를 벗지 못하고 풋내를 교실에 물씬 풍겼다.

그렇게 한 달쯤 지나자 서투르던 양측은 적극적이고 활동적인 다른 모습을 보이기 시작했다. 우리 반 반장이 옆 반처럼 '여우보살'이면 얼마나 좋았을까만, '영선'은 왠지 나와 닮은 구석이 많았다. 다정다감하기보단 실속형이라고나 할까. 교무실을 자주 들락거리지도 않고, 수다스럽지도 않았지만,

자신의 일을 허투루 한 적은 없다. 돈 계산도 주산 셈으로 순식간에 가로세로 척척 맞춰 놓았다.

초년 교사의 꿈은 녹록하지 않았는데, 욕심을 부릴 수가 없었다. 서울로 가출하는 아이들도 있었고, 내내 지각대장도 있었고, 자취하는 아이들도 많아 잘 하고자 마음만 먹으면 담임이 해야 할 일은 끝도 없었다. 그렇게 속을 끓이며 지내는 일이 많았는데, 2학기가 시작되자 요 녀석들이 언젠가 딱 한 번만이라도 행복하게 해 준다며 기다리라고 했다.

간절함이 하늘에 닿았을까. 당시엔 교련 검열이 있어서 행사가 이루어지기 어려웠던 체육대회가 그 가을에 열릴 수가 있었다. 불쌍한 담임을 기쁘게 만들자며 체육대회에서 끝장내기를 하겠다고 선포하던 우리 반, 그러나 녀석들은 계주도 잘하지 못했다. 줄다리기도 금세 무너졌고, '2인 3각' 경기도 마지막 주자들이 넘어지고 말았다. 아, 신나지도 않는 체육대회에 무엇을 더 기대하랴. 그러나 그것이 끝은 아니었다.

녀석들은 종을 칠 때까지 빨강 고무장갑을 흔들며 목이 터지라 응원가를 불렀고, 세숫대야를 두드렸다. 반짝이 장갑을 끼고, 함박웃음을 지으며 어깨동무 춤을 추었다. "응원, 1학년 5반!" 경합 부분까지 합산하여 종합 성적을 내는 것이었는데, 우리 반은 응원 부분만 1등을 했다. 안쓰럽고 아쉬웠다. 60점이라면 더 좋았을 텐데, 부풀었던 우리 반 아이들에게 50점의 성적만 전달된 것 같았다.

어떻게든 담임 마음을 데워 주고자 했던 녀석들의 온기 어린 배려가 가슴 뭉클해서인지 섭섭함은 오랫동안 가시지 않았다. 공부로는 부족했어도, 달리기도 잘되지 않았지만, 녀석들의 마음 씀씀이가 지금도 교직의 보람을 일깨워 주곤 한다.

사흘 전, 우체국에서 근무하는 기윤이는 다섯 번째의 커피 100그램을 보냈다. 우체국 일의 바쁜 와중에서도 짬을 내어 커피콩을 볶아 분쇄까지

해서 내 몫을 챙겨 보내는데, 받는 복이 별로 없는 내가 꼭 무슨 '장長' 자리라도 앉아 있는 것만 같다. 과외 제자인 기윤이는 한창 반항하던 시기와 비례하여 세상에 대한 말도 글도 예민하고 날카로웠다. 사실 난 기윤이의 날이 선 비판이 속 시원했으나 기득권층을 대변하며 이면의 세상을 맛보게 하곤 했다. 이젠 나이도 들었고, 일방적인 것보다 사회적으로 생각할 줄도 아는 도량도 갖추었다. 100그램의 커피는 서너 번 만에 동이 났지만, 사랑스러운 향과 정성은 기억 속에 늘 머문다.

'가르치는 일'을 사업적으로 밝히면, 병이 나고야 만다. 기계적으로 훈수만 하는 일도 무표정이어서 어울리지 않는다. 선생이 제자들보다 다 잘하는 것도 아니다. 양분을 주어 기르는 대로 자라는 아이들, 그들이 무엇을 해도 다 이해해 주는 어른들에게 박수갈채를 보낸다.

| 작품 |

동전은 필요 없어요

장미숙

계산대 청소를 하는 중이다. 사인패드를 밀자 십 원짜리 동전 세 개가 굴러떨어진다. 손님이 밀어둔 모양이다. 떨어진 동전을 주워 금고에 넣는다. 남자 손님이 빵을 사고 천 원짜리 두 장을 내민다. 거스름돈으로 사십 원을 돌려주자 손사래를 치며 가버린다. 여자 손님이 지갑에서 지폐를 꺼내려다 동전이 귀찮다며 카드를 내민다. 950원을 카드로 긁는다. 고등학생은 거스름 동전을 돼지저금통에 넣어버린다.

금고 안에는 네 개의 칸이 나란히 있다. 십 원, 오십 원, 백 원, 오백 원을 보관한 칸이다. 간혹 손님이 집에 있는 동전을 몽땅 가져오기도 한다. 빵값으로 동전 한 주먹을 주면 세느라 한참을 들여다봐야 한다. 지갑 속에 있는 동전을 탈탈 털어 지폐로 바꿔 가는 손님도 있다. 동전은 아이들의 전유물이란 것도 옛말이다. 아이들도 이젠 동전을 거들떠보지 않는다.

동전을 가지런히 정리하는데 그들의 한숨 소리가 들린다. 저희끼리 주고받는 대화에 귀를 기울인다.

"어제는 험한 꼴을 당했다네. 젊은 여자가 내 몸으로 하이힐 바닥을 긁지 뭔가. 껌을 밟았던 모양이지. 더러운 신발 바닥을 긁는데 이 몸을 바쳤다네. 허허.

백 원짜리의 하소연에 허탈함이 묻어 있다.

"그래도 자네는 버림받지 않았으니 다행일세. 요즘 내 신세가 제일 서러운 건 아나. 하마터면 나도 삶을 마감할 뻔했지. 용케 구사일생으로 살아났지만, 아직도 그때를 생각하면 오금이 저리네."

십 원짜리가 몸을 부르르 떨며 하는 말이다.

"나와 친구들은 어느 집 서랍 구석에서 세월도 잊은 채 살았네. 계절이 두어 번 바뀌었을 거야. 우리 위에는 온갖 잡동사니가 쌓여 숨도 제대로 쉴 수 없었네. 그러던 어느 날 세상으로 나올 기회가 있었어. 그 집이 이사하는 날이었을 거야. 거친 손이 우릴 쓰레기 봉지에 탈탈 털어 넣었네. 다행히 나와 친구 한 명이 서랍 틈에 끼어 간신히 목숨을 건졌지 뭔가."

"나도 위태한 날들을 살고 있기는 마찬가지네. 어느 초등학생이 엄마한테 용돈으로 오십 원짜리를 받자 "이게 무슨 돈이야?" 하며 날 땅바닥에 패대기쳐버리더군. 결국, 엄마한테 꿀밤 한 대를 맞고 다시 손에 쥐었지만, 초등학생도 우릴 무시하니 서러운 신세가 되어버렸네."

오십 원짜리가 후우 한숨을 내쉰다.

"그러고 보니 내 신세가 그나마 나은 것 같아 미안해지는군. 내가 젤 막내라 아직은 대접을 받지만, 자네들을 보니 그럴 날도 머지않은 것 같아 걱정이 앞서네. 혹시 들어봤나. 요샌 거스름돈으로 동전을 취급하지 않는 곳도 많다네. 남은 동전은 카드 포인트나 마일리지, 전자화폐 등으로 휴대폰에 넣어준다나 뭐라나."

오백 원짜리 말에 분위기가 술렁거린다.

"나도 들었네. 화폐 없는 사회로 가는 중간단계라고 하더군. 그러고 보면 옛날이 좋았어. 예전엔 우리가 대접을 받았지 않은가. 내가 태어난 해가 1966년이니 이제 오십 살이 되었네. 오십 원이 1972년생으로 마흔네 살, 백 원이 1970년생이니 마흔여섯 살이 되었군그래. 1982년에 태어난 오백 원 막내는 서른네 살일 테고."

십 원짜리 말에 모두 고개를 끄덕인다. 십 원짜리가 다시 말을 잇는다.

"나도 전성기가 있었네. 1970년대, 라면 가격이 20원이었다면 믿겠나. 20원으로 배를 든든히 채우던 시절이었지. 오백 원 자넨 상상도 못할 거야. 그때는 담배 한 갑, 시내버스 요금도 십 원이었으니 서민들에게 내 존재는 대단한 것이었어. 떨어진 동전 없나 땅만 보고 다니던 사람들도 있었으니까."

십 원이 지난날을 회상하며 말끝을 흐리자, 오십 원이 덩달아 추억에 잠긴다.

"그랬지. 아이들은 엄마 치맛자락에 매달려 십 원만 달라고 애원했어. 십 원만 있으면 커다란 눈깔사탕을 온종일 빨고 다닐 수 있었으니까. 어쩌다가 친척에게 오십 원짜리 하날 받으면 횡재한 날이었어. 의기양양해서 아이들을 줄줄 달고 골목을 주름잡고 다녔으니 우리가 대우받던 시절이었지. 그때 짜장면도 백 원이었다네."

"1980년대는 공중전화 덕분에 나도 대우받던 시대였네. 전화기 앞에 줄 서서 발을 동동 구르던 사람들을 상상이나 해봤나. 앞사람이 전화를 끊지 않고 수화기를 그대로 두고 나오던 미풍美風도 있었네. 몇십 원이 남으면 뒷사람 쓰라고 말일세. 참 훈훈한 시절이었지. 남녀 간의 사랑도 공중전화에서 꽃을 피웠다네. 그러고 보면 우리가 수많은 인연의 끈을 이어준 사랑의 징검다리가 아니었겠나. 그땐 라면도 백 원이고 버스 토큰도 백 원이었지."

백 원짜리의 입가에 웃음이 머문다.

"이 보게들. 그러고 보면 우리야말로 아이들과 서민에게 사랑받던 존재였어. "엄마, 오십 원만, 백 원만!" 하던 아이들의 천진한 모습이 그립군. 시장 할머니들이 거칠고 투박한 손으로 우릴 매만질 때는 우리도 덩달아 따뜻해지곤 했다네. 가난한 청춘들의 주머니에서 우린 또 얼마나 당당했나. 버스 차비할 돈으로 그녀를 위해 붕어빵을 사주고 걸어서 집에 가던 청년들, 동전 몇 개에 울고 웃던 낭만을 기억하는가. 하지만 이젠 하루하루 그저 무사하기만을 바랄 뿐이네.

오십 원짜리 말에 오백 원짜리가 한마디 거든다.

"우리 중에도 시대에 상관없이 대접받는 친구들이 있다네. 몸에 흠집 하나 없이 잘 보관된 친구들은 동전 수집가들에게 인기라더군. '금수저'처럼 모심을 받는다네. 이리저리 떠돌거나 험한 꼴 당하지 않고 말일세. 우리처럼 온몸이 상처투성이에다 피부까지 변하고 보면 외면당하기 일쑤지. 하지만 나는 갇혀 있는 삶보다는 이렇게 어울려 사는 게 좋네. 온갖 삶의 이야기를 들으며 사람들의 희로애락을 지켜볼 수 있으니 얼마나 값진가."

듣고 있던 십 원짜리가 복잡한 표정으로 고개를 흔든다.

"세상도 예전 같지 않네. 우리가 사람들에게 사랑받던 때는 정도 있고 따뜻한 세상이었네. 하지만 요즘 사람들 표정을 보게나. 생활은 편리해지는데 인정은 메말라가. 웃음을 잃어가는 사람들이 나는 무섭네. 게다가 귀찮은 걸 극도로 싫어하지. 그러니 땅에 떨어진 동전을 누가 줍겠나. 허망하게 사라진 친구들이 헤아릴 수 없을 거야. 더 험한 꼴 보기 전에 빨리 가고 싶은 생각도 든다네."

동전들의 이야기를 듣고 있는데 "또각또각!" 구둣발 소리가 들린다. 젊은 여자 손님이 빵 두 개를 계산대에 놓고는 지폐를 내민다. 거스름돈을 주려고 보니 여자 손님은 벌써 등을 돌리고 있다.

"손님, 여기 거스름돈 받아 가셔야죠." 그러자 그녀는 뒤돌아보며 "됐어요. 동전은 필요 없어요." 하며 씩 웃는다. 나는 얼른 열어두었던 금고를 닫아버린다. "쨍그랑!" 발등 위로 동전 하나가 툭, 떨어진다.

05
기억의 공간, 그리고 페르소나

인간에게 공간은 삶의 터전이며 성찰의 자리이다. 그곳에서 '나는 누구인가?'라는 물음을 던지고 답을 찾으려고 애쓴다. 인간의 삶이 사회와 관계를 맺고 있기 때문이다. 내가 있는 공간이 내 존재라면, 지나온 공간은 서사의 흔적이며, 특정 공간은 '장소애'로 각인된다.

아리스토텔레스는 "둘러싸는 물체 가장 안쪽의 움직일 수 없는 경계", 즉 위치로서의 장소를 '토포스topos'라고 규정했다. 그것은 강렬하여 무의식적으로 내면에 흐른다. 작가에게는 토포스가 본질을 해석하는 중요한 통로가 된다.

이번 호에서는 특정 공간에서의 가면 의식과 작가적 성찰을 들여다보았다. 음악발표장의 '가면', 누드비치의 '맨몸', 몰타의 '원시성', 삶의 공간에서 풀어낸 '무상'이 공간과 '페르소나' 간의 어떤 의미를 불러일으키는가를 살펴보려 한다.

유영란의 〈가왕이 되어〉

인간이라면 누구나 구속에서 벗어나 초월적 자유를 꿈꾼다. 유영란은 '복면가왕'이라는 프로그램을 통해 가면masque을 응시한다. 익명성의 가면은 마치 인간인 것처럼 음색과 목소리, 표정 등을 다르게 표현해낸다. 이로써 상대에게 편견이 사라지고 노래에만 집중되어 "진짜 실력자"를 확인하게 된다.

감춘다는 것은 위장이며 드러냄은 본성이다. 축제의 공간일수록 가면을 씀으로써 자유로운 유희를 즐길 수 있다. 배치를 바꾸고 질서가 교란되기도 한다. 그러나 가면을 벗는 동시에 가면의 의미는 사라진다. 이후 화자는 문학단체의 '송년회 장기자랑' 때 가면을 쓰는 입장으로 자리바꿈한다.

> '올챙이송'을 부르면서 율동을 하기로 했다. 며칠간 모여서 연습을 하는데 지긋한 연세와 점잖은 남자 선생님들의 율동이 어색하기 짝이 없다. …… 대체로 선비다움을 갖고 있는 선생님들은 고갯짓을 하며 앙증맞은 몸짓을 하는 것을 계면쩍어한다. 한 선생님이 개구리 복면을 쓰자고 제안했다. 단지 얼굴만 가렸을 뿐인데, 몸동작이 커지고 적극적이다.

원활한 역할을 위한 가면은 타협과 조화를 추구한다. "단지 얼굴만 가렸을 뿐"인데 어색함이 덜어지고 용기가 주어진다. 〈채식주의자〉의 '특별한 장면' 역시 "꽃의 복면"을 쓴 예술행위로 간주한다. 그러나 화자는 자신의 체험을 통해 복면의 역기능을 지적한다. 삶의 공간에서 거짓 가면 속의 "진짜 얼굴"을 가려내기란 쉽지 않다. 그래서 민낯의 진정성이 왜곡되는 현실을 더욱 개탄하는 것이다.

양태은의 〈마녀의 손가락〉

양태은은 몸과 누드라는 모티프로 내적 가면을 벗겨낸다. 인간은 자신의 몸을 가지면서 남의 누드라는 육신에 반발한다. 관음증적 욕망의 대상으로 '바라보는 것to see'은 왜곡된 응시를 동반한다. 화자의 강렬한 토포스는 뉴욕주의 손가락호수 중 '누드 비치'이다. 그곳에서 나체 남녀들을 본 화자는 호기롭게 그 앞을 헤엄치고자 물에 뛰어들었으나 진흙에 빠지는 곤란을 겪는다.

> 벌거벗은 두 남자가 있었다. 한 남자가 나무에서 길게 늘어진 밧줄을 잡고 반동을 주더니 타잔처럼 "야아" 소리치며 호수로 뛰어내렸다. 희뿌연 흙탕물이 솟구쳤다. 호숫가에서 지켜보던 나체 처녀 둘이 깔깔대며 박수쳤다. 우리 눈이 휘둥그레졌다. 우물쭈물하다가 남녀들이 피크닉을 즐기고 있는 곳을 지나 헤엄쳐 가기로 했다. 나는 헤엄을 잘 못했지만 십여 미터밖에 되지 않아 이 정도쯤이야 방심하고 뛰어들었다.

화자의 엿보기 시선은 인간의 이중성을 풍자한다. '보여지는 몸'과 '바라보는 몸'은 무엇으로 구분하는가. 그 차이는 시선의 주체로써 결정한다. 진흙에 빠진 화자에게 나체 청년이 손을 내밀 때 상황은 전복된다. 나체를 봄으로써 그가 소외되어 버린 것이다. 자신에게 덧씌워진 옷이 오히려 가면이 되는 것이니까.

나체 청년의 손을 잡음으로써 '보여지는 몸'은 에로틱한 누드가 아닌 무결하고 깨끗한 육체가 된다. 맨몸 그대로가 삶의 바탕이며 존재의 근원이다. 우연히 촉발된 경험과 '나만의 장소'는 무의식적으로 과거를 환기시킨다. 그러기에 화자는 수십 년이 지나도 누드촌의 나체 남녀를 생생하게 복원해낼 수 있다.

노정숙의 〈푸르고 푸른 몰타〉

낯선 공간은 체험을 통해 애틋한 '장소애'를 지닌다. 노정숙이 모색한 장소는 지중해의 섬나라 몰타이다. 이곳에서 그는 신화를 떠올리고 역사를 기억한다. 휴식의 공간인 "내내 푸른빛" 몰타 섬에서 화자는 일상성의 가면을 벗게 된다.

> 거리의 상인도 악사도 소란스럽지 않다. 가톨릭 나라의 근엄함이 스몄다고 할까. 여행객들마저도 조신하게 되는지 적막한 골목에서도 저절로 소곤거리게 된다. 중세의 풍모를 간직한 몰타, 덧칠하지 않은 역사가 가만히 숨 쉬고 있다. 갑옷으로 무장한 신사도와 피투성이 마녀사냥으로 웅성거렸을 광경을 그려본다. 신을 앞세웠던 중세의 얼굴은 어둡고 무겁지만, 몰타의 하늘과 바다는 푸르고 푸르다.

수도 발레타는 고요하다. "칠이 벗겨진 담, 허물어진 성벽"도 그대로이며, 사람들도 조용하다. 삶과 죽음이 뒤범벅된 중세의 공간이 "덧칠하지 않은" 채 제자리를 지켜내고 있다. 여행자들마저 조신해질 수밖에 없다.

전쟁과 음모, 술책 등이 인간의 순수성을 위협하는 시대에 화자는 위기를 극복하는 방법으로 여행을 선택했다. 현실을 벗어나 치유의 공간에 안주하면 의식과 무의식의 경계에 서게 된다. "푸르고 푸른"

색을 가진 몰타의 맨얼굴 앞에서 비로소 화자도 민낯을 드러낸다. 그리하여 원시의 바다라는 거울에 비추어진 자신의 내면과 조우한다.

이영근의 〈만남 그리고 이별〉

이영근의 작품에서 보여주는 장소는 한 곳이 아니다. 다양한 공간의 집합체인 '흐름의 공간space of flows'이 된다. 그에게 장소는 자아와 분리된 것이 아니다. 신혼 시절 '한옥 문간방'에서 '병원'까지 지나온 공간을 회상하는 것은 실존의 의미를 지닌다. 삶의 종착역인 죽음이라는 '또 다른 공간' 역시 살아온 모든 공간의 집합체로 융합한다.

> '즐겁게 살다가 아름답게 떠나자'고 늘 되뇌어보지만 다짐은 소리 없는 메아리가 되어 허공에 맴돌 뿐이다. 어느 노승은 생生과 사死를 뜬구름이라고 했다.
>
> '부운浮雲은 본시 실체가 없으니 생사 역시 실체가 없기는 뜬구름과 같다'고 하시 않았넌가. 생과 사 또한 무상하다는 뜻이리라.

화자는 아내의 병원 출입으로 만남과 이별이라는 인생여정을 점검한다. 그에게 '집'이란 가족과 다채로운 역사가 묻어있는 기억의 공간이다. 그곳이 오래된 "한옥 문간방"이었을지라도 지난날의 추억이 녹아 있어 "아름다운 장소"로 확장된다.

나아가 세상을 떠나야 할 때도 "아름다운 퇴장"을 하리라고 다짐한다. 죽음이란 삶이라는 가면을 벗고 새로운 태어남을 위한 "자리 비움"이라는 인식에 다다른다. 생사의 의미가 "무상"임을 받아들일 때 비로소 "영원한 삶"을 살 수 있다는 역설을 수용한다.

결론

사람은 공간을 통해서 자신의 의미와 가치가 형성된다. 그 사회적 공간에서 관계 맺기가 많을수록 수많은 가면을 쓸 수밖에 없다. 가면은 내면을 감추는 동시에 드러내기도 한다. 그러기에 인간은 자신과 페르소나 속에서 갈등하는 것이다.

유영란이 복면의 이중성을 지적하고, 양태은이 누드의 무결성을 환기시키고, 노정숙이 원시색에 매료되며, 이영근이 '무상'을 수용하는 것도 인간의 본성을 잃지 않으려는 작가적 통찰이라고 할 수 있겠다.

| 작품 |

가왕이 되어

유영란

'복면가왕'이라는 음악 프로그램을 시청하는 재미가 쏠쏠하다. 마스크를 쓰고 나와서 정체를 가린 상태로 노래하니 편견 없이 노래만을 감상할 수 있어서 좋다. 복면을 벗었을 때는 진짜 실력자를 확인할 수 있으며 누구인지 예측하다가 적중하는 기쁨도 있다.

작년에 복면을 써보는 입장이 되어 본 적이 있다. 어느 단체의 '송년회 장기자랑' 준비 때이다. 내가 속한 수필분과는 전원이 참석하여 '올챙이송'을 부르면서 율동을 하기로 했다. 며칠간 모여서 연습을 하는데 지긋한 연세와 점잖은 남자 선생님들의 율동이 어색하기 짝이 없다. 개연성의 허구를 장르로 하지 않고 사실적이고 고백적인 수필을 쓰면서 사는 분들이어서인지, 대체로 선비다움을 갖고 있는 선생님들은 고갯짓을 하며 앙증맞은 몸짓을 하는 것을 계면쩍어한다.

한 선생님이 개구리 복면을 쓰자고 제안했다. 단지 얼굴만 가렸을 뿐인데, 몸동작이 커지고 적극적이다. 개구리 그림이 그려진 복면을 쓰는 순간 우리 모두 유치원생으로 빙의된다고 하면 과하다고 하려는가 싶다.

2016년 맨부커상을 받은 한강의 '채식주의자'에는 특별한 장면이 나온다. 모든 육식을 거부하는 주인공 영혜는 비디오 아티스트인 형부와 부적절한 행위를 한다. 거기에는 영혜의 요구사항이 있는데 자신의 몸에 꽃을 그려 넣은 것처럼 형부의 온몸에도 꽃과 가지를 그리고 오라는 주문이다. 둘이는 꽃과 가지로 뒤덮인 채 외설이 아닌 예술을 구현한다. 꽃의 복면을 썼을 때만 가능하다는 것은 복면 앞에서 둘은 더 이상 형부와 처제가 아니었다는 것일 게다.

복면은 쓰는 자에게는, 용기를 주기도 하고 추함을 아름다움으로 덮을 수 있게 하며, 복면을 쓴 모습을 보는 자에게는, 주변이 아닌 본질만을 바라보게 하기도 하니 과연 '호불호'라 하겠다.

나에게는 복면 없이 민얼굴을 지나치게 보여서 오래도록 난감했던 기억이 있다. 사람 사는 모습은 다 거기서 거기이고, 현재 내가 만나고 있는 사람 앞에서 위선을 떨 일은 없다고 생각했다. 아니, 친정어머니께서 너무 속을 보이고 살지 말고 적당히 가리라고 염려했었던 것을 보면 나의 천성이 그러했는지도 모른다.

외롭다기에 사람은 모두 외롭다고 공감해 주었고, 돈이 필요하다기에 넉넉지 못한 형편을 이야기하며 적금을 해약해서 빌려주었고, 가끔은 고단함을 소통하였다. 어느 날엔가 내가 아주 이상한 사람으로 전락되어 있다는 걸 알게 되었다.

그때서야 내 앞에 있던 사람의 숨겨진 진짜 얼굴을 못 알아본 나 자신을 탓해야 했다. 살다 보니 원하든, 원치 않던 뜻하지 않게 타인의 복면 속의 모습을 마주할 때가 있다. 평소에 단아하고 교양 있다고 여겼던 사람의 실망스러운 진실을 보게 될 때가 있고, 반대로 고약하고 거칠다고 생각했던 사람의 진짜 사랑을 발견할 때도 있다. 산다는 것이 인간관계처럼 흑과 백으로 정확하게 이분할 수 없음을 알려주는 것은 아닌가 싶다.

나의 수필 스승은 "가면을 쓰려거든 수필을 쓰지 않겠다."고 하신다. 그만큼 수필은 나를 내보이는 것이며 진술해야 하는 것이라고 가르친다.

그런 나에게, 가면이든 복면이든 간절하게 쓰고 싶었던 순간이 있었다. 큰아이의 아동기 때 사건이다. 갑자기 글자가 보이지 않는다고 해서 동네 병원으로 달려가니 큰 병원으로 가라고 한다. 도착한 병원은 전국의 환자는 다 모인 듯 진찰 일을 예약하는데도 일 년 이상이 걸린다는 것이다. 동네 의사가 빨리 가라고, 혹시라도 병이 진행되어 전이가 되고 있는 상황이면 위험하니 서두르라고 했기에 난 눈에 보이는 것이 없었다. 복면이든 가면이든 다 집어쓰고, 빨리 접수해달라고 떼를 쓰고 싶고, 병원에 아는 지인이라도 있으면 염치불고하고 힘든 부탁도 할 판이다. 그러나 난 복면을 붙들고 하염없이 울 수밖에 없었다. 외모로 보기에도 눈은 떴으나 초점 없는 눈과, 부모의 도움 없이는 한 발자국도 걷지도 못할 아이의 눈과, 태어나면서 이미 환자가 된 신생아들과 초죽음이 된 환자의 부모 앞에서 나는 어찌해야 할지 눈물만 닦았다.

얼마를 그렇게 있었는지 모른다. 접수대에 있던 한 사람이 다가와 이유를 묻는다. 그리고는 한 달 앞으로 예약하는 행운을 얻었고 아이는 잘 컸다. 지금은 지나간 일이 되었고, 가면이나 복면을 쓸 필요가 없이 당당하게 제 몫을 해내고 있으니 고마울 뿐이다.

그때 나보다 더 급한 환자가 있었을지, 안과는 응급실이 없기에 어쩔 수 없었다고 변명을 해본다.

복면의 이중적 효과를 인정하지 않을 수 없다. 요즘 내가 보면서 즐기는 '복면가왕' 프로에서는 긍정적인 기운을 얻는다. 가수를 둘러싸고 있는 많은 배경들이나, 화려한 외모나, 직함들을 제외하고 오로지 노래만을 감상할 수 있으니 얼마나 즐거운가.

프로그램에서처럼 내가 만약에 무엇을 가려야 한다면 악의적 의도가 있는 가면이 아닌, 단순한 복면을 쓰고 싶다. 그 복면의 이름은 '자기관리'이다. 절제된 언어와 행동 그리고 진정성 있는 마음으로 복면 위에 그림을 그리고 싶다.

더 많은 날들이 지나서, 복면과 나의 내면이 비슷해지는 날이 되면 나는 복면을 벗고 힘차게 노래하리라. 마치 가왕이 된 것처럼.

| 작품 |

마녀의 손가락

양태은

한여름 호숫가는 후텁지근했다. 짙은 숲속을 뚫고 가는 도로 끝자락은 흙길이었다. 숲 사이로 희뿌연 호수가 힐끔 보이다가 사라지곤 했다. 숲 향기와 황토 냄새가 뒤섞여 묵직하게 코끝을 자극했다. 무성한 나뭇잎들은 새소리를 숨겨두고, 수채화 속에 들어가 있는 듯이 멈춰 있었다.

옛날 거대한 빙산이 바위를 깎고 땅에 골을 내며 남하했다. 빙산이 녹은 자리에 좁고 길쭉한 열한 개의 손가락호수Finger Lakes가 만들어졌다. 뉴욕주의 케이유가 호수는 마녀의 손가락을 닮았다. 길이 61km, 폭 2.8km로 남북으로 길게 뻗어 있었다. 오디세우스의 고향, 이타카를 할퀴려는 사이렌의 손가락인가. 눈을 가린 오디세우스는 고향을 지혜로 지키려고 코넬대학을 세웠는가. 근처에 누드 비치가 있다고 누가 은밀하게 속삭이는 소리를 듣고, 친구들과 언덕을 넘고 숲을 가로질러 온 길이었다.

차에서 내려 보니 숲 사이로 호수가 보였다. 호수 바로 앞까지 숲이 다가와 있었다. 오른쪽 움푹 들어간 호수 건너편은 얕은 절벽이었다. 나무들이 하늘로 팔을 올리고 키재기를 하고 있었다. 몇몇 나무들은 호수로 다이빙할 듯이 팔을 뻗고 있었다. 우리들은 호기심에 차서 호숫가로 다가갔다. 진흙, 물, 숲 냄새가 섞여 우리를 나른하게 했다.

맞은 편 절벽 위에 벌거벗은 두 남자가 있었다. 한 남자가 나무에서 길게 늘어진 밧줄을 잡고 반동을 주더니 타잔처럼 "아아" 소리치며 호수로 뛰어내렸다. 희뿌연 흙탕물이 솟구쳤다. 호숫가에서 지켜보던 나체 처녀 둘이 깔깔대며 박수쳤다. 우리 눈이 휘둥그레졌다.

우물쭈물하다가 남녀들이 피크닉을 즐기고 있는 곳을 지나 헤엄쳐 가기로 했다. 나는 헤엄을 잘 못했지만 십여 미터밖에 되지 않아 이 정도쯤이야 방심하고 뛰어들었다. 거의 다가서 물 밖으로 미국 남녀들의 모습이 눈에 들어왔다. 일어서려는데 발이 진흙 속으로 푹 꺼지는 것이 아닌가. 퍼덕거리는 나에게 그들이 손을 내밀었다. 창피해서 꾸벅 절하고 쥐 죽은 듯이 숨죽이고 도망쳤다. 친구들에게 가니 웃으며 난리가 났다. 누구는 일부러 그런 것 아니냐며 부러워했다. 하긴 나체 남녀를 눈앞에 가까이 본 사람은 나뿐이니 그럴 만도 했다.

그 후 손가락호수Finger Lakes 하면 나도 모르게 친근감이 느껴졌다. 마누라가 예쁘면 처갓집 말뚝 보고 절한다고, 좋은 추억을 갖고 있으면 그 추억의 장소 주변도 다 친근해지는 모양이다. 그 후로도 손가락호수에 몇 번 더 갔다. 뉴욕시에서 차로 나이아가라 폭포로 갈 때, 손가락호수 인근을 지나야 한다. 호수 주변에는 코넬대학 외에 포도원도 있고, 유리 제품으로 유명한 코닝 유리박물관도 있다.

수십 년을 뒤돌아봐도 기억에 남을만한 좋은 추억은 몇 개 없다. 대부분은 시간이 내던진 유리장처럼 조각조각 부서진다. 기억은 시간 속에서 점점 녹기 시작하여 희미해진다. 그중 작은 몇 조각은 보석처럼 녹지 않고 반짝거린다. 지금도 그 나른한 숲과 호수 풍경이 눈앞에 선하다. 아련히 끈적한 진흙과 물 냄새를 맡고, 내 손을 잡아주던 미국 청년의 손 촉감을 느낄 수 있을 것만 같다.

마치 착한 마녀가 내 머릿속 좋은 추억을 손가락으로 톡 쳐서 사라지게 하지 않고 남겨둔 것이 아닐까 싶다.

| 작품 |

푸르고 푸른 몰타

노정숙

지중해의 작은 섬나라 몰타, 이곳에서는 '말타'라고 한다.

늦게 도착해서 숙소의 창문을 여니 가까이에 널찍한 돌로 쌓은 요새 같은 성벽이 마주 보인다. 몰타의 수도 발레타답다. 석회암 건물 위로 본 하늘은 푸르고 푸르다.

성당 앞 노천카페와 화려하지 않은 상가들, 수도라고 해도 걸어 다닐 수 있는 넓이다. 기둥만 남은 그리스 신전 터는 보수 공사 중이다. 군데군데 페인트칠이 벗겨진 담, 허물어진 성벽을 그대로 두었다. 자세히 보면 새 건물도 있지만 색을 희게 칠해서 옛 건물과 자연스럽게 어우러져 있다. 건물의 나이테가 상아색 라임스톤에 담겨있다.

몰타는 제주도의 1/5도 안 되는 넓이지만 아프리카와 아시아, 유럽을 잇는 다리 역할을 하기 때문에 끊임없이 외세의 침략을 받았다. 페니키아, 카르타고로부터 유럽의 전신 왕조와 공국의 지배를 받고 1964년에서야 영국으로부터 독립했다.

성 요한 기사단이 몰타를 통치하고 있던 때는 이슬람과 그리스도교 세력이 부딪치는 최전선이었다. 이들은 적은 숫자로 몰타 시민과 함께 침략자들을 물리쳤다. 나폴레옹이 몰타로 들어왔을 때 같은 그리스도 국가와는 전쟁을 안 한다며 철수하고 로마로 옮겨감으로써 268년의 통치가 끝났다.

기사단의 휴식처였던 발레타 가든은 매일 거행하는 대포 발포식을 기다리는 여행객들로 활기차다. 시간이 되자 음악이 울려 퍼지고 성벽 아래에서 베이지색 복장을 한 기사는 대포에 장전을 한다. 푸르고 푸른 지중해를 향해 펑, 펑, 예고된 폭음이 울리고 하얀 연기가 뭉게뭉게 허공을 가른다. 종교와 생명을 지키던 성 요한 기사단의 높은 뜻은 지금까지 이어지고 있다.

쨍한 햇살 습기 없는 열기는 미세한 입자로 몸 곳곳에 스며든다. 속으로 팔랑팔랑 바람을 날리며 거리를 걷는다. 바로크 양식의 고풍스러운 건물에 갖가지 색깔을 칠한 문과 발코니의 조화는 예술이다. 문 옆에 마주 놓은 오크통이나 화분들과 세월을 품은 낡은 벽도 그대로 작품이다. 비탈진 골목을 배경으로 서면 누구든 화보의 주인공이 될 것 같다.

하루는 배로 섬 투어를 했다. 아침에 호텔 앞 바다에서 작은 배를 타고 항으로 이동해서 큰 배로 옮겨 탄다. 고조 섬에 내려 작은 보트를 타고 푸른 동굴을 30분 정도 돌아보는데 요금은 후불이며 이곳에 돌아오지 못하면 안 받는단다. 그래서 구명조끼를 주는 것이라며 사공이 농을 한다. 긴장을 거두고 가볍게 보트에 올랐다.

보트는 좁은 입구를 지나 곡예하듯 굴로 들어간다. 바다는 잉크 빛과 사파이어 빛 사이사이 신비로운 켜를 만들며 일렁인다. '블루 그로토', 이름이 같은 카프리섬에서 본 '푸른 동굴'이 떠오른다. 카프리의 푸른 동굴은 푸른빛이 굴절에 의한 빛이라서 그날그날 기후에 따라서 물빛이 바뀌지만 이곳은 내내 푸른빛이다. 해안 모래가 속살을 드러내는 곳에서는 더욱 투명하게 반짝인다.

어떤 보석이 저리 빛날까. 숙련된 장인이 원석을 이리저리 커팅하며 보여주는 듯하다. 가슴을 울렁이게 하는 이 빛을 나는 비원悲願의 색이라고 명명한다. 티 없이 명랑한 파랑, 달뜬 감성의 푸른, 우울한 블루까지 담아 가슴

깊이 간직한다. 기분이 가라앉을 때 이 빛을 떠올려 보리라. 마음보다 재빠르게 나가던 몸에 제동이 걸렸다. 몸이 아프다며 찡그리는 표정을 이해 못했는데 내 일이 되었다. 내 발밑을 바라볼 수 없을 지경의 목 디스크가 오고, 마음처럼 내달릴 수 없는 몸이 되고 나서 나는 고개를 깊이 숙이는 법을 익혔다. 목 근육을 만드는 이 동작을 하면서 몸에 맞춰 마음까지 낮아진다.

파도에 깎이고 바람을 받아낸 바위 절벽은 기기묘묘하다. 푸른 창문Azure Window이라 부르는 바위에는 아치형 문이 뚫려있다. 수심이 깊은 짙푸른 청색에 잠시 두려움도 느낀다. 파도가 스치는 밑동과 굴곡진 곳이 보랏빛 자수정 같다. 수수천년 바다와 하늘과 태양이 꾹꾹 다져 만든 색이다.

블루라군이 있는 작은 무인도 코미노 섬에서 수영을 했다. 파라솔을 잠깐 빌리는데 20유로다. 이곳의 싼 물가에 비하면 바가지요금인 듯한데 탈의실이나 샤워장도 없다. 유럽 여행객들이 바글거리는 해변에서 지중해를 베개 삼아 하늘을 보며 둥둥 떠 있는 맛도 괜찮다. 젖은 수영복 위에 원피스를 입었으나 다시 배에 타기 전 이곳의 열기가 다 말려준다.

이곳 사람들은 친절하고 온화하다. 거리의 상인도 악사도 소란스럽지 않다. 가톨릭 나라의 근엄함이 스몄다고 할까. 여행객들마저도 조신하게 되는지 적막한 골목에서도 저절로 소곤거리게 된다.

중세의 풍모를 간직한 몰타, 덧칠하지 않은 역사가 가만히 숨 쉬고 있다. 갑옷으로 무장한 신사도와 피투성이 마녀사냥으로 웅성거렸을 광경을 그려본다. 신을 앞세웠던 중세의 얼굴은 어둡고 무겁지만, 몰타의 하늘과 바다는 푸르고 푸르다.

| 작품 |

만남 그리고 이별

이영근

길을 떠나 나는 한 여인을 만났고, 길을 따라오던 한 여인이 또 나를 만났다. 코미디언이 되는 것이 꿈이라고 했던 여인, 주교동에서 태어나 문 안에서만 자란 서울 토박이 아가씨가 어쩌다 깡촌에서 올라온 볼품없는 총각에게 시집을 오게 되었을까. 풀리지 않는 수수께끼이다. 부부의 연緣은 이렇게 만남에서 시작되었다.

신혼살림을 차린 곳은 서울에서도 멀리 떨어진 도시, 대구의 오래된 한옥 문간방이었다. 매달 세를 내는 월세 부부가 되었다. 그는 '남의 집 귀한 딸'에서 '문간방 월세 아줌마'로 전락했다. 그의 출발은 이렇게 초라했다.

동창, 친구 하나 없는 낯선 도시 대구. 부엌이 따로 없는 한옥 문간방의 월세 아주머니. 늦은 오후가 되면 벽시계만 쳐다보며 하마하마 퇴근 시간만을 손꼽아 기다리는 신혼 새댁의 고달픈 처지. 그 심정이 오죽했을까. 돌이켜 생각해보기도 싫은 지난날의 아픔이리라.

젊어서는 삶이 무엇인지, 행복이 어디에서 오는 것인지도 몰랐다. 그저 살갑게 다가오면 슬며시 밀쳐내고, 그러다 멀어지면 부랴부랴 끌어당겨 보듬어 안아주며, 아옹다옹 다투면서 살아왔다. 세월이 흐르고 있다는 것은 눈치채지 못했고, 오월의 신록처럼 마냥 청춘일 것이라고 믿으며 산 철부지였다.

노을이 아름답게 느껴지는 것은 그 속에 지난날의 추억이 녹아있기 때문일 것이다. 잃어버린 시간에 대한 그리움이 함께 밀려오기 때문인지도 모른다. 곱게 물들었던 단풍도 계절의 끝머리가 되면 그 색이 바래듯, 그의 젊음도 석양을 바라보는 나이에 접어들면서 생기를 잃었다. 풍선처럼 팽팽하던 얼굴에는 잔주름이 가득하고 귀밑머리에는 서리가 내려앉았다. 여기 지난날 우리 삶을 있는 그대로 말해주는 노래가 있다.

> "미운 투정 고운 투정 말없이 웃어넘기고/ 거울처럼 마주 보며 살아온 꿈같은 세월/ 가는 세월에 고운 얼굴은 잔주름이 하나둘 늘어도/ 내가 아니면 누가 살피랴…" (중략)

'아내에게 바치는 노래' 이 유행가는 1970년대 우리 세대의 모든 아내에게 바쳐진 노래였다.

지금 그는 종합병원이다. 고혈압에 혈당도 약간 높다. 신장의 담석이 가끔 담도를 막아 통증을 일으키면 실리콘 관을 삽입하여 막힌 담도를 뚫는 하수관 배수 공사를 해야 한다. 무릎관절도 부실하고 한마디로 어디 하나 성한 데가 없다. 매달 한두 번 병원 문을 들락거린다. 보수공사비Repairing cost가 만만찮은 것 같다.

집사람을 바라보며 나는 가끔 이런 생각을 한다. '그를 위해 지금 내가 해 줄 수 있는 일이 무엇일까. 저 사람의 내면에는 어떤 모양의 나이테가 새겨져 있을까.' 나를 만나면서부터 자리하기 시작한 마흔여덟 개의 동심원, 그 새겨진 무늬가 자못 궁금.

하다. '둥글고 규칙적으로 새겨진 아름다운 모양일까. 비뚤어지고 뒤틀린 흉한 모습을 하고 있을까. 그의 나이테는 언제, 그리고 동그라미 몇 개를

더 그리다 말고 멈춰 서게 될까.'

만난 사람은 반드시 헤어져야 하고 태어난 사람은 때가 되면 이 세상을 떠나야 한다. 우리에게 만남이 있었고, 오랜 머무름이 있었으니, 이제 남은 것은 이별뿐이다. 누가 먼저 작별의 손을 내밀지 알 수 없다. 박수칠 때 떠나라는 말이 있고, 아름다운 퇴장이라는 말도 있다. 떠나야 할 때를 미리 알 수 있다면 얼마나 좋으랴. 그저 내가 먼저 떠날 수 있기를 마음속으로 기도할 뿐이다.

'즐겁게 살다가 아름답게 떠나자'고 늘 되뇌어보지만 다짐은 소리 없는 메아리가 되어 허공에 맴돌 뿐이다. 어느 노승은 생生과 사死를 뜬구름이라고 했다.

'부운浮雲은 본시 실체가 없으니 생사 역시 실체가 없기는 뜬구름과 같다'고 하지 않았던가. 생과 사 또한 무상하다는 뜻이리라.

무상하다는 것은 영원하지 않다는 의미다. 생명체의 무상은 말할 것도 없고 물질 세계 역시 무상하다는 것이 현대과학의 이해이다. 겉보기에 전혀 변화가 없는 것처럼 보이는 물체도 미시적으로 원자 내부에서는 무수한 미립자들이 순간적으로 생성과 소멸을 반복하고 있다.

죽음은 새로운 태어남을 위한 자리 비움이다. 인간은 태어남과 죽음이라는 상반된 존재방식을 통해 종種의 영속을 이어간다. '영원히 존재할 수 없다'는 '무상'이라는 존재방식이 인간의 영원한 삶을 가능하게 해 준다. 창조주의 아름다운 역설이다.

* 아내에게 바치는 노래 : 조운파 작사, 임종수 작곡, 가수 하수영이 불렀다. 1970.

06
기호의 포착, 의미의 생성

우리는 삶 속에서 수많은 '마주침'을 경험한다. 들뢰즈식으로 해석하면 이러한 사물이나 사건 등의 우발적인 마주침을 통해 새로운 '의미sens'가 생성되는 것이다. 의미라는 것은 내재하는 것이 아니라 탄생하는 다양한 결과물이다.

현실에 존재하나 의식에 포착되지 않는 것이 잠재성이라면 일정한 강도의 크기로 의식을 흔드는 것은 현실성이 된다. 들뢰즈는 과자 마들렌의 맛에서 순간적으로 어린 시절을 환기하는 것처럼 '우연히' 나타나 사유를 강요하는 대상을 '기호signe'라고 보았다. 이것은 소쉬르가 말하는 약속에 따라 고정된 '기표'와는 전혀 다른 개념이다. 들뢰즈의 기호는 감성적인 것으로 감각을 낳고 기억을 일깨우게 한다. 그의 '기호'는 징조나 조짐으로서 '재현'이다. 만약 마주침으로도 지금까지 경험과 습관으로 가려진 '믿음'의 틀을 뚫지 못한다면 새로운 기호는 읽히지 못할 것이다.

문학 역시 내부세계와 바깥세상과의 우연한 마주침으로 탄생한다. 작가가 대상을 지각할 때 인식에 균열을 일으키게 되며 창조성을 발휘할 수 있는 감응affect을 경험하게 된다. 즉, 잠재가 현실과 마주치는 '표면'을 두드릴 때 숨어 있는 의미가 생성되는 것이다. 작가는 본질을 찾아 횡단하는 순례자이므로 기호를 발견하여 이해하고 방출하는 것 역시 작가의 의무라고 할 수 있다.

그 점에서 수필작가의 기호 찾기가 반영된 문경희의 〈소등〉, 명인숙의 〈겨울 추억〉, 차정연의 〈이름〉을 통해 지각의 층위를 들여다보기로 한다.

문경희의 〈소등〉

문경희는 〈소등〉을 통해 우리가 해독해야 할 기호들을 끊임없이 생산해낸다. 그가 '등'을 통해서 풀어놓는 기호들은 미리 전제된 좌표에 따라 인식된 것이 아니다. '욕실등'이라는 가장 근본적인 층위에서 '혈육의 등', '목숨의 등', '환자의 등[背]'을 거쳐 '아버지라는 등'에 이르기까지 다양한 목소리를 들려주는 방식을 취한다. 대상을 그대로 보여주는 것이 아니라, 보이지 않는 대상을 펼쳐냄으로써 문학 작품이 얼마나 많은 기호를 생산해 낼 수 있는가의 가능성을 제시한다.

화자는 서두에 '욕실등'의 고장에 앞서 밝기의 흐려짐과 빛살의 떨림이 "이별의 예고장"이라는 복선을 깔면서 '소등'이라는 언어망을 던진다.

> 욕실등이 숨줄을 놓아버렸다. 두어 달 전부터 밝기가 영 시원찮은데다가 빛살이 파르르 떨린다 싶더니, 그것이 이별의 예고장이었던가 보다. 혹시나

하고 두어 번 스위치를 올려보지만 '막막한 어둠'이라는 대답 없는 대답만 돌아온다.

불현듯 맞닥트린 등燈의 등[背]이 황망하다. 그러나 단호하게 침묵의 금을 그어버린 등에게서는 어떠한 아쉬움도 읽어지지 않는다. 어찌할 수 없는 순명이라 할지라도, 누군가의 부름에 더 이상 답하지 않는 것이 세상에서 영영 나를 거둬들이는 의식인가 보다.

– 문경희의 〈소등〉 일부

문경희에게 '단호한 이별'이란 "누군가의 부름에 더 이상 답하지 않는 일"이다. 그것이 바로 "눈 뜨지 않는 일"임을 고모님의 죽음으로 환치시킨다. 고모님이 입원한 중환자실에 직면함으로써 생과 사가 동일선상에 존재한다는 인과관계에 동의할 수 없다. 화자의 부친에게 누이는 세상에 단 하나 남은 '혈육의 등'이다. 그 누이가 '목숨의 등'을 붙잡으며 삶을 지켜내려 애썼으나 다시는 화자의 아버지를 밝힐 수 없는 '소등消燈'이 되고 말았다. "삶과 죽음의 문양"이 결코 같을 수가 없음을 인식하지만 죽음이란 "인간의 능력 밖"임을 받아들일 수밖에 없다.

작가는 예고 없이 찾아온 이 '마주침'에서 비록 '육신의 등'은 소등되었지만 '혈육의 등'은 소등할 수 없음을 지각한다. 그러기에 아버지가 마음속에 누이의 등불을 환히 켜두듯이 화자 역시 '아버지라는 등'에 심지를 돋운다. '소등'이라는 '기호'는 화자의 평화로운 심리에 균열을 일으키지만 그것을 해독해냄으로써 창조적 의미변용이 가능하게 된 것이다.

명인숙의 〈겨울 추억〉

존재의 본질을 찾는 것은 작가의 영원한 과제이다. 타인의 분석을 되풀이해서도 안 되며 이미 일반화되어버린 구조를 동일한 방식으로 펼쳐내는 것도 곤란하다. 자기만의 목소리를 내야만 한다. 〈겨울 추억〉의 전제는 회상에서 출발한다. 화자의 회상이 연상의 끈을 끊고 탈주하려고 시도한 점에서 의미 변화의 계기로 받아들인다.

명인숙은 해운대 동백섬 바다 앞에서 작고한 이모를 그리워한다. 그 그리움을 바라보는 중심 화소는 36년 전, 이모와 함께 맨발로 백사장을 걷다 첫 대면을 하게 된 겨울 동백꽃에 집중된다.

> 해운대 동백섬 동백꽃은 역시 달랐다. 유난히 윤기 흐른 잎부터 다르려니와 거친 해풍도 범접치 못하는 동백꽃은 정경부인 같은 귀족의 풍모를 지녔다고 감탄했다. 이모는 "바로 그거야."라며 내 말에 기뻐했다. 그런데 생꽃들이 땅에 툭, 툭, 떨어지는 것이었다. 꽃들은 땅으로 떨어지면서도 하늘을 향해 똑바로 앉았다. 마치 땅에서 피어난 꽃 같았다. 우리는 걸음을 멈추고 땅에 떨어진 꽃을 바라보았다. 이모는 "이젠 땅꽃이 된 거야."라고 했다.
>
> — 명인숙의 〈겨울 추억〉 일부

화자는 낙화한 "생꽃"을 "땅꽃"이라는 기호로 해독한 이모의 사물 감각 방식에서 감성적 충격을 경험한다. 나아가 땅에 떨어진 동백 더미를 지배층 사람들이 "서민들과 어울려 사는 것"으로 풀이한 이모의 언술에 동의한다. 그러한 사유의 징후는 "땅꽃"이 죽는 날까지 고상함을 잃지 않으므로 인간의 삶 또한 상실 속에서도 품위를 잃지 않아야 한다는 좌표에 도달한다. 이모는 화자의 삶에서 '강도intensity'를 지닌 실체로 존재하게 된다.

그러던 어느 날 "내일 보자"라는 한 마디의 "명랑한 인사"를 남기고 갑작스레 이모가 세상을 떠난다. 명인숙에게 붉은 동백꽃은 언제나 생전 어질고 유덕하며 자신을 희생하며 살았던 "이모의 사랑"으로 치환된다. 그리하여 겨울 동백꽃을 볼 때면 이모를 불러보지만 대답이 없다. 이타적 삶을 살았던 이모가 붉은 "땅꽃"으로 피어났다고 회상하는 것만이 그리운 이모에게 바치는 화자의 헌사가 되는 것이다.

차정연의 〈이름〉

개명이 트렌드가 되는 시대다. 화자는 〈이름〉을 언술하면서 '이름이 운명을 가르는 힘을 지녔는가' 하는 질문과 맞닥뜨려지게 된다. 그가 생각하는 '개명'이란 "내가 아님을 부정하고 싶음"과 동일시한다. 그러기에 "바른 삶"을 이어가야 한다는 뜻이 숨어 있는 '차정연'이라는 자신의 이름은 더욱 부정하고 싶다. "주어진 환경이 인연이 불행이 불안이 계속 이어질 것 같아 싫었다."라는 고백에서 화자의 삶이 결코 순탄치 않았음을 짐작할 수 있다.

> 나는 이름은 물론이고 자신까지도 부정하고 싶었을 때, 바른 삶을 살기를 바라는 듯한, '정' 자도 지겨웠고 이을 '연'의 뜻도 지겨웠다. 주어진 환경이 인연이 불행이 불안이 계속 이어질 것 같아 싫었다. 특히, 나는 한 번 맺은 인연을 소홀히 하지 않는다. 한 번 인연을 맺으면 끊지 못하고, 나쁜 버릇은 고쳐서라도 함께 가고자 하는 끈질긴 내 성격 탓도 있었다. 그래서 나의 인간관계 형성과 소통의 방식은 단조롭고 단순하다. 이름을 바꾸면 뭔가 달라지지 않을까 싶어 바꾸고 싶었다.
>
> — 차정연의 〈이름〉 일부

하지만 차정연은 이름의 의미라는 고착화를 벗겨내고자 삶의 의미 찾기에 집중한다. 그리하여 "행복과 불행이 한 생각 안에 존재하고 있음"이라는 새로운 '마주침' 앞에 도달하게 된다. 인간의 삶이란 자신의 노력으로 변화 가능한 것이므로 곧 "날마다 새로운 삶"이 시작되며, 명성을 날리는 것은 "좋은 이름"이 아니라 업적과 인품임을 제시한다.

차정연이 이름에 집착을 버리게 되는 것은 막내의 개명 이후 더욱 구체화된다. 막내가 '다영'이라는 새 이름을 얻음으로써 '영' 자 돌림자를 쓰는 언니들과 자매라는 이름의 동일한 문양을 그리고 싶어 했음을 이해한다. 이름이란 "사용자가 불편하다면 바꾸는 것"이라는 '기호'를 추출해낸 것이다. 외모든 이름이든 관점에 따라 좋고 나쁨이 다르듯이 동일인을 두고 작명가의 판단에 따라 이름자도 달라짐을 지적한다. 〈이름〉을 통해 제시하는 것은 "삶이란 회피하지 말고 견뎌내야 하는 것"이다. 믿고, 기다리고, 자신의 삶을 주도적으로 살아가기를 덧붙임으로써 화자는 이름에 포착된 기호들의 연결고리를 능동적으로 꿰어 내었다.

덧붙여

문학은 언제나 새로운 세계를 연결해 주는 통로이다. 타자와의 마주침 속에서 생성된 질문이 시야를 확장해주는 것은 분명하다. 다양한 해석만이 자신의 '기호'를 찾는 길이다. 그것은 기존질서와 기성의 패러다임과 이미 정해진 규칙을 넘어 탈주선을 찾아가는 행위이다. 경계 허물기를 시도한다는 것은 용기가 필요하며 지극히 어려운 일이다. 그러나 진정한 수필작가라면 때로는 격렬하게 그 벽을 밀고 나가야 한다. 그럴 때 비로소 고백과 설명의 문체에 깔린 '기호'의 호소력을 들을 수 있게 된다.

〈소등〉을 통해 혈육의 등불을 밝히고, 〈겨울 추억〉에서 붉은 "땅꽃"을 피워 올리며, 〈이름〉으로 삶의 방향성을 제시하는 것에서 작가가 어느 정도 기호를 포착하였는가를 짐작할 수 있다. 다만 강도를 해독하는 것은 오롯이 독자의 몫이라고 하겠다.

| 작품 |

소등

문경희

욕실등이 숨줄을 놓아버렸다. 두어 달 전부터 밝기가 영 시원찮은데다가 빛살이 파르르 떨린다 싶더니, 그것이 이별의 예고장이었던가 보다. 혹시나 하고 두어 번 스위치를 올려보지만 '막막한 어둠'이라는 대답 없는 대답만 돌아온다.

불현듯 맞닥트린 등燈의 등[背]이 황망하다. 그러나 단호하게 침묵의 금을 그어버린 등에게서는 어떠한 아쉬움도 읽어지지 않는다. 어찌할 수 없는 순명이라 할지라도, 누군가의 부름에 더 이상 답하지 않는 것이 세상에서 영영 나를 거둬들이는 의식인가 보다. 어느 날 문득 눈 뜨지 않는 일이란 애당초 그다지 복잡한 수순을 필요로 하는 것이 아닌지도 모르겠다.

몇 달 전, 고모님이 위중하시다는 연락을 받았다. 의식을 놓고, 말문도 닫은 채 하루하루를 연명해오시던 처지라 했다. 일곱 남매 중 생존해 계신 분이 아버지와 고모님이고 보면 그러려니 할 수 없었다. 멀다는 핑계로 몇 번 뵙지 못한 내가 그러할진대 유일한 혈육에 대한 아버지의 애틋함이야 오죽했을까.

파닥파닥. 욕실등이 신호를 보내듯, 고모님은 의식이 돌아올 때마다 아버지를 애타게 찾으신다고 했다. 두어 달 전에도 먼 길을 부리나케 달려가셨건만 허탕으로 돌아오셨다. 다시 정신을 놓으셨더란다. 이번에는 수화기를 통해 희미하게나마 보고 싶다는 말씀을 직접 하셨다니 희망을 가져도 좋을 성싶었다. 얼마나 절절한 원願이면 그러실까. 내내 솟대처럼 목을 늘이고 계실지도 모를 일이었다. 다시 기회가 없을 수도 있는 터라 아버지를 모시고 서둘러 길을 나섰다.

평생을 줄 끊어진 연鳶처럼 홀로 세상을 펄럭이셨던 아버지다. 입 하나 덜기 위해 머슴을 살고, 입 하나 덜기 위해 시집을 가던 시절, 아버지는 어린 나이에 부모님을 여의셨다. 먹고 살아야 한다는 숙제를 너무 일찍 떠안아야 했던 코흘리개에게는 갑작스런 부모의 부재를 실감할 여유조차 주어지지 않았다. 아직은 가족의 품에서 안온해야 할 막내는 눈 감는 부모에게도, 가난을 유산으로 물려받은 형과 누이에게도 눈물겹기만 한 존재였을 것이다.

아버지는 낯선 타지를 바람처럼 떠돌며 유년을 보낼 수밖에 없었다. 세상은 더없이 매서웠을 게다. 배고픔이라는 굴레는 끝내 떨쳐낼 수 없는 천형과 무어 그리 달랐으랴. 그나마, 형도 누이도 같은 하늘 아래에 숨 쉬고 있다는 사실만이 암울했던 아버지의 시간을 등불처럼 환하게 밝혀주었을 게다.

섭리란 때로 매정한 것이라서, 아버지를 켜던 등불들도 세월 앞에 하나둘 꺼져갔다. 그런들 다섯 자식의 아버지라는 자리는 옆도 뒤도 돌아볼 여유를 허락하지 않았다. 피붙이와의 이별을 접하고서도 단 한 번 질펀하게 무너져 내리지 못하셨으리라. 누이라는 마지막 보루마저 끝이며 더 이상 없을 거라는 서글픈 예감 때문인지, 아버지는 달리는 내내 마른 침만 연신 삼키셨다.

중환자실 앞은 만원이었다. 치열한 삶이라는 북새통과는 사뭇 다른 번잡함이었다. 사람들의 표정은 하나 같이 비장했다. 하루가 지나면 하루만큼 초췌해진 이들을 만나기 위해서는 순간순간 마음을 바투 잡아야 하는 까닭이리라.

그곳에서만은 '밤새 안녕'이라는 말이 농 삼아 던질 수 있는 의례적인 인사가 아니었다. 삶과 죽음은 동일선상에 있노라고, 가벼이 입을 놀릴 수는 더더욱 없었다. 간밤도 부디 무탈하였기를 비는 간절함이 주렴처럼 드리워진 문 앞에서 어찌 삶과 죽음의 문양이 같을 수 있을 것인가.

드디어, 문이 열렸다. 물때를 만난 어부들처럼 면회객들이 몰려들고, 날마다 만나도 날마다 뜨거운 해후가 곳곳에서 연출되기 시작했다. 말없이 앉아 계시던 아버지의 발걸음도 빨라졌다.

사는 건 그저 견디는 일이라던가. 자꾸만 멀어지는 삶을 지켜내기 위해 견딤의 수행에 든 이들이 문의 저쪽에 있었다. 살기 위해 숨을 쉬고, 살기 위해 먹고, 살기 위해 눈을 뜨는 사람들. 의학이라는 동력 없이는 단 하루도 장담하지 못하는 그들에게서 실낱같은 삶이나마 희망으로 읽고 싶은 마음은 모두 한 가지일 게다. 시시각각, 목숨의 등燈이 시간을 켜는 백색의 공간 속에서 손을 잡고 어깨를 쓸어내리며 그들의 무고에 안도를 하는 모습들이 그저 짠할 뿐이었다.

이번에도 고모님의 기다림은 그리 길지 못했다. 보아도 보이지 않고, 들어도 들리지 않는 먼 길을 향해 이미 마음을 정하신 듯 눈조차 떠보지 않으셨다. 동생이 왔노라고. 아버지는 몇 번이고 멀어지는 누이를 불러 세웠지만 끝내 기척이 없었다. 마치 석상처럼, 돌아누운 누이의 야윈 등만 하염없이 바라고 계셨다.

연이은 불발의 만남을 두고 아버지의 낙심은 컸다. 그런들, 예고 없이 찾아와 정신과 육신을 장악해버린 병마를 어찌하랴. 오고 가는 일이란 인간의 능력 밖에 있는 것임을 위안 삼아 누이마저 영영 떠나보낼 준비를 할 수밖에 없으셨을 게다.

부고가 날아든 것은 그로부터 엿새만이었다. 꿈길이듯 동생을 만나 말없는 이별을 통보하고 훨훨 이승을 돌아서셨다. 다시는 어떤 모습으로도 아버지를 밝힐 수 없는 등, 당신께서는 그렇게 또 한 번의 먹먹한 소등消燈을 맞으셨다. 수명이 다한 욕실등을 앞두고, 온기 없는 아궁이처럼 헛헛할 아버지의 속내를 자꾸만 더듬게 된다.

불 꺼진 욕실로 한 걸음 들어선다. 눈에 익어서인지, 욕조며, 세면대며, 자잘한 세면도구까지, 그간 등이 살뜰히 밝히던 자리가 어둠 속에서도 선연하다. 고모님은 가고 없지만, 아버지 역시 혈육이라는 인연으로 이승에 머물렀던 세월의 모퉁이마다 아직은 누이를 환하게 켜두고 계실 것만 같다.

세월로 희미해진, 아버지라는 나의 등燈에 한껏 심지를 돋우고 싶은 밤이다.

| 작품 |

겨울 추억

명인숙

다시 한 해가 저물고 나이 한 살을 더 먹으면서 겨울 바다 앞에 섰다. 눈이 시릴 정도로 쟁명한 겨울 하늘 아래 해운대 동백섬에는 붉은 동백꽃이 한창이다. 동백꽃을 보자 이모가 그립다. 어느새 눈에 눈물이 고이고, 눈물 고인 눈 속으로 동백꽃이 더 붉게 둥실 피어오른다. 산책을 나온 사람들이 천천히 걸으며 사색에 젖어 있다. 더러는 미래를 생각할 것이고 더러는 추억을 생각할 것이다. 나도 천천히 걸으며 추억 속으로 빠져들었다.

36년 전이다. 추억은 나이를 거꾸로 먹는다는 말대로 엊그제처럼 새롭다. 그때도 겨울이었고 해운대 바닷가였다. 해변인데도 솔향기가 물씬거리고 겨울 바다답지 않게 바다는 잔잔했다. 갯바위에는 낚시하는 사람들이 낚시를 즐기고 있었다. 그때 나는 고향인 충남 태안에서 부산으로 내려 온 지 일 년쯤 되던 해였다. 이모는 풍기에서 살다가 이모부 직장을 따라 해운대로 이사 온 지 2년차였다. 이모는 달맞이 언덕에 있는 K아파트에 거주했는데 날마다 바다를 바라보면서 바다에 흠뻑 빠져버리고 말았다. 바다와 먼 풍기 사람이니 그럴 만도 했다.

어느 날 이모는 바다 구경을 가자며 나를 해운대 바닷가로 인도했다. 미포였다. 이모는 "여기서부터 걸어서 동백섬에 가는 거다. 거기 가면 절세미인을 무색게하는 겨울꽃이 우릴 기다리고 있을 거야."라고 하며 목표를 동백섬으로 잡았다. 이모와 나는 미포에서부터 동백섬을 향해 백사장을 걸었다. 서로 팔짱을 꼭 끼고 겨울이지만 맨발로 백사장을 걸어 동백섬에 닿았다.

동백섬 산책로 길은 무척 거칠었다. 비포장 흙길이었다. 차를 탄 채 한 바퀴 도는 사람들도 있었다. 자동차가 들어왔다 나가고 나면 흙먼지가 안개처럼 피어올랐다. 우리는 친구처럼 다정하게 동백섬을 걸으며 붉게 피어 있는 동백꽃에 반했다. '절세미인을 무색게하는 겨울꽃'이 이거구나 싶었다. 이모는 마치 자기 고향 명물을 자랑하듯 "너 아직 이런 동백 본 적 없지?"라고 물으며 동백꽃을 선전하고 나섰다. 벌써부터 부산시민이라는 자부심이 대단했다. 엄밀히 따지자면 이모가 부산에 정착한 시간은 나보다 겨우 1년 선배인 셈이었다. 순간 "몸담고 살아가는 게 고향"이라는 생각이 들었다.

이모가 자랑한 대로 해운대 동백섬 동백꽃은 역시 달랐다. 유난히 윤기 흐른 잎부터 다르려니와 거친 해풍도 범접지 못하는 동백꽃은 정경부인 같은 귀족의 풍모를 지녔다고 감탄했다. 이모는 "바로 그거야."라며 내 말에 기뻐했다. 그런데 생꽃들이 땅에 툭, 툭, 떨어지는 것이었다. 꽃들은 땅으로 떨어지면서도 하늘을 향해 똑바로 앉았다. 마치 땅에서 피어난 꽃 같았다. 우리는 걸음을 멈추고 땅에 떨어진 꽃을 바라보았다. 이모는 "이젠 땅꽃이 된 거야."라고 했다. "땅꽃?" 내가 의아한 표정을 지으며 물었다. "그러니까 높은 곳에서 살던 사람이 어느 날 느닷없이 낮은 곳으로 내려와 서민들과 어울려 사는 것과 같다고나 할까."

이모 말대로 동백꽃은 높은 나무에서 화려한 전성기를 얼마든지 더 누릴 수 있는데 모든 것을 초개처럼 버리고 아래로 떨어진 것이었다. 높은 곳에 앉아 명예와 권력을 놓지 못해 전전긍긍하는 사람들과 좋은 대조를 이룬다는 생각이 들었다.

우리는 몇 송이 동백꽃을 주워들고 갯바위가 있는 곳으로 갔다. 인어 동상이 보이는 갯바위에 걸터앉아 동백꽃에 대한 이야기를 나누었다. 이모는 동백꽃이 생꽃으로 땅에 떨어지는 것은 검게 시들어버린 비참한 최후를 보이지 않으려는 고상한 자존심이라고 풀이했다. 그러면서 "나도 이렇게 살다 가면 좋겠다."라고 했다. 나도 거들었다. "젊은 여자는 아름다워야 하고, 나이 든 여자는 고상해야 한대요." 내가 좋아하는 어느 작가의 말을 옮긴 것이었다. "그래, 그거야. 고상함, 죽는 날까지 고상함을 잃지 않는 삶. 동백꽃처럼 말이야." 이모는 재미있다면서 소녀처럼 손뼉을 쳤다.

우리는 동백꽃 이야기를 하고, 바다에서는 파도가 쉼 없이 함박꽃을 피우고 있었다. "동백꽃뿐만 아니라 내가 저거에 반했지." 이모는 하얀 파도를 가리키며 부산에 온 걸 행운이라고 했다. 해운대에서 살아보니 여름엔 시원하고 겨울에는 따뜻해서 아이들 키우며 살기에 세계에서 최고일 거라고 극찬했다. 그렇더라도 부산에 친척이나 지인이 없어 외로울 때가 많다고 하소연을 하면서 대뜸 나에게 "빨리 결혼해 부산에서 나랑 같이 살자."라고 했다. 그때 나는 26세 꽃다운 미혼이었다.

이모의 바람대로 나는 부산 정착 4년 만에 우직하고 무뚝뚝해 보인 해운대 토박이 청년과 선을 봤다. 이모가 펄 듯이 좋아했다. 나는 쉽사리 결정을 하지 못한 채 망설이고, 이모는 혹시라도 내가 퇴짜를 놓을까 봐 조바심을 내며 "직업이 교사이니 밥 굶길 일은 없을 테고, 저렇게 우직해 보인 사람이 책임감이 강하다"면서 입이 닳도록 칭찬을 했다. 나는 결국 이모의 권유에 따라 결혼을 하게 되었고 이모와 함께 해운대에서 살게 되었다. 이모는 그때부터 친정엄마 노릇을 하기 시작했다. 첫아이를 분만하러 병원에 갈 때도 멀리 계신 엄마 대신 친정엄마 역할을 맡았다. 매일 매일 우리 집에 오셔서 아기 목욕을 시켜주었다. 딸아이 이름도 '은혜'라고 지어 주셨다. 오실 때마다 지극정성으로 축복기도를 해 주셨다.

이모는 세월이 갈수록 지치지도 않고 엄마 노릇을 계속했다. 내가 아이를 키우면서 사업을 해 보겠다고 일을 벌였을 때도 이모저모 살피면서 구석구석 세심하게 도와주었다. 사업상 노상 바쁜 일상에 쫓기는 나 대신 쇼핑이며 장거리를 도맡았다. 아기 옷과 내 옷을 사주기도 했다. 그때마다 내 마음에 쏙 드는 디자인을 잘도 골라 샀다. 그러다가 이모는 정작 살판이 났다. 고향에 계신 우리 부모님이 나이가 들어 농사일이 버거워지자 전답과 집을 전세 주고 부산으로 이사를 오신 것이다. 더욱이 엄마와 이모는 어려서부터 비둘기처럼 사이가 좋았던 탓에 이모는 기쁨을 주체하지 못했다. 날이면 날마다 이모와 엄마는 떨어질 줄 모른 채 행복해했다. 두 분 다 교회 생활을 하면서 봉사활동에 신바람이 났다.

그런데 인생이란 한 치 앞을 모른다고 하던가. 어느 날 느닷없이 이모가 쓰러지셨다는 연락을 받았다. 부들부들 떨며 응급실에 도착했을 때 이모는 벌써 천국으로 떠나버린 뒤였다. 뇌출혈이라고 했다. 하늘이 내려앉는 것 같은 충격이었다. 겨우 60세였다. 믿을 수가 없었다. 그날은 수요일이었고 우리 집에서 저녁 식사를 하고 수요예배에 참석하기 위해 교회로 바로 가신 날이었다. 수요예배를 마치고 집에 돌아와 쓰러졌다고 했다. 그날 식사를 하면서 이모가 재미있는 이야기를 해 모두 배꼽 잡고 웃었던 기억이 영화 필름처럼 돌아갔다. “저녁 맛있게 잘 먹고 간다! 그럼, 내일 보자!”라고 명랑하게 인사를 하면서 활짝 웃고 나갔던 모습이 선했다.

이모의 마지막 인사 “그럼, 내일 보자!”라는 마지막 말이 귓가에서 쟁쟁거렸다. 이모가 없다는 현실을 인정할 수가 없었다. 장점이 너무 많은 탓에 더 가슴이 아팠다. 고인이 된 이모에 대한 평가는 화려했다. 진실한 사람, 타인에 대한 배려와 사랑이 많은 사람, 자기 것 아끼지 않고 남에게 주는 사람, 지혜롭고 영리한 사람, 어디에서나 솔선수범을 보인 사람, 겸손하게 봉사하는 사람, 용모도 마음씨도 아름다운 사람, 등등 이모에 대한 평가는 인간으로서 최상의 것이었다.

이모에 대한 찬사는 모자라면 모자랐지 지나친 것이 결코 아니었다. 남들이 말한 대로 이모는 자신이 타인에게 베푼 것은 털끝만큼도 기억하지 않았다. 대신 남에게 받은 것은 털끝만 한 것도 잊지 않고 기억하며 감사했다. 언젠가 이모와 이모부, 그리고 우리 부모님을 함께 해외여행을 보내드린 적이 있었다. 여행을 다녀오신 후 여행지에서 맛있게 먹었던 음식 이야기와 구경거리를 두고두고 말씀하셨다.

어질고 유덕했던 이모, 남모르게 어려운 사람들을 도와주려고 자기 것 아낌없이 내주었던 이모의 사랑은 동백꽃보다도 붉었다. 얼굴도 동백꽃보다 예뻤다. 60세 나이보다 십 년 아래로 젊어 보였다. 아무리 생각해도 선하게 살려고 애쓴 이모가 갑자기 하늘나라로 떠나버렸다는 현실을 나로서는 인정하기 어려운 일이었다.

"이모야! 예쁜 이모야!"

나에게 겨울 추억을 남기고 떠나버린 이모를 불러보았다. 이모는 대답이 없고 동백섬엔 올겨울에도 어김없이 동백꽃이 피었다. 툭, 동백꽃이 떨어졌다. 떨어진 동백꽃은 낮은 곳 땅꽃으로도 아름답다. 땅에 떨어진 동백꽃 같은 최후를 소망했던 이모, 문득 아름답게 살다간 이모도 땅꽃이었다는 생각이 든다.

시큰해지는 눈시울 너머로 바다 멀리 떠 있는 배들이 보인다. 오늘따라 더욱 고독해 보인다. 파도는 내가 서 있는 뭍을 향해 힘껏 날아보지만 제자리에 주저앉고 만다. 그것도 오늘따라 더욱 아파 보인다. 모든 게, 이 모든 게 그리운 탓이다.

| 작품 |

이름

차정연

이름을 바꾸는 일이 하나의 문화처럼 이루어지는 시대다. 명함을 받아보면 가끔 그 사람의 이름이 바뀌어 있음을 보게 된다. 이름은 성씨 뒤에 붙이는 글자를 이름이라 하는데, 두 글자 혹은 한 글자를 이어 부른다. 이 한두 글자가 사람의 운명을 가르는 힘을 지녔는가 하는 것이다. 학자들은 이름이 운명에 미치는 힘은 5%에 불과 하다고 한다. 물론 단 1%에도 운명은 갈릴 수가 있다. 운명은 그 사람이 어떻게 살았는가 하는 삶의 흔적에도 있다고 본다.

우리 집의 막내가 이름을 바꾸겠다고 한 지가 오래되었다. 언니들은 모두 '영'자를 이름 끝 글자로 쓰는데 자기의 이름만 다르다는 이질감이 막내에게는 가족개념에서 소외된 기분이 들었던 것이다. 여러 번 제의하는 막내의 건의에 나는 시간이 지나면 괜찮아질 것이라고 했다. 왜냐면, 나도 한때는 이름을 바꾸고 싶었으니까! 사춘기를 지나면서 내 이름 자체를 부정하고 싶었던 때가 있었다. 동화나 소설 속에 나오는 주인공의 이름을 동경했었고, 시대의 흐름에 동승하듯 예쁜 이름을 갖고 싶었다. 이름을 바꾸고 싶었던 마음처럼 나 자신도 내가 아님을 부정하고 싶었다.

내 이름은 정연正連이다. 태어나 얼굴을 한 번도 익히지 못한 아버지께서 지어주신 이름이다. 그 시절에는 여자의 이름 끝에 자, 숙, 애, 순, 등의 글자를 많이 사용했었다. 언니들의 이름 춘자, 순자에 따라 내 이름도 '정자'라고 지었으나, 이후 아버지가 기연, 순연, 정연으로 이름을 바꾸었다고 한다. 내 이름 정正은 한자의 뜻이 바르다, 바로잡다, 갖추어지다, 라는 뜻이다. 연連은 잇닿을 연이다. 잇닿다, 이어지다, 계속되다, 맺다, 연결하다, 길다, 모이다, 끌다, 늘어세우다, 동행하다, 라는 뜻이다.

나는 이름은 물론이고 자신까지도 부정하고 싶었을 때, 바른 삶을 살기를 바라는 듯한, '정'자도 지겨웠고 이을 '연'의 뜻도 지겨웠다. 주어진 환경이 인연이 불행이 불안이 계속 이어질 것 같아 싫었다. 특히, 나는 한 번 맺은 인연을 소홀히 하지 않는다. 한 번 인연을 맺으면 끊지 못하고, 나쁜 버릇은 고쳐서라도 함께 가고자 하는 끈질긴 내 성격 탓도 있었다. 그래서 나의 인간관계 형성과 소통의 방식은 단조롭고 단순하다. 이름을 바꾸면 뭔가 달라지지 않을까 싶어 바꾸고 싶었다. 그러다 아이들의 엄마로, 종교에 귀의하면서 법명으로, 부지런히 활동하느라 이름에 집착하지 않았다. 그보다는 나의 장단점을 인정하고 내가 가진 능력으로 내가 할 수 있는 일을 찾아 어떻게 살아야 하는가라는 삶의 의미에 집중했다. 그리고 나는 행복과 불행이 한 생각 안에 존재하고 있음을 깨달았다.

학자들은 인격, 지식, 행복과 불행에는 우열優劣이 있기 마련이며, 하늘의 힘으로도 모두가 행복 또는 성공할 수 있게 만들 수는 없다고 한다. 인간의 복분은 평등할 수 없는 것이며, 이것은 하늘, 대자연의 법칙이다. 인간의 행복과 불행, 성공은 타고난 용모, 태어난 사주, 부모, 가정환경 조건, 살고 있는 지역, 먹는 음식, 주변 환경, 가풍, 태어난 시대, 마음가짐 등 여러 가지의 함수관계에 의해 작용된다. 그리고 이름이 운명의 어떤 영향력에 가장 결정적인 작용을 하는지는 도저히 알 수 없다, 다만, 인간에겐 인격, 지식을 갖추고 노력해서 빈부의 격차를 최소한으로 줄여 공존공생共存共生하는 것뿐이다.

나는 이런 학자들의 운명 분석에 노력을 포함시키고 싶다. 천재는 1%의 영감과 99%의 노력이다. 라는 말이 있다. 타고난 용모 10% 이름 5% 태어난 사주를 30% 노력을 30% 부모 환경을 15% 사회 환경 시대 마음가짐을 10%로 규정하고 싶다. 태어난 사주야 나의 의지로는 어떻게 할 수 없는 운명이다, 그러나 노력은 나의 의지로 가능하다. 그것은 환경, 습관, 마음가짐을 변화시킬 수 있다. 나는 누구인가? 어떻게 살 것인가? 내 안을 들여다보고 뼈를 깎는 노력으로 나를 변화시키고 긍정의 마음가짐을 취득하는데 있다. 긍정의 마음가짐이 행복과 불행으로 선택적 삶을 이룰 수 있기 때문이다. 선택적 나의 삶. 그것은 곧 날마다 새로운 삶의 시작이 된다. 나는 지금 어떤 삶을 선택했는가?

나는 인간의 운명에 대해 생김새로 추리하고 사주나 주역법에 의해 인간의 길흉을 화목을 조금은 가늠해 볼 수 있다고 본다. 그리고 외모와 이름은 본인의 관점과 선택에 따라 후천적 변화가 가능한 시대가 되었다. 그런데, 이름 한 가지가 그토록 행복과 불행에 결정적으로 작용할 수 있는가 하는 것이다. 다만, 이름이 5% 내지 10%가 운명에 작용한다고 보겠으나, 경우에 따라서는 이름의 작용이 엄청난 결과를 가져올 수도 있으므로 가능하면 좋은 이름을 쓰도록 하는 것이 바람직하지 않겠느냐 하는 의견이다. 그러나 이름만으로 그 사람의 행복과 불행을 가름할 수는 없을 것이다. 학자들은 '과장된 상술에 속지 말라'고 한다. '코에 걸면 코걸이 귀에 걸면 귀걸이'라는 속담이 있다. 그 것은 눈감고 코끼리를 만지는 것과도 같다. 이는 하나의 이름을 가지고도 보고 느끼는 사람들의 관점에 따라 '나쁘다' '잘못 지었다' 또 다른 곳에 가면 아기 이름이 사주에 '나쁘니' '좋으니' 판단을 달리할 수 있기 때문이다.

우리가 흔히 듣는 '호랑이는 죽어서 가죽을 남기고 사람은 죽어서 이름을 남긴다.'라든가, '이름은 천추까지 남긴다.'라는 등의 말들은 좋은 이름이라야 명성을 떨칠 수 있고, 영원히 그 이름을 남길 수 있다는 뜻이나, 그렇지 않다. 한글을 만들어 백성을 편리하게 한 세종대왕, 시대적 환경에서도 굳건한 신념과 의지로 나라를 지킨 이순신 장군, 유관순, 신사임당 등 우리의 삶에 헤아릴 수 없이 많은 훌륭한 업적을 남긴 분들의 이름은 그 사후에도 길이 전해지고 있다. 이름만 잘 지었다고 해서 후대에 이름이 남는 것은 아니며, 없는 복이 쏟아지는 것도 아니다. 무엇보다 이름에 집착하는 작명가들의 판단으로부터 자기의 확고한 주관이 선행되어야 흔들리지 않는다. 그리고 태어난 아기에 대한 이름의 부여는 부모가 지으면 어떨까 싶다. 요즘은 성명학 책, 사전, 뜻을 풀이하는 정보도 풍부하다. 이름의 음양, 오행, 높고 낮음의 음을 가려 부르기 좋게, 불러서 어색하지 않고 조롱감이 되지 않은 이름이 좋다. 부부가 머리를 맞대고 이름 사전을 찾고 뜻을 풀이하고 그래서 부여된 아기의 이름은 의미와 뜻이 있을 것이다.

막내가 이름을 바꾸었다고 명함을 내민다. '다영'이다. 나는 한참을 들여다보았다. 남의 말에 속지는 않았는지 물어보려다 그만두었다. 사용자가 불편하다면 바꾸는 것이다. 그때 나는, 막내의 이름에 신경을 쓰지 못했다. 출산직후부터 죽음의 경계를 일 년간 오락가락했고, 인격, 지식을 갖추지 못했고, 가까운 어른 중에도 의논할 분이 없었다. 그래서 작명가에게 의뢰를 했고, 막내의 이름이 생겨났다. 막내는 '영' 돌림자를 사용하는 언니들과 다른 자기 이름을 바꾸고 싶어 했다. 그 뜻이 삼십 년이 훌쩍 지난 후 자신의 의지에 의해 바뀌어졌다. 한자의 뜻을 풀이하면 '다茶'는 차, 소녀를 의미하고, '영暎'은 비치다, 비추다, 라는 뜻이다.

막내에게 긍정의 의미로 이름을 풀이해 준다면, 차 한 잔을 마시기 위해 기다림이 필요하다. 삶도 그럴 것이다. 차나무를 심고 가꾸고 찻잎을 따고 볶아서 차를 만들고 차를 끓이기 위해서 찻물을 끓이고 끓인 물을 적당한

온도로 식히고 차를 넣고 우려내고 찻잔에 따르고 향을 음미하고 마시는 과정은 모두 기다림이다. 주어진 삶을 회피하지 않고 견뎌내고 견뎌내야 하는 것처럼, 믿고 기다림이다. 소녀 같은 고운 감성, 맑은 마음 간직한 그 기다림 속에 평온과 행복이 햇살처럼 찾아들 것이다.

막내는 이제부터 '다영'이라는 이름으로 자기의 삶을 살아낼 것이다. 산다는 것은 어디에도 메이지 않고 초월하는 것이다. 막내가 이름에 집착하지 말고 자기의 삶을 주도적으로 살아가길 바란다. 날마다 '나는 어떻게 살고 있는가?' 내면을 점검하길 바란다.

제 2 부

01 발화의 수단으로서 사물 이해하기
02 장소감을 통한 존재성 찾기
03 길 위에서 길 찾기
04 종교적 상상을 통한 현실인식
05 기억의 서사, 서사의 기억
06 수필적 상상력과 삶의 투시

01
발화의 수단으로서 사물 이해하기

우리는 매일 사물을 접한다. 사물은 인간에 의해 만들어지고 인간의 언어로 호명된다. 비트겐슈타인이 "나의 언어의 한계들은 나의 세계의 한계들을 의미한다."라고 했듯이 인간들은 언어로 고착화된 사물에서 본질보다는 도구적 역할을 먼저 지각한다. 우리가 본 것은 인간화된 사물이지 사물 자체가 아니었으므로 표면만을 의식한 것이다.

사물을 언어의 명명 이전으로 환원시키면 도구적 가치에서 벗어나 본령으로서 존재 가치를 지니게 된다. 사물 역시 의식적인 존재자로서 의미되기를 원한다. 단순히 위치해 있는 것이 아니라 물상적 감각을 회복하여 고유한 기능을 복원하는 것이다. 무생물에게 영감이 있고 사물에도 보이지 않는 정령이 깃들어 있다고 믿는 원시사회의 애니미즘과 맥락을 같이 하는 일이다. 이처럼 사물이 살아있는 존재로서 발화될 때 초월적인 힘을 갖는다. 나아가 인간이 하지 못하는 말도 하게 된다. 어쩌면 인간이 놓쳐버린 언어를 포함하여 인간보다 더 많은 말을 하고 있는지도 모른다.

인간이 사물의 발화를 통해서 무의식 속에 잠재되었던 과거의 시간을 인식하는 것은 당연한 일이다. 롤랑 바르트의 말을 빌리자면 '푼크툼punctum'과 접신하는 경지라고 하겠다. 바르트는 사진 이미지를 해석할 때 순간적으로 화살처럼 찔려오는 강렬한 자극을 '푼크툼'이라 간주했다. 나를 찌르고 관통하는 그 우연성이 자신과의 교감이며 자아와 만나는 접점이다. 결국 사물이 또 다른 나로서 존재하고 있음을 상상할 수 있다.

그러한 의미를 작가가 어떻게 통찰하였는지 '기찻길'과 '장서표'와 '방'이라는 작품을 통해 사물의 발화 의미를 살펴보기로 한다.

1. '기찻길', 상실의 대면

권춘애의 〈기찻길〉은 과거 속의 아픈 기억을 회상해낸다. 인간의 기억에서 사물을 되살리는 것은 잃어버린 시간을 되찾는 행위와 같다. 화자의 유년시절 집 앞 철길은 아이들의 놀이터로 의식된다. 기찻길에 오래 버티기를 하고, 선로 위에 병뚜껑을 놓거나, 귀를 대어 기차 소리를 알아맞히기도 하며, 기적 소리를 "정감의 소리"로 인식하였다.

하지만 친구와 친구 동생을 순식간에 덮쳐버린 기찻길은 화자에게 더 이상 놀이터와 추억의 공간이 되지 못한다. 오로지 사라진 친구가 '존재했음'을 증명하는 공포의 사물로서 자리 잡는다. 불가항력의 "무서운 곳"으로 직면했던 철길이 학창시절을 거치면서 "그리움과 외로움, 이별과 만남과 교차점"으로 전환되고 최근에는 선로 변경으로 한순간 없어지는 상실감을 경험한다.

얼마 전 친정에 갔다. 휑하니 비어버린 기찻길을 보고 깜짝 놀랐다. 기차 선로를 변경한다는 말을 들었지만 설마 했는데 어느새 선로가 철거되고 휑하니 자갈만이 그 자리를 지키고 있었다. 내가 태어나기 전부터 단단하게 뿌리 내리고 있었던 철길이 한순간 없어졌다는 게 믿기지가 않았지만 눈으로 직접 보고 있으니 거짓은 아닌 게 확실하다. 이제는 부산 부전역에서 출발하여 순천까지 이어지는 열차를 타도 예전에 지나쳤던 정겨운 기차역을 볼 수 없다.

– 권춘애의 〈기찻길〉 일부

고향의 기찻길 선로는 걷히고 자갈길만 남아 있다. 시골역도 초월적 공간인 추억의 역으로 바뀌었다. 그러나 대상이 소멸될수록 아픈 기억의 공간은 더욱 또렷해진다. "기억도 선로처럼 철거가 된다면 좋으련만" 옛 기찻길은 기억들을 들추어 근원적인 삶과 죽음을 인식하도록 한다. 사라진 이의 부재를 동시에 가리키며 이중적 지위를 갖는다.

화자는 그 '바라보기'를 통하여 사물의 발화가 구현되고 있음을 인지한다. 녹슨 선로가 걷히듯 인간 역시 시간의 흐름 속에 숙명적으로 사라질 수밖에 없는 유한성을 깨닫는다. 그 상실감은 "인생이라는 기차"의 "남아 있는 역"에 대한 잠재적 세계로의 시선으로 전환한다. 사물은 개인의 체험과 마주할 때 특별한 사물이 되는 것이니까. 그래서 그는 선로를 걷어낸 "남아 있는 길"에 아직도 서성인다. 기찻길이 기능을 상실하더라도 기억을 환기시키는 언어의 힘은 잃지 않는 것이다.

2. '장서표', 시선의 교감

인간은 의식적인 존재자이다. 신체는 한순간도 정지해 있지 않으며 끊임없이 스스로 달라진다. 사물들도 머물고 지나치는 삶의 공간에서 낡고 닳고 바래면서 의미변화를 한다. 그러한 사물들을 내재적 시선으로 응시할 때 특별한 대상으로 구현되며 언표적 상황이 인지된다. 사물이 존재로서 발화를 생성하는 것이다.

김채석이 〈나의 장서표〉에서 응시하는 것은 자신이 직접 만든 '장서표'이다. 그것은 "어느 값비싼 보석보다 더 값지고 아우라가 있는" 물건이다. 그는 그동안 읽었던 "낡은 책 한 권도 버리지 못하는" 다독가로서, 소지한 책에 "내 것"이라는 "영역 표시"로 자신만의 문양표식을 해두고 싶었다. 그러한 내재적 욕구가 장서표와 교감할 때 사물의 잠재성이 드러난다.

> 직접 장서표를 만들기로 했다. …… 장서표의 모양은 둥그런 일원상 안에다 느티나무 그늘 아래 언덕에서 책을 읽고 있는 나의 모습을 형상화했다. 장서표 라틴어 표기에 내 이름과 글을 읽는 것도 중요하지만, 글을 쓰는 일도 게을리하지 않겠다는 뜻으로 잉크병과 깃털로 된 펜을 함께 배치했다. 이렇게 해서 나의 장서표는 스탬프 형태로 만들어졌다. 이로써 새로 내 친구가 되는 책들은 어김없이 장서표의 환영을 받는다.
>
> – 김채석의 〈나의 장서표〉 일부

김채석에게 장서표는 자신을 비추는 거울과 같다. 그에게 책이란 어떤 명품과도 견줄 수 없는 "정신수양과 인격을 형성하는 근본"이다. 설령 어떤 이에게는 "아무짝에도 필요 없는 물건"이 될지언정 화자는 장서표를 자신과 책을 이어주는 "노둣돌"이라고 규정한다. 그것은 곧 '인간은 어떻게 살아야 하는가'라는 물음에 대한 의식의 깨어나기와 같다.

작고 일상적인 사물이라도 수평적 눈맞추기로 말걸기를 하면 그만의 존재성을 지닌 물상으로 다가온다. 고정적 생각을 능동적 시선으로 환기할 때 가능한 일이다. 그 점에서 화자는 명품이나 "변변히 자랑할 만한" 고가의 물건이 없어도 '장서표'와의 교감으로 행복을 체험하는 것이다. 그럼에도 불구하고 작고 사소한 것에 애착을 갖는 자신에게 "얼마나 수양을 해야 인격을 갖출 수 있을까"라고 너스레 같은 질문을 하는 심적 여유마저 보여준다.

3. '방', 반응의 깊이

문학에서 공간의 상징성은 기능을 넘어서 심리적 측면을 내포한다. 특히 방은 인간의 내면을 다양하게 표상해주는 공간이다. 몸이 거주하는 장소이며 사건이 일어나는 곳으로서 의식의 주체가 머무는 곳이다.

이동소의 〈독실의 단상〉 역시 일상을 떠난 병실을 인식해주는 작품이다. 독감 병실에서의 사유를 '의식의 흐름'으로 담담하게 풀어내는 화자는 입원 당시 "살점까지 문드러지는 듯한" 고통을 체험한다. 병실은 하얀 벽으로 닫힌 "빠삐용 감옥"과 다름없다. 그러나 병세가 진정되어 몸이 깨어나자 독방은 자신을 가둔 곳이 아니라 평화의 공간으로 치환된다. 아울러 인간이 "원래 혼자"였다는 의식에 동조하게 된다. 미추와 행불도 자신 속에서 구하듯이 사색이 스스로를 깨닫게 만든 것이다.

> 인간의 삶은 방에서 시작해서 방으로 끝난다. '우주'란 거대한 방 안에는 수많은 행성의 방이 있고 그중의 하나가 지구다. 그런데 인간은 '지구'란 하나의 공간을 다시 공간적, 지리적으로 칸을 짓고는 하늘을 향해 자신의

빌딩을 올리고 집을 짓는다. 그리고 그 공간 안에서 보이지 않는 혈연, 지연, 학연의 무수한 집단의 방을 또 들어 살아간다. 태중의 독방에서 평화롭게 시작한 인간의 삶은 이렇게 크고 작은 집단의 방들을 전전하며 허둥거리다가 일생을 소진한다.

– 이동소의 〈독실의 단상〉 일부

대상에 반응하면 일상의 풍경들이 낯선 의미를 지니게 된다. 인간은 우주라는 "거대한 방" 속에서 사회의 "크고 작은 방"들을 옮겨 다녀야 함을 자각한다. 방이 인간의 일생과 함께하는 것이라면 적응할 수밖에 없다. "어머니의 자궁"이라는 방에서 시작하여 삶의 마지막 방인 "작은 나무 방"에 다다르기까지 원초적 고독을 짐 질 수밖에 없다. 그러기에 인간은 "일생을 방 속에 살면서도 항상 방 밖에 서 있는 존재"가 되는 것이다.

이동소에게 병실은 닫힌 내부가 아니라 휴식의 공간으로 치환된다. 병실이 정주의 공간은 아닐지라도 "별장, 피정지, 안식처, 별거 공간, 치외법권의 공간"의 "삶의 쉼표"로 표상하는 것이다. 이렇듯 이동소는 "아파서 참 행복하다!"는 역설로 "나만의 성곽"에 다시 몸을 맡기게 된다.

닫으며

우리는 사방을 둘러싼 사물 속에서 살아가고 있다. 사물은 기능 자체를 너머 수많은 의미와 방대한 기호를 함축하고 있다. 그럼에도 불구하고 인간의 말은 사물의 진정한 본질에 닿지 못한다. 그것은 사물을 도구로서의 개념으로만 규정하거나 인간의 지식 안에서만 포섭하려는 닫힌 세계관 때문이다. 현대사회의 메커니즘 속에서 살아가는 인간이 개인의 감정은 외면된 채 사회가 요구하는 기능만을 따르기 때문이 아닐까.

그러나 인간이 시각을 달리한다면 사물이 발화하는 언어에 좀 더 가까이 닿을 수 있다. 그것은 새로운 물음들을 생성하는 '새로운 자아'와 대면하는 일이기도 하다. 사물의 외양을 넘어선 알레고리와 상징을 찾는 일이 작가의 임무라 하겠다.

그 점을 염두에 두고 작가가 사물과의 거리를 좁혀 발화를 어떻게 재해석하였는가를 살펴보았다. 권춘애의 '기찻길'이 전하는 상실의 의미를 되짚고, 김채석의 '장서표'를 통한 교감을 체험하며, 이동소의 '방'에 반응한 해석의 지평을 확인하였다.

정해진 지면 관계로 언급하지 못한 작품들이 있어 아쉽다.

| 작품 |

기찻길

권춘애

아지랑이가 기찻길에 빠져 아른아른 헤어나질 못하고 빙빙 맴을 돌고 있다. 때맞추어 기차가 달려와 잽싸게 아지랑이를 밀쳐내고 꽁무니를 내뺀다. 기적소리만 긴 여운으로 남았다.

초등학교를 들어갈 무렵부터 살았던 우리 집 앞에 철길이 있었다. 기차는 밤이고 새벽을 가리지 않고 기적소리를 울리며 지나갔지만 기적소리가 시끄럽게 들리지 않았다. 늘 듣는 익숙한 소리였기에 시끄럽다고 느끼기보다는 오히려 정감이 가는 소리였다. 기차는 늘 정해진 시간에 긴 기적소리를 여운으로 남기고 지나갔다.

유년의 기찻길은 우리들의 놀이터가 되기도 했다. 기찻길을 따라가면 학교가 나온다. 좁은 선로 위를 친구들이랑 누가 더 오래 버티고 갈 수 있는지 내기도 했다. 개구쟁이 사내아이들은 병뚜껑을 선로 위에 놓고 기차가 지나가기를 기다렸다. 기차가 지나가고 나면 병뚜껑은 납작해져 사내아이들의 장난감이 되었다. 때로 아이들은 선로에 귀를 대고 기차 오는 소리를 알아내고는 했다.

어느 날 친구와 공기받기 놀이를 하고 있었다. 쾌액~ 하고 울리는 기적소리에 무의식적으로 기찻길로 고개가 돌아갔다. 친구의 동생이 기찻길에서 있었다. 제법 먼 거리를 친구가 쏜살같이 달려갔지만 친구는 바람이 아니었기에 기차보다 빠르지 못했다. 헐떡거리며 달려오던 기차는 친구와 동생을 동시에 덮치고 한참을 더 가서야 씩씩거리며 멈추었다. 눈 깜짝할 사이에 친구도 친구의 동생도 세상에서 바람처럼 사라져버렸다. 이후 나에게 기찻길은 무서움의 존재가 되었다.

가을걷이가 한창이었고 기찻길 따라 코스모스가 한들한들 피어 있던 아름다운 계절에 친구가 세상을 떠났다. 그날 이후 해마다 가을이 되면 친구가 죽은 기찻길에서 사람이 죽었다. 어떤 이는 자살을 했고, 누구는 사고로 죽었지만 기차는 멈추지 않고 달렸다. 사람들은 친구와 동생의 혼이 이승을 떠나지 않고 기찻길에 머물고 있다고 했다. 그래서 해마다 똑같은 시기에 사람을 데려간다고 말했다. 친구 부모님은 기찻길에서 어이없이 죽은 두 딸의 영혼을 위하여 푸닥거리도 해 주었다. 하지만, 사고는 계속 이어졌다.

어쩌다 밤늦게 귀가할 때에는 두 눈을 감고 있는 힘껏 달려 기찻길을 건넜다. 기찻길을 뛰어넘을 때마다 무섬증으로 가슴이 콩닥콩닥 뛰었다. 낮에 보는 기찻길과 밤에 보는 기찻길은 너무나 달랐다. 낮의 기찻길은 아지랑이 아롱아롱 피어나는 늘 보는 정겨운 기찻길이다. 어린 내가 마주하게 되는 밤 기찻길은 억울하게 죽은 영혼들이 우글거리는 무서운 곳이었다.

고등학생이 되어 객지에서 생활하게 되었고, 기차는 객지에서 집으로 가는 소중한 교통수단이었다. 가족들이 보고 싶으면 기차에 몸을 실었다. 그래서 기찻길은 늘 나에게 그리움과 외로움, 이별과 만남의 교차점 같은 것이었다. 명절 때의 기차는 숨도 쉬기 어려울 만큼 비좁았고 고향으로 향하던 그리움은 혹독한 대가를 치르고 나서야 겨우 해소되곤 했다.

얼마 전 친정에 갔다. 휑하니 비어버린 기찻길을 보고 깜짝 놀랐다. 기차 선로를 변경한다는 말을 들었지만 설마 했는데 어느새 선로가 철거되고 휑하니 자갈만이 그 자리를 지키고 있었다. 내가 태어나기 전부터 단단하게 뿌리 내리고 있었던 철길이 한순간 없어졌다는 게 믿기지가 않았지만 눈으로 직접 보고 있으니 거짓은 아닌 게 확실하다.

이제는 부산 부전역에서 출발하여 순천까지 이어지는 열차를 타도 예전에 지나쳤던 정겨운 기차역을 볼 수 없다. 이제 기억 속에 남아있는 추억의 역이 되어버렸다.

유년의 아프고 무서웠던 기억도 선로처럼 철거가 된다면 좋으련만. 선로는 철거되었어도 아프고 슬펐던 기억은 더 또렷하게 되살아난다.

선로가 없어지고 자갈만 남아있는 길을 걷는다. 새로운 길 위에서 지금도 열심히 달리고 있을 기차를 생각한다. 나 역시도 어쩌면 인생이라는 기차를 타고 많은 역을 지나왔고 남아 있는 역은 어떠한 역인지 궁금하다.

내 마음속 깊은 곳으로 기적소리를 울리며 유년의 기차가 달려온다.

| 작품 |

나의 장서표

김채석

꿈결 속에서나마 하얀 눈길을 거닐다가 깨어나 실제로 눈이 오기를 내심 기다렸건만 고대하던 눈은 내리지 않고, 차가운 빗방울이 겨울비라는 이름으로 내리던 날이다. 동박새도 아닌 참새들이 동백나무에 앉아 젖은 깃털을 털어내는 몸짓이 안쓰럽다는 생각을 하며 우산 속의 나는 과연 행복한 사람인가? 되짚어 생각해보았다. 아는 것도 없고, 그렇다고 명품은 고사하고 변변히 자랑할 만한 것도 없다.

하지만 행복을 어찌 가진 것에서만 찾을 수 있을까. 하는 생각의 끝에서 얻은 소중한 가치는 동안 읽었던 책에 기인할 수 있었다. 그것은 읽었던 책은 물론이거니와 책갈피 하나도 소중하게 여기고, 누렇게 빛바래고 낡은 책 한 권도 버리지 못하고 있는 까닭이다. 어디 책뿐이겠는가, 누군가가 들으면 유물이라고 말할 것 같은 상당량의 LP 레코드를 버리지 못하고 가지고만 있는 것이 아니라 즐겨 듣고 있다.

그러다 보니 LP판을 닦을 때 사용하는 기구를 보고 신기해하며 지금도 이런 물건이 있냐고 묻기 일쑤다. 말하자면 희소가치라기보다 희귀한 물건 취급을 당하는 것이다. 또한 이와 유사하게 생각하는 것이 있는데 바로 '장서표藏書票'다. 이 장서표는 희귀하다기보다 처음 보는 물건으로 생소함에 있다. 부연하자면 책을 멀리하는 사람에겐 아무짝에도 필요 없는 물건이다. 설령 가까이해도 잘 모르는 경향이 많다.

대부분의 사람들은 누구나 어느 정도의 소유욕은 있다. 그래서일까. 가령 읽고 싶은 책이라도 한 권 사면 구입한 책이 내 것이라는 표시를 해두고 싶은 것이 사람의 마음이다. 그것은 마치 동물들이 자기 영역을 표시해 놓기 위해 오줌을 누어 독특한 냄새로 경고하는 것처럼 예전에 음반을 사면 레코드 재킷에다 유치한 짓인지도 모르고 또는 유치한 짓일지언정 사인을 해두곤 했는데 책도 예외는 아니었다.

서가에 꽂혀있는 책을 꺼내 표지를 넘기면 으레 "1989년 가을의 어느 날, 서면 동보서적에서…", "1991년 봄비 내리던 날, 남포동 문우당 서점에서…", "1993. 3. 1. 영광도서에서 김수영을 생각하며…" 등 책마다 구입한 날과 그 끝에 이름을 기록해 두었다. 그러던 어느 날 오래된 책들을 펼쳐보다가 책을 너무나 사랑하고 좋아한다는 표식치곤 내가 참 유치했구나 싶은 생각이 들어 나만의 장서표를 갖고 싶었다.

장서표는 하나의 문양으로 된 표식이다. 달리 자기의 장서임을 표시하여 책에 붙이는 표인데 지금은 편리하게 판화 형태의 스탬프로 만들어 사용한다. 어떻게 보면 내 책이라는 표식보다 훔쳐 가지 말라는 경고성 의미가 더 강하게 느껴지는 것이다. 책을 어떤 물건보다 귀중하게 생각했던 15세기 후반 독일의 귀족과 승려 신분의 계급층들이 자기들의 휘장을 판화로 만들어 자신의 책에 붙이던 것에서 유래되었다.

표를 만든 것을 보면 장서표의 라틴어 표기인 'EXLIBRIS'라는 국제 공용 표식을 표시하고, 일반적인 판화와 큰 차이는 없고 크기는 규정이 없지만 그다지 크지는 않다. 적게는 우표만 한 크기부터 포스트 카드 크기에 이르기까지 다양하다. 대부분이 명함의 크기를 넘지 않는다. 모양도 직사각형, 정사각형, 원형이나 마름모, 삼각형 등이다. 내용이나 형식은 각자의 취향이나 특색에 따른 표현에 예술성을 가미하고 있다.

나 자신도 이런 장서표를 가지고 싶었다. 하지만 주변에 유명은커녕 그냥 판화나 조각을 하는 사람마저도 없어서 언감생심, 감히 그런 마음을 먹을 수도 없었다. 그래도 그 욕심을 끝내 비우지 못하고 직접 장서표를 만들기로 했다. 디자인을 시작했는데 도무지 마음에 들지 않아 애꿎은 종이만 구겨서 버리기를 반복하다가 겨우 마음에 드는 게 있었다. 그것이 지금 내가 사용하는 나의 장서표다.

장서표의 모양은 둥그런 일원상 안에다 느티나무 그늘 아래 언덕에서 책을 읽고 있는 나의 모습을 형상화했다. 장서표 라틴어 표기에 내 이름과 글을 읽는 것도 중요하지만, 글을 쓰는 일도 게을리하지 않겠다는 뜻으로 잉크병과 깃털로 된 펜을 함께 배치했다. 이렇게 해서 나의 장서표는 스탬프 형태로 만들어졌다. 이로써 새로 내 친구가 되는 책들은 어김없이 장서표의 환영을 받는다.

혹여 장서표라는 말을 처음 듣는 생소함도 있을지 모르겠으나 책을 사서 과거에 날짜와 이름을 써 둘 때보다 지금처럼 장서표를 찍는 일은 무언가 물건을 구입해 등기를 하는 그런 기분이랄까. 아무튼 지적 충만감이 어린다. 그래서인지 나의 장서표는 나와 책을 더 친해지게 하는 매개물로 이어주는 노둣돌과 같은 것으로 나의 의식 세계에서 작지만 어느 값비싼 보석보다 더 값지고 아우라가 있는 물건이다.

이런 이유로 작은 스탬프 하나 가지고 있는 것에 무소유 운운한다면 드릴 말씀은 없지만, 평소 사용하는 물건을 함부로 버리지 않는다. 기실은 복잡하거나 작은 사물 하나에서도 해방되는 것이 자유스러운 인격이고 행복일 것이다. 하나 어떤 명품이나 사치품에 반해 책은 내 정신수양과 인격을 형성하는 근본이었다. 그러다 보니 만드는 비용 몇천 원하는 장서표를 커다란 보물이나 되는 것처럼 자랑삼아 이야기한 것 같다.

이 또한 부덕의 소치로 얼마나 수양을 해야 작고 사소한 것에 얽매이지 않은 인격을 갖출 수 있을까. 오늘도 가야 할 길이 참으로 멀기만 하다.

| 작품 |

독실의 단상

이동소

침대 곁의 창가 햇살이 따사롭다. 뉴스에선 연일 꽃샘추위로 한파를 보도하지만 여기 나의 병실엔 봄이 완연하다. 유리창 벽 너머 차와 사람이 북적거리는 세상이 보인다. 여긴 나만의 공간, 아무도 침범할 수 없는 나의 피정지다.

6층 병실의 끝 독실, 고작 대여섯 평의 작은 방. 가구라곤 침대 하나와 보호자를 위한 취침용 긴 의자, 2인용 소파, 작은 옷장, 미니 냉장고와 TV가 전부다. 그동안 나를 옭아매고 있던 모든 것으로부터 일탈한 세상과의 별거 공간, 일생을 앞만 보고 달려온 대가로 얻은 나만의 소중한 안식처다. 실로 얼마 만에 가져보는 휴식이요, 내 삶의 쉼표인지 모르겠다.

몇 년 전, 대상포진에 걸린 후엔 면역성이 부쩍 떨어졌다. 그 덕에 바람결에 지나가는 세균과 바이러스도 다 낚아채선 그 병의 증세를 내 몸으로 체험하곤 한다. 며칠 전에 지방 출장 땐 싱싱한 굴을 두 점 먹었는데 '노로바이러스'에 감염되어 병원에 실려 갔다. 굴을 좋아하는 딸아이는 한 접시를 먹고도 끄떡없는데 말이다. 감기에 걸린 사람과 오래 접촉하면 바로 감기에 걸린다. 내 몸은 그야말로 바이러스 생체실험실이다. 새삼 나이의 서글픔이 뼛속 깊이 느껴진다.

이번에도 매서운 한파를 타고 돌기 시작한 독감에 또 걸려버렸다. 병원에 오는 게 겁이 나 집에서 며칠을 버티며 앓다가 급기야 쓰러져서 어제 이리로 실려 왔다. 입원을 하고 몇 가닥의 링거 줄로 나는 영락없는 포로가 되어버렸다. 남몰래 긴 밤을 병마와 싸워 본 사람은 안다. 어둡고 긴 고통의 터널, 밤의 무시무시한 침묵을 말이다. 대상포진이 도져 늑골신경은 마디마디 자글거리며 조여 오는데다 급성기관지염으로 40도를 오르내리는 고열은 뇌를 뒤죽박죽으로 흔들고 결국은 혼줄을 놓아버리게 한다. 근육이 녹아내리고 뼈마디는 바늘로 쑤시는 듯 뼛속까지 얼얼해 온다. 놋그릇 같은 침묵 속, 살점까지 문드러지는 듯한 이 고통은 하늘이 인간에게 내린 최고의 형벌이지 싶다. 지금 이 순간, 차라리 주사 한 방으로 안락사의 평화를 얻고 싶다. 갑자기 신부전증으로 병상에 누운 외할머니께서 '자는 잠에 죽게 해 달라.'고 기도하시던 모습이 떠오른다.

콧물을 멎게 하려고 주치의가 오늘 밤에 추가해준 '액티피드' 약이 온몸에 퍼진다. 더운물에 넣은 시금치마냥 근육이 축 늘어진다. 신경올실이 가물가물 사그라진다. 의식은 있지만 내 뜻대로 손가락 하나 움직여지지 않는다. 그렇게 악몽 같던 고통의 늪도 저만치 보도 위 광고 스크린처럼 비켜간다. 마약의 기운이 이런 걸까? 모든 감각과 의식은 여기서 정지되고, 이승에서 나를 묶고 있던 인간사슬들과 나를 옥죄던 그물들이 툭툭 떨어져 나간다. 나는 문득, 소금물에 담겨 쪼그라져가는 한 마리 달팽이가 된다. 갑자기 하늘에서 하얀 벽이 서서히 내려와 나를 가둔다. 이제 여기는 바다 위, 세상으로부터 철저히 격리된 빠삐용 감옥이다.

얼마를 잤을까? 새벽 3시. 하얀 벽 위의 괘종시계가 둔각으로 왕복하는 메트로놈처럼 휘청거린다. 고맙게도 시계 초침이 아직은 내가 죽지 않았다는 걸 알려주려는 듯, 끙끙거리며 생명의 숨소리를 내 귀에 흘려보낸다. 실눈을 떠서 창밖으로 시선을 돌린다. 차량 하나 보이지 않는 도로도 이젠 휴식에 들어갔나 보다. 창밖 가로등도 졸고 서 있다. 세상은 이젠 완전한 숙면에 들어갔다. 세상의 그 어떤 의무도 간섭도 면제받는 치외법권의 이 공간이 이젠 감옥이 아니라 나의 별장이다. 작은 독방 속의 안개 같은 평화가 스멀스멀 가슴 속으로 파고든다.

인간은 원래 혼자였다. 에덴동산에서도 아담은 혼자 그 넓은 동산을 누비고 다녔다. 외로워 보이는 아담을 위해 조물주가 아담이 잠든 사이에 그의 갈비뼈를 하나 꺼내 그의 짝 하와를 만들어준 것이 우리네 인간관계의 시작인 셈이다. 인간은 태어나기 전 어머니 자궁에서도 독방에서 혼자 시작한다. 하지만 세상을 향해 옹골찬 울음을 터뜨린 순간부터 인간은 더 넓은 정글 속으로 발을 디뎌야 한다. 그리곤 세상에서 살아남기 위해서 원하든 원치 않든, 한 치 앞을 가늠할 수 없는 약육강식의 숲속에 들어가 나름의 먹이사슬의 한 자리를 차지하고 싸워야 한다. 밉든 곱든 끊임없는 인간관계를 맺으며 자신의 세계와 영역을 넓혀가야만 한다.

인간의 한 생애는 크고 작은 집단 속에 수많은 방을 옮겨 다니는 밀림 속의 개미 떼와 다르지 않다. 먹고 먹히는 생태계 먹이고리에서 '아르헨티나 개미'처럼 부지런히 땅굴을 파고, 크고 작은 공동체 방을 만들고, 그 속에서 그들과 몸을 부대끼며 살아가야 한다. 무엇을 위해 살아야 하며 왜 자신의 몸피보다 수십 배나 큰 나뭇잎을 날라야 하는지도 인지하지 못한 채, 조물주가 자신에게 내린 의무를 성실하게 이행하면서 말이다.

인간의 삶은 방에서 시작해서 방에서 끝난다. '우주'란 거대한 방 안에는 수많은 행성의 방이 있고 그중의 하나가 지구다. 그런데 인간은 '지구'란 하나의 공간을 다시 공간적, 지리적으로 칸을 짓고는 하늘을 향해 자신의 빌딩을 올리고 집을 짓는다. 그리고 그 공간 안에서 보이지 않는 혈연, 지연, 학연의 무수한 집단의 방을 또 만들어 살아간다. 태중의 독방에서 평화롭게 시작한 인간의 삶은 이렇게 크고 작은 집단의 방들을 전전하며 허둥거리다가 일생을 소진한다. 그리곤 자신의 몸만 겨우 들어갈 작은 나무 방에 누워 이승을 떠나는 게 인간의 역사인 게다.

생각해보면, 인간은 일생을 방 속에 살면서도 항상 방 밖에 서 있다. 인간은 자신의 의지와는 상관없이 자신이 속한 방의 규율을 지켜야 하고 그 통제를 받으며 살아야 한다. 모든 감각세포와 촉수를 곧추세워 그 방에서 살아남을 지혜를 터득해야 하고, 그 틀 속에 적응해가야만 한다. 자신을 짓누르는 방의 무게가 아무리 크다 한들, 지게를 버리듯 홀연히 그곳을 뛰쳐나와 자유로워질 수도 없는 노릇이다. 그러니 어쩔 수 없이 맺어진 인간관계 속에서, 댕그랗게 크기만 한 공간에서, 인간은 항상 춥고 외로울 수밖에 없다. 어쩜 인간이 자신이 속한 무리에 완전히 화합하지 못하는 고질병인 '군중 속의 고독'은 에덴동산과 태중에서 원래 혼자였고, 혼자이고 싶은, 원초적 본능이 아닐까 싶다.

시계를 엎어도 시간은 간다. 이제 어둡고 긴 고통의 밤도 끝이 나는가 보다. 어둠이 어슬렁거리며 창밖으로 물러나고 따사한 아침햇살이 포근히 침대를 에워싼다. 오늘도 책임과 의무를 다한다는 명분으로 친구나 가족들이 한두 차례 찾아와 이 방의 정적을 깨뜨릴 것이다. 하지만 여긴 결코 세상이 침범할 수 없는 나만의 성곽이다. 언젠간 이보다 더 작은 방에 누워 이승을 떠날 테지만, 나는 오늘 이 작은 독실의 평화를 만끽하리라.

늙어서 참 편안하다! 아파서 참 행복하다!

02
장소감을 통한 존재성 찾기

인간은 특별한 장소에 대해 서로 다른 감정으로 사유하게 된다. 인본주의 지리학에서는 장소라는 개념을 일깨워 공간이 물질적, 개념적으로만 설명되지 않는 인간의 경험과 특별한 연관이 있음을 주장한다. 이처럼 장소는 생활공간 속에서 의미 있는 경험 현상이 일어나는 곳으로서 장소성placeness과 장소감sense of place을 획득하게 된다.

장소성이 사회적 차원이라면 장소감은 개인적 경험으로 인식된다. 개별적인 장소감들은 보편화과정을 거쳐 장소성으로 나아갈 수 있다. 장소감의 대상은 주관적이고 구체적이다. 개개인에 따라 의미가 달라지므로 고정적이거나 유일하지 않다. 단순한 경험을 넘어 사회, 문화, 환경적 맥락 속에서 자신의 존재를 발견하게 되는 것이다. 특정한 장소에 감정을 이입하고 가치를 부여함으로써 그 장소에 대한 친밀한 감정을 갖게 된다. 지리학자 에드워드 렐프Relph와 이 푸투안Yi Fu Tuan을 포함한 학자들은 이를 장소감이라 칭하고, 장소에 대한 정체감 또는 친근감을 갖는 것이라 정의하였다. 렐프는 "인간이 된다는 것은 의미 있는 장소로 채워진 세계에 산다는 것"을 주장하였다. 그것은 자신의 장소를 소유하며 잘 안다는 것을 의미한다. 그는 장소를 인간이 공동체로서 뿌리를 내리고 그곳을 중심으로 세계를 바라보며, 세계와 관계를 맺는 인간 실존의 근원적 중심으로 보았다.

문학작품에 서술된 장소감은 독자에게 장소 이미지를 구체적으로 상기시켜준다. 장소가 지닌 풍경은 물론 가치와 문화의 변모양상까지 추측할 수 있게 한다. 그런 의미에서 인터넷 공간인 '국악 카페'와 자연의 공간인 '귀룽나무 골짜기'와 주거공간인 '집'을 통해서 작가의 주관적인 장소감을 이해해 보려 한다.

1. 가상공간: 김영화의 〈정경부인〉

미디어의 발달은 인류 커뮤니케이션의 급진적인 변화를 가져왔다. 인터넷 접속은 타인과 의사소통은 물론 원하는 정보를 쉽게 습득하게 해준다. 특히 비슷한 관심사를 가진 사람들이 모이는 '인터넷 카페'는 '가상공간cyber-space'으로서 커뮤니케이션을 충실하게 하는 매개물이 되었다.

김영화 역시 "첨단 문화 공간"인 인터넷 카페를 선호한다. 즐겨 찾는 곳은 '국악 카페'다. 그는 카페 가입 시 닉네임을 "정경부인"으로 정하였다. 카페에 접속할 때면 "곱게 빗어 쪽 찐 머리 금빛 비녀 단장하고 남색 치마에 연보라 삼회장저고리, 하얀 버선발 살포시 대청마루에 첫발을 내딛는 수줍은 새색시"처럼 설레게 된다. 카페지기는 "세종대왕"으로 이미 유명 국악인으로서 명성을 얻고 있다.

세종대왕은 국악의 대중화를 위하여 다양한 시도를 하였다. 흔히 고리타분하고 지겹다고 생각되는 국악에 젊음을 입혔다. 신나고 흥겹게 채색하여 사람들의 관심을 끌었다. 아이들이 좋아하는 비보이도 무대에 올리고 대중적으로 유명한 가수들도 초청하여 관객의 관심을 끌었다. 한 번은 스타 이승기를 무대에 세웠다. 그 시절 이승기의 인기는 하늘을 찔렀다. 그의 팬이 서울에서 관광버스에 나누어 타고 부산을 찾았다. 팬클럽은 객석의 한 부분을 장악하고 일사불란하게 구호를 외치고 함성을 질렀다. 공연을 보는 것보다 그들을 보는 것이 더 재미있었다. 이날 공연은 티켓 예매가 일찌감치 매진이 되었다.

하지만 화자는 연예인에 열광하는 관객들을 보면서 국악이 대중적 인기를 얻지 못하는 현실을 안타까워한다. 그에게 인터넷 카페는 정박처로서 국악의 전통을 지켜나가는 곳이다. 그러기에 "작은 힘이나마 국악을 위해" 적극적으로 카페 활동을 한다. 공연을 이웃에 홍보하고 "더 많은 사람에게 국악을 알리고" 싶다. 그것이 "나라 사랑"의 길이라고 믿는다. 공연 후기를 올리고 열심히 댓글을 달며 '닉네임 사연 소개' 이벤트에도 응모한다.

급기야 2,000여 명 회원 중 5명에 속하는 카페 운영자가 되는 영광도 얻었다. 김영화가 "닉네임 덕분에 신분상승을 한 것 같다"라며, "정경부인은 내 마음의 자화상"이라는 고백에서 닉네임은 자기정체를 상징화한다.

이로써 추상적 공간space이 점점 구체적 장소place로 전환됨을 알 수 있다. 공간이 의미를 가지면 장소가 되듯이, 안정감을 획득한 가상공간에서 강한 장소감을 느끼게 되는 것이다.

2. 자연 공간: 김상혜의 〈귀룽나무 골짜기〉

우리는 살아가면서 특정 장소와 만나 장소체험을 하게 되고 장소감을 갖게 된다. 장소감은 오랜 기간 뿌리내린 장소에서 형성되지만, 짧은 시간에 걸쳐서 유발되거나 단 한 번의 경험으로 자리 잡기도 한다.

김상혜는 지난해 처음 만난 오봉산 '귀룽나무 골짜기'에 대한 기억을 재현한다. 번잡한 도시와 대비되는 자연경관은 정신을 즐겁게 하고 감정을 맑게 하며 기운을 돋게 한다. 특히 나무 전체가 흰 꽃으로 뒤덮인 귀룽나무 골짜기의 진면목을 잊지 못한다. 그곳을 다시 찾는 이유도 하얀 꽃이 "포도송이처럼 늘어져 대롱거리던" 귀룽나무의 우아한 자태가 보고 싶기 때문이다.

> 골짜기에 하얀 꽃잎이 흩날리고 있었다. 어디서 이 많은 꽃잎이 날아올까? 신록이 짙어가는 5월의 숲속에 춤추듯 나풀나풀 날리는 하얀 꽃잎, 마치 춘설이 내리는 것 같다. 이 산중 어딘가에 산벚나무 군락이라도 있는 모양이다. 그런데 참 이상하다. 골짜기를 뒤덮을 기세로 흩날리는 하얀 꽃잎이 연신 팔랑거리기만 할 뿐, 땅에 떨어질 기미가 보이지 않는다. …… 하늘하늘 날리던 눈꽃 송이가 땅에 떨어지지 않고 골짜기를 휘돌던 이유를 알았다. 그것은 꽃이파리가 아니었다. 벚나무모시나방의 군비群飛였던 것이다.

기대를 안고 간 오봉산 골짜기에 "오월의 숲속을 밝히는" 귀룽나무 꽃은 없었다. 지난해와 달리 꽃을 다 떨구어 낸 키 큰 "평범한 나무 한 그루"만 덩그러니 서 있다. 더욱 기이한 일은 눈발처럼 날리던 하얀 꽃잎마저 산벚꽃도 귀룽나무꽃도 아니라는 점이다. "빗살모양의 검은 더듬이와 반투명한 흰 날개에 갈색 날개맥"을 가진 "벚나무모시나방의 군비"라는 사실이 그는 의아하다. 사전적 지식을 따르자면 벚나무모시나방은 지금쯤 애벌레 상태로 먹이활동 중이어야 한다.

이로써 김상혜는 '앎'에 대한 의문에 부딪힌다. 실재와 부재 간의 혼돈이 일고 참과 거짓 사이에서 혼란이 온다. 자연현상과 기현상을 가르는 이분법적 기준에도 의심을 품는다. 나방의 군비현상을 두고 "때 이른 시기적 대발생"이라는 주관적 결론을 내리지만 답은 아직도 미궁이다. 도감의 오류이거나 화자의 오판일 수도 있으니 아마도 그는 해답을 밝히려 다시 오봉산을 오르지 않을까. 그럼으로써 '귀룽나무 골짜기'의 비화는 그에게 더욱 장소감 있는 장소로서 정착될 것이다.

3. 주거공간: 김혜강의 〈짧은 다짐〉

집은 인간 삶의 필수 요건으로서 지속적인 생활을 가능하게 해준다. 집은 대체로 정주, 안정, 보호 등의 친숙한 이미지를 함축해온 것으로 평가된다. 렐프의 경우 역시 서울, 뉴욕과 같은 구체적인 장소보다 집, 고향과 같은 보편적인 장소에 관심을 가졌으며, 그중 집을 가장 진정한 장소라고 여겼다. 그러한 주거공간이 위협과 공포의 공간으로 바뀌는 순간 장소에 대한 감정은 재구성된다.

김혜강의 〈짧은 다짐〉은 '집'이 갖는 장소감의 전복 과정을 서술했다. 혼자 남은 집에서 처음 지진과 직면한 화자는 "무엇을 어떻게 해야 하는지" 아무 생각이 들지 않는다.

> 안전한 벽 쪽으로 가야 한다. 무릎걸음으로 후들후들 떨면서 본능적으로 벽을 향해 전진했다. 그 순간 휴대폰이 울렸다. 떨리는 목소리로 전화를

받으니 작은아들인데 밖에서도 땅이 흔들리는 것을 크게 느꼈다며 얼른 집 밖으로 나오라 한다.

후들거리는 다리로 어떻게 내려왔는지 모르게 계단을 통하여 밖으로 나왔다. 이쪽저쪽에서 사람들이 나오고 있었다. 모두 공포에 떨고 있었다. 밖에 나와서도 놀란 심장은 잘 진정되지 않았다. 말로만 듣던 지진은 정말 무서운 것이었다. 지금껏 겪어본 그 무엇과도 비교할 수 없는 성질의 공포였다.

김혜강에게 집은 더 이상 안전지대가 아니다. 저녁을 먹고, TV를 보며, 가족들을 기다리는 "세상에서 가장 편했던" 안식처에서 몸을 "자동인형처럼 후들거리게" 만드는 "가장 무서운 흉기"로 전락한 것이다. 지진이라는 극한의 공포와 마주치게 되면 살기 위해서 집을 뛰쳐나올 수밖에 없다. 이로써 화자는 집 밖에 '내던져진 존재'로서 실존에 대한 불안의식을 경험한다. 이것을 렐프는 장소상실topophobia로 해석하였다.

그러나 시간이 지나면서 화자는 다시 집으로 돌아오게 된다. 또다시 천재지변이 닥친다 하더라도 그의 몸이 의탁할 곳은 오로지 '집'밖에 없다. 그에게 집은 장소감과 장소혐오가 엇갈리는 때로는 모순적일지라도 삶을 지탱시키는 강력한 처소이기 때문이다.

화자는 죽음에 대한 공포를 겪음으로써 삶이란 "소중하고 소중한 것"임을 거듭 확신한다. 사람의 능력이란 대자연의 위력 앞에서 "미약한 피조물"에 불과함을 인지한 것이다. 그러한 인식은 생각의 전환을 가져온다. 그것이 바로 "참고 이해하며 살아가기"라는 '짧은 다짐'이다.

결론

장소는 삶과 직결되는 실존적 공간이다. 그러한 장소는 개인의 경험에 따라 달리 해석된다. 머무는 장소가 늘 같지 않듯이 같은 장소라도 방문할 때마다 장소감이 달라질 수 있다. 이는 개인의 심리적 이유나 장소의 물리적 특성 등으로 변화하기 때문이다. 정서적 애착을 가지게 된 장소는 이미지를 구체화시키고 인간의 정체성을 드러나게 해준다.

이번 호에서 다룬 세 편의 수필에서는 현대사회의 특성을 보여주는 각기 다른 장소가 수필작가들에게 어떻게 해석되는지 살펴보았다. 인터넷 공간인 '국악 카페'가 점차 낯익은 장소로 변모하며, 자연의 신비함을 지닌 '귀룽나무 골짜기'에서 앎의 경험적 인식을 제고하고, '집'이 지닌 안전하고도 위험한 양가적 의미를 되짚었다. 이러한 장소감은 인간이 부여하는 애정이며 강렬하고도 의미 있는 실존의 증거라고 하겠다.

| 작품 |

정경부인

김영화

인터넷 카페는 첨단 문화 공간이다. 취미와 뜻이 통하는 사람과의 연결고리다. 개개인의 지식이나 정보를 교환하고 다양한 자료를 검색할 수 있으며, 누구나 쉬어가는 주막이며 사랑방과도 같다.

온라인의 길을 따라가다가 내 마음이 머무는 곳에 발걸음을 멈춘다. 민요를 배우면서 찾아든 국악 카페다. 마치 보물섬을 찾은 것처럼 기쁘다. 전통 음악실과 창작 음악실이 있으며. 국악 이론과 국악 이야기 방에는 내가 알고 싶은 정보가 넘쳐흘렀다.

인터넷 시대에 따라다니는 문화가 있다. 닉네임이다. 사람들은 어떻게 하면 개성 있고 멋있는 이름을 쓸까 고민한다. 자신을 독특하게 돋보일 수 있는 재미있고 기발한 이름이 등장한다. 나는 국악 카페에 가입을 하면서 닉네임을 무엇으로 할까 고민하였다. 국악의 향기가 물씬 풍기는 카페에는 다양한 이름들이 시선을 끈다. 꽃향기, 물푸레, 천리향, 가야금, 한국적인 이름이 많다.

나는 정경부인으로 닉네임을 정하였다. 곱게 빗어 쪽 찐 머리 금빛 비녀 단장하고 남색 치마에 연보라 삼회장저고리, 하얀 버선발 살포시 대청마루에 오른다. 첫발을 내딛는 마음이 수줍은 새색시처럼 설렌다. '어쩌면 나는

전생의 정경부인이 아니었을까.'

카페지기는 세종대왕이다. 부산국악관현악의 수석 지휘자며 세종국악관현악의 단장이다. 이미 몇 차례의 공연을 보았다. 두루마기를 입고 열정적으로 지휘하는 모습은 인상적이었다. 가야금과 거문고 대금과 아쟁 등 전통악기의 선율은 심금을 울렸다. 그 소리는 천년을 이어온 우리의 소리였다. 무료한 시간이면 방문하여 전통음악과 창작음악도 들으면서 우리 것의 소중함에 자긍심을 가졌다.

어느 날, 카페에 들어가니 닉네임에 관한 사연을 보내 달라고 공지를 했다. "닉네임으로 사용하게 된 계기라든지 의미 등 여러 가지 있을 텐데, 최다 조회 수를 기록한 글에 대해 국악 CD 또는 공연 티켓을 드립니다."라고 적혀 있다. 국악 CD를 받고 싶은 욕심으로 사연을 카페에 실었다.

"신나는 국악여행을 찾아왔을 때 예술인들의 모임방이라 다른 카페에서 볼 수 없는 특이한 이름이 많더군요. 특히 세종대왕님, 닉네임은 아주 독창적으로 보였습니다. 세종대왕과 대화를 주고받는 사이라 내 닉네임을 중전으로 할까, 한때는 그리도 생각해 봤어요. (호호) 그렇다고 나이도 나이인지라 공주가 될 수도 없고요. 그래서 고민하다가 평소 내 이미지가 장관 부인 같다는 말을 종종 들어왔기에 거기에 걸맞은 정경부인으로 정했답니다. 카페에 들어오면 세종대왕께서 정경부인으로 불러 주시니 닉네임 덕분에 신분상승을 한 것 같습니다." 나는 진담 반 농담 반으로 적은 글로 국악 CD와 공연 티켓을 상으로 받았다.

인터넷 카페의 운영자가 되었다. 다섯 명의 운영자 중 한 사람이다. 그동안 열심히 공연 후기도 올리고 댓글도 달았더니 눈에 띈 것 같았다. 회원 수가 2,000여 명이 넘는 카페였다. 아직도 국악을 잘 알지 못하고 컴퓨터도 서툴러 걱정이 되었다. 그래도 작은 힘이나마 우리 국악을 위해서 일할 수 있다고 생각하니 가슴이 뿌듯했다. 유명한 카페의 운영자가 된 것은 영광이었다.

세종대왕은 국악의 대중화를 위하여 다양한 시도를 하였다. 흔히 고리타분하고 지겹다고 생각되는 국악에 젊음을 입혔다. 신나고 흥겹게 채색하여 사람들의 관심을 끌었다. 아이들이 좋아하는 비보이도 무대에 올리고 대중적으로 유명한 가수들도 초청하여 관객의 관심을 끌었다. 한번은 스타 이승기를 무대에 세웠다. 그 시절 이승기의 인기는 하늘을 찔렀다. 그의 팬이 서울에서 관광버스에 나누어 타고 부산을 찾았다. 팬클럽은 객석의 한 부분을 장악하고 일사불란하게 구호를 외치고 함성을 질렀다. 공연을 보는 것보다 그들을 보는 것이 더 재미있었다. 이날 공연은 티켓 예매가 일찌감치 매진이 되었다. 미처 표를 구하지 못한 사람들은 발을 동동 굴렀다. 국악도 이렇게 인기가 있으면 얼마나 좋을까. 아직도 대중적인 인기를 끌지 못하는 현실이 안타까웠다.

카페 운영자가 되니 정보가 빨랐다. 공연이 있을 때마다 그 내용을 이웃에 홍보했다. 한 명이라도 더 많은 사람들에게 우리 국악을 알리고 싶었다. 아무리 좋은 작품이라도 관객이 없으면 무슨 의미가 있을까. 대부분 사람들은 공연문화에 관심이 없고, 밤에 외출하는 것을 좋아하지 않았다. 몇 번이고 이야기를 해야 겨우 마음을 내었다. 하지만 공연을 본 후에는 덕분에 구경 한번 잘했다고 고마워한다.

열심히 홍보를 하다 보니, 내가 예매한 티켓이 70장이 넘을 때가 있었다. 매표소에 갔다. 카페의 회원들이 예매한 티켓에는 닉네임이 적혀 있다. 매표소의 직원이 묻는다. 이름이 무엇입니까. 나는 좁은 창으로 얼굴을 디밀며 근엄한 표정으로 말했다. “정경부인입니다.” 직원이 박장대소를 한다. “정경부인님, 그래 하인은 몇 명이나 대동하고 오셨습니까.”

카페 회원들이 첫 만남을 가졌다. 세종대왕은 공연이 끝나자마자 로비에 나와서 우리를 반겼다. 온라인에서는 매일 대화를 나누는 사이였지만 직접 얼굴을 대하니 어색했다. 서로 닉네임을 밝히자 이내 알아보고 반가운 마음에 서로 부둥켜안고 잡은 손을 놓을 줄 몰랐다. 얼굴이야 처음이지만 오랫동안 마음을 나눈 사이라 남 같지 않았다. 우리는 오랫동안 카페 활동을 하면서 소중한 인연을 이어 오고 있다. 서로 댓글과 답글로 맺어진 사이버 인연이지만 국악을 사랑하는 마음은 아직도 현재 진행 중이다.

세종대왕은 지금 국립민속국악원의 원장으로 계신다. 전통문화의 현대화와 대중화를 위하여 왕성한 활동을 하는 모습이 존경스럽다. 지금도 좋은 공연이 있으면 잊지 않고 부산 팬을 찾아오신다. 나날이 발전하는 우리 국악을 보면 가슴이 뿌듯하다. 전통은 과거부터 존재하여 현재를 거쳐서 미래로 이어간다.

기품이 있고 단아한 자태의 정경부인은 내 마음의 자화상이다. 그 닉네임은 그림자처럼 항상 나와 함께 한다. 맑고 순수한 인연으로 마음을 나누었던 그 순간들은 얼마나 따뜻하고 소중하였던가. 국악 사랑은 나라 사랑이다.

| 작품 |

귀룽나무 골짜기

김상혜

오랜만에 산행을 갔다. 지난해 5월 초순경 오봉산 자락에서 우연히 만났던 귀룽나무를 다시 보러 가기 위해서였다. 구불구불한 등산로에 들어서자 비탈길에 위태롭게 서 있던 딱총나무와 쇠물푸레가 반기기라도 하는 듯 연둣빛 잎사귀를 흔든다. 거친 숨을 몰아쉬며 고개를 넘는데 골짜기에 하얀 꽃잎이 흩날리고 있었다. 어디서 이 많은 꽃잎이 날아올까? 신록이 짙어가는 5월의 숲속에 춤추듯 나풀나풀 날리는 하얀 꽃잎, 마치 춘설이 내리는 것 같다. 이 산중 어딘가에 산벚나무 군락이라도 있는 모양이다. 그런데 참 이상하다. 골짜기를 뒤덮을 기세로 흩날리는 하얀 꽃잎이 연신 팔랑거리기만 할 뿐, 땅에 떨어질 기미가 보이지 않는다. 바람이 산 위쪽으로 거슬러 불기라도 하는 걸까? 바람의 방향을 가늠해보려고 실눈을 뜬 채 골짜기를 살펴보다가 이내 발길을 재촉하고 말았다. 낯선 객에게 쉽게 비밀을 내어줄 만큼 너그러운 산세가 아닌 것 같았다. 산모롱이를 돌자 봄눈 내리는 골짜기가 멀어지더니 점점 시야에서 사라져버렸다.

부지런히 발걸음을 재촉했다. 지금쯤 귀룽나무꽃이 피었을 것이다. 작년 이맘때 이 산에서 아름드리 귀룽나무를 처음 만났다. 사진 속에서만 보았던 귀룽나무였는데도 나는 첫눈에 알아보았다. 귀룽나무도 하얀 꽃잎을 하늘

하늘 바람에 날리며 숲속의 여왕님인 듯 눈부신 모습으로 나를 반겼다. 머리끝에서부터 발끝까지 눈부신 레이스를 휘감은 우아한 모습으로 거드름을 피우던 귀룽나무, 그 하얀 드레스는 5월의 숲속을 환하게 밝히고 있었다.

멀리 귀룽나무가 있던 산골짜기가 보인다. 그 아름다운 귀룽나무를 처음 만났던 곳이 바로 저기다. 또다시 눈부시게 성장하였을 여왕님의 모습을 상상하니 가슴이 뛴다. 하얀 꽃이 포도송이처럼 조르르 늘어져 대롱거리던 천의무봉의 아름다운 드레스 자락이 아른거린다.

그런데 지난해와 무언가 좀 달라진 것 같다. 이쯤에서 하얀 꽃 무더기가 반쯤 보여야 하는데 녹색 수풀더미 뿐이다. 걸음을 더 빨리했다. 귀룽나무 쪽으로 난 샛길에 수풀이 우거져 발 디딜 틈이 보이지 않는다. 스틱으로 풀더미를 헤치며 길을 찾으려 애썼지만 쉽지 않다. 젖 먹던 힘까지 쥐어짜며 수풀을 걷어내고 잘라냈다. 덤불에 손등이 찢겨 쓰라렸다. 작년에는 이렇게 길이 험하지 않았는데 이상하다. 하얀 꽃이 핀 나무가 보였다. 처음 만났을 때처럼 그렇게 우아한 모습이 아니었다. 의아한 마음에 바삐 다가가 보니 그 나무는 말채나무였다. 귀룽나무를 만날 생각에 들떠 말채나무를 미처 알아보지 못했나 보다. 말채나무 뒤에 교목 한 그루가 묵묵히 서 있었다. 푸른 잎사귀를 바람에 살랑이고 있는 평범한 나무 한 그루, 그 나무가 바로 귀룽나무였다. 하얗고 탐스러운 꽃을 떨구어버린 귀룽나무는 흔한 키 큰 나무에 불과했던 것이다.

나무 전체가 흰 꽃으로 뒤덮여 구름나무라고도 불린다는 귀룽나무이다. 오늘 그 진면목을 보려고 먼 길을 달려왔던 만큼 아쉬움도 컸다. 골짜기 깊숙이 은둔하고 계신 순백의 아름다운 여왕님을 알현할 수 있는 기회는 자주 찾아오지 않는 행운인가보다. 사전답사도 없이 직감에 의지한 채 불쑥 찾아온 잘못이 더 크건만, 계절이 변화무쌍하여 따라잡기 어렵다고 불평을 쏟는다. 아름드리나무를 한 바퀴 돌며 볼품없는 끝물 꽃 한 송이를 겨우 찾아냈지만 아쉬움이 가실 리 없다.

말채나무 쪽으로 가보았다. 흰나비 한 마리가 눈에 띄었다. 아니 나방이었다. 정확히 이야기하면 벚나무모시나방이다. 빗살모양의 검은 더듬이와 반투명한 흰 날개에 갈색 날개맥을 가진 예쁜 나방이다. 자세히 살펴보니 한두 마리가 아니었다. 벚나무모시나방이 벚나무에만 있으란 법은 없겠지만, 말채나무에서 벚나무모시나방을 만나다니 뜻밖이었다. 벚나무모시나방 유충의 식초 식물이 장미과 식물이라고 해서 성충이 발견되는 장소마저 동일시하는 선입견은 버려야겠다.

벚나무모시나방을 세어 보았다. 나무 아래 풀잎에도 제법 많이 앉아 있다. 말채나무 너머로 조금 전에 지나온 골짜기가 보였다. 아직도 하얀 꽃잎이 눈발처럼 하늘하늘 날리고 있었다. 머릿속을 번개같이 스치는 게 있었다. 벚나무모시나방은 교미 전 이른 아침에 군비하는 것이 특징이라고 했다. 그래 군비였다. 군비….

하늘하늘 날리던 눈꽃 송이가 땅에 떨어지지 않고 골짜기를 휘돌던 이유를 알았다. 그것은 꽃이파리가 아니었다. 벚나무모시나방의 군비群飛였던 것이다. 그런데 이상하다. 저 군비가 아무래도 평범한 군비는 아닌 것 같다. 벚나무모시나방은 9~10월에 우화하여 알을 낳고 유충으로 겨울나기를 한다. 5월 하순인 지금은 애벌레 상태로 식초 식물인 장미과 식물에서 열심히 먹이활동을 하고 있어야 할 시기이다. 아직 번데기로 탈바꿈할 시기도 채 되지 않은 것이다. 그런데 왜 벚나무모시나방이 내 눈앞에서 때 이른 군비를 하고 있을까? 돌발적으로 대발생하기도 한다고는 하지만 이렇게 이른 계절에 대발생하여 군비한다는 이야기는 들어본 적이 없다.

춘설이 흩날리던 골짜기로 달려갔다. 바람 한 자락이 나무 잎사귀들을 훑으며 낭떠러지 아래로 사라진다. 골짜기에 출렁출렁 푸른 물결이 일었다. 내가 접근할 틈을 보여주지 않으려는 듯 험준한 계곡은 더욱 깊게 가라앉았다. 다행히 벚나무모시나방 한 무리가 풀섶에서 날개를 쉬고 있었다. 군비하는 무리의 정체를 증명이라도 하는 듯 더 아래쪽의 좀깨잎나무에도 하얗게 앉아 있었다.

신비스러운 꽃잎의 정체는 알아냈지만 내 머릿속은 더 혼란스러워졌다. 도감에서 습득한 단편적인 지식과 눈앞에서 일어나고 있는 자연적 현상과의 괴리감 때문이다. 이제껏 내가 알고 있던, 혹은 믿고 있던 것들은 어디까지가 참일까? 일반적 자연현상과 기현상을 가르는 기준은 무얼까? 돌발적이란 단어 속에 때 이른 시기적 대발생도 포함되었을까?

녹음이 더해가는 5월의 숲속에서 벚나무모시나방의 군비는 끝없이 계속되었다. 춘설이 날리듯, 꽃잎이 날리듯, 하늘하늘 하얗게 흩날리는 그 무리들은 온종일 골짜기를 점령하고 있었다.

| 작품 |

짧은 다짐

김혜강

그것은 극한의 공포였다. 저녁 무렵이었다. 가족들은 모두 밖에 나가 있어 집에는 나밖에 없었다. 사람이 극한의 공포와 맞닥뜨리게 되면 나이에 상관없이 지적 상태와 판단력은 다섯 살 정도의 수준이 되어버린다고 한다. 저녁 준비를 대충 끝내놓고 편한 마음으로 텔레비전을 보고 있는데 갑자기 거실이 흔들리고 몸이 놓인 바닥이 좌우로 심하게 흔들렸다. 그것은 이웃나라 일본에서 심심찮게 일어난다는 지진이었다. 우리나라에서 지진을 겪어본 사람이 얼마나 될까. 그러나 이번에 지진을 겪은 사람들은 알게 됐을 것이다. 극한 공포를 맞닥뜨린 순간, 무엇을 어떻게 해야 하는지 아무 생각이 들지 않는다는 것을.

지진이 거의 일상화 되어버린 일본에서는 지진이 발생하면 대피 시스템에 따라 일사불란하게 피신을 한다고 한다. 그러나 우리나라에서는 일본처럼 큰 지진이 난 적도 없고 체계화된 대응 시스템도 없다. 그런데 막상 큰 지진을 당하니 뭘 어찌해야 하는지 떠오르기는커녕 아무 생각도 나지 않았다. 글자 그대로 머리가 하얘지는 것이었다. 지진이라 느낀 그 짧은 순간, 집 밖으로 나가야 하나 말아야 하는지도 판단이 되지 않았다. 다행히 그 순간은 빠르게 지나갔다. 잠시 후, 텔레비전 화면에 뉴스 속보라는 자막이 떴다. 경주 부근에서 진도 높은 지진이 발생했다는 것이다. 놀란 가슴을 겨우겨우 진정시키고 속보를 보는데 유독 여진이 있을 수 있으니 주의를 하라는 말이 쏙 들어왔다.

불길한 그 직감은 딱 들어맞았다. 첫 진동이 있고 한 삼십 분쯤 지났을 때인가. 다시 집이 심하게 흔들렸다. 이번에는 좌우만 흔들리는 게 아니라 동시에 위아래로도 흔들렸다. 내 몸은 자동인형처럼 후들거렸다. 불과 몇십 분 전에 한 번 경험을 해서인가, 일본 지진 뉴스 때 보고 들었던 게 퍼뜩 생각났다. 안전한 벽 쪽으로 가야 한다. 무릎걸음으로 후들후들 떨면서 본능적으로 벽을 향해 전진했다. 그 순간 휴대폰이 울렸다. 떨리는 목소리로 전화를 받으니 작은아들인데 밖에서도 땅이 흔들리는 것을 크게 느꼈다며 얼른 집 밖으로 나오라 한다.

후들거리는 다리로 어떻게 내려왔는지 모르게 계단을 통하여 밖으로 나왔다. 이쪽저쪽에서 사람들이 나오고 있었다. 모두 공포에 떨고 있었다. 밖에 나와서도 놀란 심장은 잘 진정되지 않았다. 말로만 듣던 지진은 정말 무서운 것이었다. 지금껏 겪어본 그 무엇과도 비교할 수 없는 성질의 공포였다. 극한 상황에서 본능은 살아야겠다는 생각 그 하나밖에 들지 않았다. 짧은 순간이지만 죽음과 맞먹을 듯한 공포를 지나온 사람들이 모여들었다.

사람들은 죽고 싶다는 말을 참 쉽게 그리고 자주 한다. 무슨 일이 잘 안 풀리거나 견디기 힘든 고통과 마주하게 될 때 마치 노랫가락에 추임새 넣듯 죽고 싶다는 말을 내뱉는다. 그런데 이번에 지진을 겪으며 사람들은 실감했을 것이다. 자신들이 삶에 대해 얼마나 애착을 가지고 있는가를. 죽음과 직면해 본 사람들은 쉽게 죽고 싶다는 말을 하지 않을 것이다. 생각 없이 죽고 싶다는 말을 내뱉는 사람은 역설적으로 삶에 대해 여유가 있는 사람들이지 싶다. 짧은 순간이지만 지진과 같은 죽음에 대한 공포를 직접 겪어 보면 삶이란 희로애락 가운데 노와 애만 있다 한들 소중하고 소중한 것임을 알게 될 것이다.

사람이 제아무리 잘나고 능력이 있다 할지라도 대자연이 부리는 위력 앞에서는 아무런 대응도 할 수 없는 미약한 피조물일 뿐이라는 것을 지진으로 다시 한 번 뼈저리게 느꼈다. 유치하지만 이제부터는 착하게 살아야지 하는 생각도 들었다. 언제 죽을지 모르는 불확실한 시대에 웬만하면 좀 참고 이해하며 살아가야지 하는 시효가 짧은 다짐도 했다. 시간이 지나면 언제 그랬냐 하겠지만 살아 있는 게 그리 고마울 수가 없게 느껴지는 순간이었다. 정신을 가다듬고 근동에 살고 있는 아는 친척과 이웃 사람들과 놀란 마음을 전화로 주고받았다. 그래도 이만하니 다행이라며 서로 위로를 했다.

사람들은 또다시 발생할지 모를 지진 생각에 근처에 있는 공원 주차장으로 차를 몰고 갔다. 넓은 공원 주차장이 차들로 꽉 찼다. 주차할 자리를 찾지 못한 차들은 도롯가에 세워 놓았다. 공포에 질린 사람들이 주차장에서 하늘로 우뚝 솟은 아파트를 바라보았다. 내가 살던 아파트가 그렇게 낯설게 보일 수가 없었다. 문을 열고 들어가면 세상에서 가장 편했던 곳이 세상에서 가장 무서운 흉기가 되어 있는 순간이었다.

사람들은 시간이 흘러도 집으로 들어가야 할지 말아야 할지 결정하지 못했다. 오늘날 인류의 능력은 뛰어나 달을 밟고 우주 정거장에서 며칠을 지내기까지 한다. 그러다 지구로 다시 돌아오는 마법 같은 능력을 발휘하기도 하지만 또다시 땅이 흔들려 집이 무너질지 무너지지 않을지 그 단순한 답은 아무도 알 수가 없다. 나라를 이끄는 최고 지도자도 초능력자라도 알 수가 없다. 시간이 한두 시간 흐르고 밤이 늦어서야 사람들은 하나둘 집으로 돌아가기 시작했다. 돌아가면서도 불안한 마음들은 놓지를 못했다. 마지못해 들어가지만 너나없이 불안한 마음은 한결같았다. 다행히 더 이상의 흔들거림은 없었다.

며칠 후 아는 이들끼리 모이는 자리에 오랜만에 참석했다. 그날따라 오랜

만에 참석했다고 모두 나에게 한턱을 내라 하기에 기꺼이 내겠다고 했다. 그 무시무시한 지진도 겪었는데 이깟 밥값이 뭐라고 하면서 흔쾌히 냈다. 언제 어떻게 죽을지 모르는 불확실한 시대에 웬만하면 좀 참고 이해하고 살아가야지 하는 시효가 짧은 다짐 하나를 행동으로 옮긴 것이다.

03

길 위에서 길 찾기

열면서

인간은 생사라는 길에서 시작하고 끝난다. 출생과 죽음은 여행의 시종始終처럼 끊임없는 길 찾기이다. 그 길 위에서 인간은 과거의 나를 돌아보고 현재의 나를 이해하며 미래를 계획한다. 삶이란 자기 인식의 고단한 여로인지도 모른다.

길은 문학적 모티프에 즐겨 차용한다. 문학 속 상징으로서의 길은 다의적이며 중층적이다. 현실적인 거리 공간 외에 내면적 성숙을 나타내는 정신적 의미도 포함한다. 자아를 발견하고 타인과 관계를 맺으며, 초월적 세계로서 상승통로로 확장되기도 한다. 그러기에 미당은 "길은 항시 어데나 있고, 길은 결국 아무데도 없다"며 길의 본질을 표상하였다.

문학에서 '길 찾기' 모티프는 효과적인 주제의식을 전달할 수 있다.

특히 수필에서 여로를 살피는 것은 매우 의미 있는 일이다. 수필작가가 체험한 길은 미적장치로서 기능을 넘어 시공간을 담아 세상과 만나는 함축적인 인생행로이다. 따라서 독자가 동행하는 것은 두말할 필요가 없다. 삶의 의미를 찾아가는 화자의 길을 통해 독자 또한 회상의 길 찾기 시간을 갖기 때문이다.

이번 호에서는 안영순의 '미로' 속 길 찾기와 김정례가 스스로 만든 '유배길'과 강영옥의 '꽃길' 단상을 통해 길 따라가기의 방식과 작가의 내면세계를 들여다보고자 한다. 각 작품에서 '길'의 의미를 어느 선까지 확장하는지, 어떤 물리적 심리적 존재론적 전환을 가져오는지 주목할 일이다.

1. 안영순의 〈길을 찾아서〉

안영순에게 길은 늘 막막하고 낯설다. 세상에는 너무 많은 길이 있으므로 그의 길은 미로와 같다. 그 트라우마는 막내 동생의 다섯 살 시절로 거슬러 올라간다. 길 위에서 "동생이 사라졌다." 온 가족이 사흘 밤낮을 헤매고 다닌 그 길은 상실의 길이며 미궁의 길이었다. 미로는 무절제와 무책임이 있는 곳이어서 벗어나는 것이 대안이라 여기지만 맞닥뜨리는 자만이 새로운 길을 찾을 수 있게 된다. 미궁을 헤맨다는 것은 반대로 미궁 속에 반드시 길이 있다는 사실이다.

그 결과 산복도로 고갯마루에서 아버지가 동생을 찾았다. 아니, 동생이 아버지를 "먼저 본 것이다." 그 방황과 탐색의 길 찾기는 지금도 계속된다. 이번에는 팔순 노모가 길을 잃었다.

스크린에 찍힌 발신자 이름을 보았다. 둘째 남동생이다. 평소 전화를 잘 하지 않던 터라 급한 예감에 전화를 받았다. 팔십 넘은 엄마께서 우리 집엘 찾아오시다가 길을 잃어 경찰서에 계신다는 것이다. …… 얼마 전 질녀 결혼식을 마치고 늦은 시간에 들렀더니 하루가 다르게 살아있는 미라로 변해 가는 모습이다. 엄마는 젊어서는 못하는 것이 없을 정도로 솜씨가 좋았다. 음식이면 음식, 바느질이면 바느질, 엄한 외할아버지 몰래 야학에서 배운 글로 젊은 시절엔 소설책도 여러 권 필사를 하여 두고 읽고, 사람들에게 빌려주곤 했다. 동네 사람들의 사돈제와 제문을 써주기도 했다. …… 지금은 딸네집도 제대로 찾아올 수 없는 지경이 된 것이다. 그나마 경찰서로 찾아갈 수 있었던 건 젊은 시절의 총기가 저장되어 있는 덕분이 아닐까.

– 안영순의 〈길을 찾아서〉 일부

길을 잃는 것은 여정을 잃는 것 이외도 인생행로를 잃음을 의미하기도 한다. 작가의 노모는 과거 자신의 막내아들이 길을 잃은 것처럼 이제 자신이 가야 할 길을 찾지 못한다. 작가는 노모의 '길 상실'을 체험하면서 인간의 마지막 길이 "죽음이란 공통된 길"임을 인식한다. 하지만 이들은 '길 상실'을 통해 가족이라는 공동체의 길에 다다른다. 그것이 '혈육의 길'임을 재확인하는 것이다.

길은 타인과 유대를 형성하는 공간이므로 화자 역시 길을 찾아야 하는 운명을 지녔다. 물론 그 길은 주체가 누구이며 어떤 환경에 놓이는가에 따라 달라진다. 안영순이 삶의 기준을 판단하는 것도 "자신의 길을 제대로 찾았는가"이다. 그는 상실을 통해 상처의 본질을 들여다보며 미궁 속에서 자신의 위치를 확인한다. 자신이 진정 가야 할 길이 어디인지 고민하며 때로는 수렁에 빠지기도 하지만 미로를 회피하지 않는다. 그 길이 캄캄하고 험난할지언정 가족 공동체를 찾는 길이라면 멈춰설 수 없다. 그러기에 막내 동생이 "바른길"이라 여기며 형제들과 연락을 않는 것에 대해서도 "너무 멀리 가지 말"고 "잠시 잃어버린 길"을 되찾길 비원한다. 그래서 작가는 오늘도 "끊임없는 길 찾기"에 열중하는 것이다.

2. 김정례의 〈도시 속 유배〉

인간은 언제 떠남을 갈구하는가. 지친 삶을 벗어나 낭만과 여유를 찾고자 하거나, 자기 탐색을 통해 정체성 회복을 원하거나, 깨달음을 위한 고행으로서 길 찾기를 선택할 때 가능하다. 떠남은 내면의 상처와 자아 모순을 들여다보고 화해하기를 목적으로 한다. 김정례의 〈도시 속 유배〉는 일상적인 삶에서 일탈하였다가 비일상적 모험을 통해 의식의 세계로 돌아오는 회귀형回歸形 여로 구조를 담고 있다.

김정례가 떠난 곳은 어떤 곳인가. 그가 외국여행이라도 가는 것처럼 커리어에 잔뜩 짐을 챙겨 출행한 곳은 집에서 30분 근거리의 호텔 방이다. 사위가 챙겨준 호텔 숙박권으로 전망 좋은 객실에서 이틀의 호사를 누리고 호텔 밖 해변을 거닐며 자유를 만끽하리라는 기대로 잔뜩 마음이 부풀었다. 그러나 감기 증세가 악화되어 호텔 밖 나들이가 불가능하게 되었다. 알찬 여행을 보내겠다는 기대는 좌절되고 두문불출하게 된다. 동행한 딸마저 혼자 나들이가 심드렁해져 함께 호텔 방에 갇히는 신세로 전락한다.

화려한 도시 속에 유배를 당한 것 같다. 큰 기대를 품고 가방을 쌌던 때와는 사뭇 다른 기분이다. 그러다 보니 유배지에서 오랜 세월을 보낸 옛 선조들이 떠오른다. 다산 정약용과 추사 김정희다. 두 선비는 각각 17년과 9년이라는 세월을 유배지에서 보내야 했다. 어떤 죄목으로 왔든, 서울에서 먼 곳으로 추방당한 선비들의 입장은 그렇다손 치더라도 그들을 따라 물설고 낯선 곳에 와서 함께 유배생활을 해야 했던 종복들은 무슨 죄인가. 죄가 있다면 주인 잘못 만난 죄라고나 할까.

한창 기분 내고 즐거워야 할 딸은 기분이 엉망이 된 것 같다. 누워만 있는 엄마 걱정에 밖에 나갔다가는 금방 들어오는 기척이 난다. …… 우리는 어쩔 수 없이 같은 배를 탄 유배자였다.

– 김정례의 〈도시 속 유배〉 일부

화려한 일탈을 꿈꾸었던 그는 뜻하지 않게 스스로 호텔 방에 갇히면서 "나도 유배자가 되어본다"고 풀이한다. 그 전환은 유배 동안 방대한 저서를 남긴 다산과 글쓰기에 몰입하여 독창적 서체를 창안한 추사의 유배 생활을 되짚는 계기가 된다. 그리하여 "혼자만의 고독한 시간"은 "몸과 마음을 다잡고 버림으로써 얻어낸 해탈"이라는 인식에 다다른다. 작가 역시 도시 속 호텔 방에서 선인들을 흉내 내려 하지만 글 한 줄 써지지 않고, 책 한 줄 제대로 읽어지지 않는다. 자신의 유배가 "시간 허비"가 된 까닭은 다산과 추사의 유배지와 자가의 유배지가 물리적으로 다르고 "과욕"과 "무모한 자신감"을 비우지 못한 탓임을 깨친다. 새로운 것을 담으려면 "마음속 자리를 비우는" 일임을 인지한 것이다.

김정례의 1박 2일의 유배길은 막을 내리지만 집으로 되돌아가는 길은 떠나올 때와 같은 길이 아니다. '돌아옴'의 과정은 자신을 새로이 탄생시키는 '회복의 길'이 된다. 게오르그 루카치는 "길이 시작되자 여행이 끝났다"라고 했다. 루카치의 지적처럼 생이란 자신이 원하는 것을 얻지 못했으나 전혀 다른 것을 찾는 아이러니가 일어나기도 하는 것이니까.

3. 강영옥의 〈봄, 꽃은 피고 지고〉

강영옥은 계절 따라 달라지는 '꽃길'을 지켜보며 자연의 질서를 관조한다. 녹색 잎을 단 비파나무가 좁쌀 같은 꽃송이를 피워낼 때 첫봄의 기운을 느낀다. 홍매와 백매가 꽃을 피워내는 것도 "지조 높은 끈기"가 있었기에 가능하다고 믿으며, 산수유와 할미꽃의 꽃바람은 봄기운을 더욱 충만하게 해준다고 해석한다. 그가 지인과 통도사에 동행한 일도 생사의 기로에서 일어선 지인에게 봄기운으로 희망을 찾길 기원하는 까닭이다. 그러한 꽃들의 향연이 봄비에 내려앉자 아쉬움과 함께 세월의 덧없음을 떠올린다.

> 차오르는 달빛에 끌려 밤 산책에 나섰다. 달빛과 불빛에 반사된 벚꽃이 눈부시게 현란했는데 바람에 흩날려 길바닥에도 담장에도 꽃문양을 많이도 새겨 놓았다. 꽃그늘을 지나면서 툭 떨어지는 동백 꽃송이가 아프고 처연하다. 낙화한 동백 꽃송이에 그리움이 더해서 서러움이 묻어 있다. 만물이 소생하고 생명활동에 꽃불을 켜고 일어서는 자연의 섭리는 떠난 사람 그리움에 차라리 애절하다.
>
> 우리네 인생길에도 어찌 꽃길만이 있을까. 이 땅의 생명들은 하나의 밀알로 썩어 다시 꽃피우고 열매 맺기에 죽을힘을 다한다. 박토에 떨어져 후미진 응달이라 해도 주어진 운명에 순응하며 여리고 작은 풀꽃이 된다 해도 포기하지 않는 자연의 순리에 숙연해진다.
>
> – 강영옥의 〈봄, 꽃은 피고 지고〉 일부

봄비에 떨어지는 벚꽃과 달빛에 낙화하는 동백 꽃송이는 처연하다. 강영옥은 자연의 섭리를 따르는 꽃들을 지켜보면서 운명에 순응하는 "이 땅의 생명들"에 경외감을 느낀다. 꽃들의 낙화에 "떠난 사람을" 그리워하는 인간의 애상과는 달리 작은 풀꽃마저 "꽃피우고 열매 맺기에 죽을힘"을 다하는 생사의 '길 따르기'를 수용함을 인지한 것이다. 그 탐색의 과정은 인간도 자연의 일부로 인식하고 인간 중심이 아니라 인간과 자연이 대등한 입장임을 이해한다. 나아가 인생길도 "꽃길"만 존재하지 않는 것이 '주어진 길'임을 깨닫고 그 길을 겸허히 수용하려 한다.

살아간다는 것은 자신의 길을 걷는 행위이다. 길을 통해 공간이동이나 의식 변화가 진행되므로 길은 물질세계와 정신세계를 포함하는 공간으로 교직된다. 인간은 항상 길을 떠난다. 어떤 목표를 성취하거나 삶의 의미를 찾기 위해서지만 그 길의 끝에 도달하기까지 각자의 '길찾기' 방법은 다를 수밖에 없다.

모든 길은 만물에게 주어져 있다. 그러면 강영옥이 선택한 길은 어떤 길인가. 그가 바라보는 길은 힘겹지만 지금까지 걸어왔던, 또 내일도 여전히 걸어가야 하는 '생사의 길'이다. 그것은 출생에서 죽음으로 가는 시종의 길로서 길의 본질에 가장 가까이 접근한다. 작가는 그 길에서 나는 누구인가라는 존재의 물음과 세계에 대한 성찰로 길을 확장할 것이다. 그래서 신록의 축제가 더욱 소중하고 행복하다.

나가며

인간은 언제나 길 위에 서 있다. 그 길은 유년에 다다르는 회상의 길이기도 하고, 현실을 자각하는 삶의 여정이기도 하며, 새로운 세계가 기다리는 미지의 항로이기도 하다. 길은 각자가 처해 있는 환경에 따라 달라진다. 결국 인간은 길 위에서 살고 죽을 수밖에 없다. 그 운명의 길 위에 서서 자신의 '길 찾기'를 하는 것이다. 길은 자아반성과 자아실현에 기여하지만, 타인과 관계에 대한 성찰이 이루어질 때 단순한 '길 찾기'가 아닌 '길 만들기'가 이루어진다. 그것이 자신의 존재함being을 넘어 존재되어감becoming으로 이미지화되는 것이다. 이러한 점이 모두가 풀어야 할 화두이다.

이번 호에서 다룬 세 편의 수필에서는 미로 속에서 '혈육의 길'을 확인하고, 스스로를 가둔 '유배길'에서 자신을 깨치며, 운명에 순응하는 자연을 지켜보며 '생사의 길'을 걷는 저마다의 '길 찾기' 과정을 조명하였다. "하나의 텍스트는 읽혀질 때 비로소 생명을 갖게 된다."는 이서Iser의 지적을 염두에 두면서 독자의 반응을 기대해 본다.

| 작품 |

길을 찾아서

안영순

전화기가 울린다. 스크린에 찍힌 발신자 이름을 보았다. 둘째 남동생이다. 평소 전화를 잘 하지 않던 터라 급한 예감에 전화를 받았다. 팔십 넘은 엄마께서 우리 집엘 찾아오시다가 길을 잃어 경찰서에 계신다는 것이다. 지난주부터 몇 번 전화를 받았지만 바쁘다는 핑계로 미루고 있다. 전화기의 떨림은 끝났지만 마음이 떨려와 일이 손에 잡히지 않는다.

얼마 전 질녀 결혼식을 마치고 늦은 시간에 들렀더니 하루가 다르게 살아있는 미라로 변해가는 모습이다. 엄마는 젊어서는 못하는 것이 없을 정도로 솜씨가 좋았다. 음식이면 음식, 바느질이면 바느질, 엄한 외할아버지 몰래 야학에서 배운 글로 젊은 시절엔 소설책도 여러 권 필사를 하여 두고 읽고, 사람들에게 빌려주곤 했다. 동네 사람들의 사돈제와 제문을 써주기도 했다.

지금은 사라지고 없지만 자녀 혼인을 시키고 난 뒤 사돈끼리 편지를 써서 음식과 함께 주고받는 아름다운 풍습이 있었다. 자식을 나누어 가진 사람들이니 온갖 정성과 격식을 갖추어 보냈다. 글을 모르는 사람들은 동네 사람 중에서 잘 쓰는 사람에게 부탁하기도 했다.

제문은 친구라든가 친척이 생전 망자의 인품과 덕망을 칭송하고 애도하며 읽었던 글이다. 초상집에 모인 사람들이 공감하여 눈물을 많이 흘리면 잘 쓴 제문이라고 칭찬을 들었다. 결혼한 지 얼마 되지 않아 시이모님이 돌아가셨을 때 사위의 부탁으로 제문을 썼었다. 그것이 엄마가 쓴 마지막 글이다. 첫 구절의 시작은 언제나 "오호 통재라" 하고 시작되었다. 아름답고 때론 슬픈, 사라져가는 풍습이 번거롭긴 해도 그냥 남아 있었으면 싶은 마음이 든다.

지금은 딸네집도 제대로 찾아올 수 없는 지경이 된 것이다. 그나마 경찰서로 찾아갈 수 있었던 건 젊은 시절의 총기가 저장되어 있는 덕분이 아닐까. 팔십 넘어서는 집에 누워 있는 사람이나 산에 누워있는 사람이나 마찬가지라는 말도 있다. "오호 통재라" 결국 사람들이 마지막 가야 할 곳은 죽음이란 공통된 길이다.

막내 동생이 다섯 살 때다. 부산에 이사 온 지 일 년쯤 되었을 때 일이다. 동생이 사라졌다. 그때의 아버지의 화난 모습은 평생 잊을 수가 없다. 얼마나 무서웠던지 우리 형제들은 밤늦도록 동생 이름을 부르며 찾아다녔다. 사흘 밤을 보내도 찾을 수가 없다. 엄마는 목이 쉬어 이름조차 부르지 못하고 미친 사람 모양 골목을 휘젓고 다녔다. 그런 엄마를 보며 미친 사람들은 저렇게 미치는구나, 라는 생각까지 하였다.

사흘 밤이 악몽처럼 지나갔다. 우리 형제들은 동생 찾을 일도 아득하지만 어떻게 하면 아버지와 마주치지 않을지 궁리하기 바빴다. 아버지는 좀 더 먼 곳으로 동생을 찾아 나섰다. 수정동 고갯마루였다. 지금은 산복도로가 되어 차도로 넓혀졌지만 그때는 리어카 정도나 다닐 수 있는 길이었다. 아버지는 고갯마루에서 누군가에게 동생의 형색을 설명하고 있었다. 그때 어디선가 '아버지' 하며 다리를 틀어안는 것이다. 아버지가 동생을 찾은 것이 아니고 동생이 아버지를 먼저 본 것이다. 동생은 아버지를 찾기 위해 길 위를 헤매었던 것이다. 사흘 밤낮이라는 짧지 않은 시간을…. 그 뒤로 막내는 집에서 가장 소중한 사람 대접을 받았다. 때론 어린아이가 어른보다 현명해질 때도 있다.

그러던 막내가 형제들과 거의 연락을 하지 않고 살고 있다. 아마 그것이 나름대로 바른길이라는 착각을 하는지도 모른다. 어릴 적 아버지를 찾듯 잠시 잃어버린 길을 다시 찾았으면 싶다. 너무 멀리 가지 말았으면 하는 바람이다.

사람은 태어나면서부터 길 찾기가 시작되는 것 같다. 어릴 땐 부모님이 선택한 길로 가면 되지만 사물을 분별할 수 있는 나이가 되면 자신의 길 찾기가 시작된다. 때론 수렁에 빠지기도 한다. 아둔한 사람은 늦은 나이에 자신의 길목과 만나기도 하고 영영 만나지 못하고 일생을 마감짓는 사람도 있을 것이다. 나도 그 아둔한 사람 중 하나는 아닐지 모를 일이다.

살아간다는 것도 끊임없는 길 찾기인 것 같다. 어제는 어제의 길이 있었고 오늘은 오늘의 길을 찾아야 하고 내일은 또 다른 내일의 길이 있다. 자신의 길을 제대로 찾았는가에 따라 삶의 기준을 판단해야 하는 것은 아닐까. 내가 가야 할 길은 어디인가. 모르긴 하지만 순리대로 사는 것이 바른길 찾기일 것이다.

또 다른 내 안의 길을 찾고 있다. 젊은 날부터 소망해 왔던 길이지만 어렵고 험난할 것이다. 늦게 시작했기에 더딘 길이다. 그래도 한 발 두 발 가다 보면 지나온 길을 되돌아볼 수 있는 여유를 부릴 날이 있지 않을까.

반짝이던 젊은 날은 속절없이 바람처럼 지나고 잠 못 이루는 밤, 삶의 새로운 인식은 미로마냥 아득하다. 언젠가는 캄캄한 미로에 작은 반딧불이라도 날아와 길을 밝혀줄 것을 꿈꾸어 본다.

| 작품 |

도시 속 유배

김정례

큰딸에게서 호텔 숙박권을 받았다. 사위가 챙겨준 선물이라고 한다. 집에서 가까운 바닷가의 전망 좋은 방이라는 말을 덧붙인다. 꼭 가지 않아도 되지만 티켓을 날리기가 아까웠다. 무엇보다 잘 꾸며놓은 호텔의 아늑함과 쾌적함에 대한 기대가 커서 무리한 출행을 하기로 마음을 먹었다.

집에서 삼십 분이면 도착할 곳을 외국 여행이라도 가는 것처럼 짐을 꾸렸다. 꽃무늬 원피스와 레이스 달린 블라우스도 넣고 화려한 액세서리들도 챙겼다. 캐리어를 끌고 대문을 나서니 먼 나라 여행에 나섰을 때처럼 마음이 설렌다. 오늘따라 하늘은 구름 한 점 없이 푸르다. 동행하는 딸도 산뜻한 외출복 차림으로 한껏 멋을 냈다.

그즈음 나는 감기가 완전히 낫지 않은 상태였다. 언제부턴가 일월 이월이 되면 찾아드는 정례定例 방문객이다. 그 손님을 들이지 않으려고 각별히 조심하지만 아차 하는 순간에 걸려든다. 길게는 한 달씩이나 손님과 동거하며 비위를 맞춰주고 대접을 잘해야 겨우 떠나간다. 손님도 예의가 있는지 처음엔 약한 신호를 보내는데, 한기가 들고 재채기 콧물이 감기의 시작임을 알린다. 살살 달래보았는데 이번엔 아예 깊숙이 자리를 펴고 누워버린 것이다. 큰딸에게는 감기가 다 나아서 아무 문제없다고 큰소리를 쳤다.

붉은 카펫이 깔린 복도를 지나 배정된 방 앞에 멈춰 선다. 카드 키를 살짝 밀어 넣으니 미세한 기계음이 들리고 손잡이가 철커덕 돌아간다. 문이 열리자 밝은 방이 한눈에 들어온다. 가지런히 필기구가 정돈된 콘솔, 티 테이블이 나란히 배치되어 있고 두 개의 싱글침대 위에 덮인 보드랍고 깨끗해 보이는 흰색 이불이 마음을 포근하게 한다. 북유럽 핀란드에라도 와있는 듯 잡다한 생각은 어느결에 달아나 버렸다. 한낮인데도 은은한 조명을 켜고 분위기를 잡는다. 딸과 마주 앉아 마리아쥬홍차를 음미한다. 흐뭇한 표정을 지으며 말없이 서로를 바라본다.

창밖을 보니 멀리 달맞이 언덕까지 해운대 해변이 한눈에 펼쳐져 있다. 아직은 쌀쌀함이 가시지 않은 날씨인데도 많은 사람들이 나와 있다. 에메랄드빛 바다는 한낮의 찬란한 햇빛으로 한층 더 반짝이고, 갈매기들의 날갯짓이 자유롭다. 나도 모래밭을 거닐고 싶다는 생각에 마음이 설렌다.

밖으로 나갈 채비를 하고 방문을 나섰다. 그런데 호텔 문을 열자 불어오는 해풍에 오싹 한기가 느껴졌다. 얼른 방으로 들어오고 말았다. 출발할 때는 딸과 이런저런 계획을 세우며 알찬 1박 2일을 보낼 것이라고 기대를 했었는데, 단초부터 어긋났다. 감기가 도지면 어쩌나 하는 생각에 두문불출하기로 마음을 다잡았다. 식은땀까지 흐르는 것이 예감이 좋지 않다. 호텔에 도착하자마자 사우나에 다녀온 것이 마음에 걸린다. 내 속마음을 모르는 딸은 마스크를 하고 든든히 옷을 입고 나가자고 졸라댄다. 혼자서 바닷가 산책을 다녀오라 해도 마음이 내키지 않는 모양이다. 나는 내 몸 생각해서 스스로 작정한 행보이지만, 딸은 이유 없이 호텔 방에 갇혀있어야 하니 창살 없는 감옥이라도 된 것은 아닌지.

화려한 도시 속에 유배를 당한 것 같다. 큰 기대를 품고 가방을 쌌던 때와는 사뭇 다른 기분이다. 그러다 보니 유배지에서 오랜 세월을 보낸 옛 선조들이 떠오른다. 다산 정약용과 추사 김정희다. 두 선비는 각각 17년과

9년이라는 세월을 유배지에서 보내야 했다. 어떤 죄목으로 왔든, 서울에서 먼 곳으로 추방당한 선비들의 입장은 그렇다손 치더라도 그들을 따라 물설고 낯선 곳에 와서 함께 유배생활을 해야 했던 종복들은 무슨 죄인가. 죄가 있다면 주인 잘못 만난 죄라고나 할까.

한창 기분 내고 즐거워야 할 딸은 기분이 엉망이 된 것 같다. 누워만 있는 엄마 걱정에 밖에 나갔다가는 금방 들어오는 기척이 난다. 다람쥐 제 굴 드나들 듯 안절부절못한다. 딸은 창밖을 보다가, 책을 펴들었다가, 벌렁 침대에 드러눕는다. 보다 못해 밖으로 나가 동백섬이라도 돌고 오라고 하였으나 내 곁을 떠나질 않는다. 우리는 어쩔 수 없이 같은 배를 탄 유배자였다.

긴 세월을 유배지에서 보낸 다산과 추사는 그 많은 시간들을 수도승처럼 사색하고 고뇌했을 것이다. 처음엔 자신의 신세를 한스러워하며 고통스럽게 몇 날 며칠을 보냈을 것이다. 하지만 지혜롭고 현명한 그들은 곧 몸과 마음을 다잡고 기어코는 버림으로써 얻어낸 자신의 해탈을 깨달았으리라. 지식이란 책 속이나 서고 위에 있는 것이 아니라 정리된 경험과 실천 속에 존재하는 것임을 뼈저리게 느꼈으리라. 어쩌면 그들이 후대까지 전해지는 저서를 집필하고, 또 어느 누구도 감히 흉내 내지 못할 독창적인 서체를 만들어낸 것도 혼자만의 고독한 시간들이 있었기에 가능하지 않았을까. 한양의 높은 벼슬자리에 앉아 당리당략만을 생각하고 있었다면, 오늘날 그들의 이름이 우리에게 이처럼 선명하게 각인될 수 있었을까.

나도 유배자가 되어본다. 하지만 글 한 줄 써지지 않고, 책을 들여다봐도 눈에 들어오지 않는다. 선인들의 유배의 경지를 만분지 일이라도 본받기는 커녕 흉내조차 낼 수 없었다.

가끔은 스스로 나를 얽어매는 굴레를 만들기도 한다. 그리고 자청하여 그 속에 갇힌다. 아직 일어나지도 않은 일들에 대한 고민을 하느라 시간을 허비하기도 한다.

1박 2일의 도시 속 유배가 잠자던 나를 일깨워준다. 눈앞의 감정에만 충실하여 타인의 입장에는 관심조차 두지 않았던 일은 없었는지, 나의 과욕으로 남에게 크나큰 피해를 주지는 않았는지. 이 나이에도 잘난 척하며, 남들 앞에 나서는데 용감하고, 무모한 자신감으로 분에 넘치는 행동을 한 내게 정신이 번쩍 들도록 일침을 놓는다.

그릇은 그 속이 비어야 비로소 쓰임새가 있다. 마음속에 새로운 것을 담으려면 자리를 비워두어야 자신을 키워나갈 수 있음을, 바다가 보이는 전망 좋은 호텔 방 안에서 깨닫는다. 지금보다 더 폭넓고 깊이 있는 삶의 진리를 터득하려면 아마도 나는 엄청나게 비싼 수업료를 지불해야 할 것 같다. 유배지 아닌 유배지에서 나를 돌아보려 했지만 제대로 관조觀照하지 못한 부끄러움이 한 페이지로 남는다.

| 작품 |

봄, 꽃은 피고 지고

강영옥

산이나 들녘이 아니라도 계절을 먼저 알려주는 곳은 시장이다. 겨울 잔해가 걷히지 않은 전통시장에서 봄을 알리는 냉이와 달래, 작고 여린 야생의 쑥을 할머니의 노점 좌판에서 만나니 신선한 봄 냄새가 물씬 풍겨난다,

원자폭탄의 투하로 폐허가 된 나가사키, 히로시마의 땅에서 제일 먼저 돋아난 식물이 쑥이라고 하니 그 강한 생명력과 효능을 짐작할 수 있다. 쑥은 향도 좋지만 입맛을 돋우는데 요즘에는 도다리까지 넣는 맛과 영양의 식재료가 풍부한 시대지만 쑥 하나만으로 훌륭한 봄나물이다. 냉이도 좋지만 특히 향이 좋고 깔끔해서 식구들이 좋아하는 봄 달래는 궁중에 진상한 특별한 오채라고 하니 먼저 눈길이 간다. 봄나물이 풍성한 식탁에서 식구들은 봄을 이야기한다.

장을 보고 집으로 돌아오는 동네 골목 어귀에 들어서면 단독의 이층집 뒷마당에 서 있는 키 큰 고목, 비파나무가 의연하게 서 있다. 수령을 알 수 없지만 뿌리에서부터 세 갈래로 뻗어나 담장 너머까지 가지를 넓게 펼치고 있는 고목의 비파나무는 도심 근처에서 보기 드문 나무다. 다른 나무들이 잎을 떨구고 헐벗은 나목으로 세찬 바람을 맞고 흔들릴 때도 비파나무는 녹색 잎을 달고 봄 채비를 하는 상록수다. 마른 나뭇가지에 물을 올리며

봄을 꿈꾸고 있을 때 비파나무는 어느새 노란색의 좁쌀 같은 작은 꽃송이를 봉실봉실 피워낸다. 비파처럼 생긴 큰 잎 속에 가려 꽃이 드러나지 않아서 예사롭게 보면 언제 꽃이 피는지 모르고 지나치기 일쑤다. 맞은편 주택에서 있는 매화나무와 때를 같이하여 꽃을 피우는 봄의 전조를 제일 먼저 알려주는 나무다. 담장 옆을 지나며 궁금해서 비파나무를 올려다보니 어느새 콩 알보다 더 큰 열매가 송이송이 노랗게 달려있다. 묵은 잎들을 떨쳐내면서 힘에 겨운 열매를 많이도 달았다. 매화나무도 잎을 틔우며 어느새 앙증맞은 작은 열매를 달기 시작했는데 한 시절 앞당겨 꽃 피고 열매 맺는 부지런한 식물의 개성이 참으로 신비롭다.

3월의 이른 봄, 화신을 맞이하러 양산 통도사를 찾아갔다. 지난해 연말에는 생사의 기로에서 천행으로 다시 일어선, 의지가 남다른 지인과의 동행이었다. 큰 병을 이겨내고 맞이하는 새봄은 선물이며 희망일 것이다. 바람결은 차가운데 산사에는 활짝 핀 홍매화와 백매화의 향기로 가득했다. 모진 추위와 바람을 견디며 마른 나뭇가지에서 향기 품은 아름다운 꽃을 피워내는 인내와 지조 높은 끈기가 예부터 사랑을 많이 받는 사군자의 꽃인가 보다. 반야암에서 넝쿨로 늘어진 홍매화 옆에 선 비파나무와 마주했다. 자디잔 꽃송이를 품고 있는 자태가 든든했다.

계절은 어김없이 봄을 선사하지만 우리 인생은 일회성으로 떠나면 돌아올 수 없다. 무한한 자연의 품에서 봄기운에 충전되어 새로운 하루하루가 감사함을 깨우치게 하는 이 봄이 각별했을까. 전에 없이 꼼꼼하게 탐미를 즐기는 모습에서 그 심경을 헤아릴 것 같았다.

극락암의 뜰에는 산수유가 흐드러지게 한창인데 담장 밑의 좁은 화단에서 화들짝 놀란 할미꽃이 눈 맞추며 반겨준다. 이른 봄 평일의 사찰 안은 더없이 고즈넉하다. 싸한 바람결에 상기되어 옷깃을 여미게 했지만 가슴이 따뜻해 오는 한나절, 건강하고 보람찬 예전의 모습을 되찾길 빌었으며 꽃바람에 충만한 하루를 보내고 돌아왔다.

봄 날씨와 노인의 건강은 알 수 없다고 하더니 4월에 들면서 날씨 변덕이 심하다. 온누리에 벚꽃이 일제히 환호하는 이 무렵, 우리 집 창문은 자주 열린다. 적막이 감돌던 숲에서 진달래가 가장 먼저 봄을 알리면 창 가까이 서 있는 몇 그루의 벚나무가 생애 절정의 자태를 뽐낸다. 창밖에 펼쳐지는 숲의 진가가 그 빛을 발하는 건 바로 이때부터다. 창문을 열면 나날이 물감을 뿌려가며 수채화를 그려내는 듯 이 그림은 멀리 가지 않아도 우리 집 거실에서 볼 수 있는 풍경이다. 만개한 벚꽃이 숲을 장악하고 관심을 한몸에 받는 날도 잠깐, 비라도 가세하면 열흘을 넘기 어렵다. 오리나무가 연두색 잎을 틔우면서 짙어가는 숲에 찾아드는 새들의 울음소리는 적막했던 숲을 흔들어 깨운다. 어제 내린 봄비에 힘에 겨웠는지 벚꽃이 소리 없이 꽃비로 내려앉는 정경을 가까이서 바라보니 떠나는 아쉬움이 덧없이 느껴진다.

비가 개고 화창한 봄밤, 차오르는 달빛에 끌려 밤 산책에 나섰다. 달빛과 불빛에 반사된 벚꽃이 눈부시게 현란했는데 바람에 흩날려 길바닥에도 담장에도 꽃문양을 많이도 새겨 놓았다. 꽃그늘을 지나면서 툭 떨어지는 동백꽃송이가 아프고 처연하다. 낙화한 동백 꽃송이에 그리움이 더해서 서러움이 묻어 있다. 만물이 소생하고 생명활동에 꽃불을 켜고 일어서는 자연의 섭리는 떠난 사람 그리움에 차라리 애절하다.

우리네 인생길에도 어찌 꽃길만이 있을까. 이 땅의 생명들은 하나의 밀알로 썩어 다시 꽃피우고 열매 맺기에 죽을힘을 다한다. 박토에 떨어져 후미진 응달이라 해도 주어진 운명에 순응하며 여리고 작은 풀꽃이 된다 해도 포기하지 않는 자연의 순리에 숙연해진다.

5월이 오면 거실 창밖의 숲에서는 아카시아꽃이 주저리로 피어날 것이다. 풀어내는 아카시아 향기는 일상에 지친 심신을 순화하고 일깨우며 지켜보는 사람을 매료시킨다. 아카시아꽃이 피면 어김없이 찾아오는 뻐꾸기,

반가운 숲속의 식구다.

창문을 활짝 열고 숲에 어우러지는 수목들을 바라보며 하루하루 그려내는 자연의 질서를 음미해본다. 햇빛과 바람. 새들의 지저귐. 서럽게 떠나는 꽃보다 아름다운 신록의 축제가 펼쳐지는 뜰이 소중하고 행복하다. 안간힘으로 매달려 있던 벚꽃은 화려한 봄날을 마감하고 흔드는 바람에 나비처럼 내려앉는다. 꽃이 스러진다.

04

종교적 상상을 통한 현실인식

문학과 종교는 인간 문제를 보다 폭넓게 다룰 수 있는 조건을 지녔다. 문학은 인간의 감정을 중요시하고 구체적인 경험을 다루며, 종교는 인간의 욕망을 멀리하고 궁극적인 실재를 바라본다. 즉, 문학은 본질적으로 인간의 존재조건과 삶에 직결되는 세계이다. 유한자인 인간이 그 유한자의 삶을 영위하면서 겪어야 할 제반문제들을 풀어가는 가치를 지향한다. 반면 절대자가 주관하는 종교는 죽음 후 내세의 세계까지 관장하는 초월성을 내재하고 있다.

따라서 문학에서 이러한 종교 모티프를 수용하는 일은 자연스러운 귀결이다. 문학은 예술의 영역이며 종교는 신앙의 문제이지만 상이한 두 층위가 결합하면 역설적인 강력한 힘을 발휘하게 된다. 종교 소재의 문학에는 인간의 실존 및 사회적 조건에 대한 성찰이 보편적인 삶의 문제로 확대되어 있다. 종교적 세계관이 곧 작가의식과 연결되며 작품 속 내적논리를 형성하는 중요한 바탕을 의미하기도 한다.

다만 다양한 종교적 모티프가 맹목적으로 치우치지 않는 균형감을 지녀야 할 것이다. 독자가 작가의 서술에 지배당하지 않을 때 세계 너머의 공간을 모색하고 창조의 기능을 갖게 된다. 그러한 상상력이 새로운 현실인식으로써 자리매김될 때 문학이 종교와 나란히 인간을 구원할 수 있다. 노드롭 프라이N. Frye가 문학을 '세속의 경전'이라 부른 이유도 여기에 있다.

이번 호 수필에서는 이춘자의 〈새, 숨어들다〉에서 내면으로의 고뇌와 안명수의 〈얼굴의 교훈〉에 드러난 삶의 방향 제시와 권갑숙의 〈내 가는 길만 비추기보다는〉의 이타적 실천을 통해 종교적 상상력을 통한 현실인식이 어떻게 시현되었는지 포착하려 한다.

1. 이춘자의 〈새, 숨어들다〉

불교에서 인생을 한나절의 꿈에 비유하듯이 우리가 살고 있는 지구 또한 광대한 우주의 한 점에 불과하다. 마찬가지로 우주 가운데 놓인 자신의 위치를 성찰해 본다면 마치 미세한 원자에 지나지 않을 것이다. 인간이 하나의 개체이면서 전체로서의 우주와 관련되어 있다는 인식은 상생과 화해라는 불교적 정신과 맞물려 있음을 알 수 있다. 그것을 이춘자는 은을암隱乙庵 전설로 암시한다.

이춘자는 부처님을 뵈러 가는 길이다. 고희를 넘긴 지금까지 생일날이면 어김없이 부처님께 쌀 공양을 올리고 절에서 생일 밥을 먹을 만큼 불심이 깊다. 화자는 문득 지난봄에 어린 시절 어머니와 함께 다닌 "영진이 절"을 찾던 일을 떠올렸다.

어머니는 그 절 부처님을 좋아하셨다. 절이 있던 자리쯤에는 다른 건물이 있었고, 길을 따라 한참을 더 가니 좀 오래된 절이 있긴 하지만 스님은 출타 중이시고 화주 보살도 그런 절은 모른다고 한다.

스님의 법명은 따로 있고 영진이는 스님의 속가 이름이지 싶다. 절 이름도 모르고 스님의 법명도 모르면서 엄마가 항상 영진이 절이라고 부르는 이름만 가지고는 도저히 찾을 수 없었다.

작가는 많은 세월이 흘렀음을 한탄한다. 그때의 영진이 스님보다 나이가 든 자신을 떠올리며 "스님인들 온전하실까."라는 근원적 실존 의식을 갖는다. 아울러 독자에게 사라지는 것, 또는 이생을 떠난다는 것이 끝난다는 의미인지, 생사를 너머 다시 이어질 수 있는 것인지에 대한 질문을 던져준다. 그 물음은 비탈과 낭떠러지를 지나 은을암에 다다라서야 은유적 답을 제시한다.

은을암은 신라 충신 박제상이 일본에서 처형된 후 부인도 죽어 새가 되어 바위굴로 숨어들었다 하여 붙은 이름이다. 새는 하늘을 날아 인간이 닿을 수 없는 높은 곳까지 도달할 수 있는 속성을 지녔기에 설화나 전설에 환생의 모티프로 자주 등장한다. 붓다가 제자들에게 "자기 자신을 등불로 삼아 너 자신이 너의 피난처가 되어라."고 충고하듯이 새로 환생한 것은 순환론의 개념으로도 이해될 수 있다.

장마에 물기를 머금어 미끄러운 계단은 올려다보는 것도 아득하다. 그 계단을 오르는 것만으로도 일천 배의 고행이 시작되는 듯하다. 계단을 올라가니 눈앞에 안개가 자욱하다. 맑은 날은 동해가 한눈에 보인다지만, 안개 속의 나는 한 마리 새가 되어 동해를 나는 꿈을 꾸어본다.

이읏고 화자도 한 마리 새가 되는 상상으로 정신의 고요한 상태를 지향한다. 존재하다가 소멸하고 다시 생성되는 연기법緣起法을 되짚어 볼 때, 종교적 상상력은 무한히 작은 것 속으로 파고들어 가기도 하며 압축된 내용을 확대 재생산도 가능하게 된다. 작가가 믿는 '죽음'이란 현세의 관점에서 벗어나 영원의 세계관으로 전환을 의미한다. 그러기에 이춘자에게 문밖과 문안이 "완전히 다른 세상"이며 "똑같은 세상"이 될 수 있다. 부처님은 자신의 "안에도 계시고 법당에도 계시고 발길 닿는 처처에" 머무르기 때문이다.

2. 안명수의 〈얼굴의 교훈〉

종교는 단순히 종교인들만의 전유물이 아니다. 종교는 궁극적인 본질과 만나려는 인간의 희원이며, 초월적인 실체와의 접촉으로 생의 존재론적 가치를 찾는 도정이라 할 수 있다. 안명수 역시 무명 화가의 에피소드가 바탕이 된 종교 모티프를 통해 인간성 회복을 주창한다.

레오나르도 다빈치의 '최후의 만찬'을 좋아한 어느 유럽의 화가가 자신도 그 그림을 그리고자 명화 속에 나오는 예수님과 제자들을 닮은 사람을 찾아 모델로 삼았다. 다행히 "예수님을 쏙 빼닮은 사람"과 예수님의 제자들을 닮은 사람을 만나 그림을 그리게 되었다. 그러나 예수님을 배반한 유다를 대신할 모델은 구하기가 쉽지 않았다.

> 어느 날 유다의 모습과 아주 닮은 사람과 마주치게 되었다. 화가는 그에게 다가가서 자신의 포부를 말한 다음 유다의 모델이 되어달라고 간청하였다.
> 그랬더니 그 사내가 화가를 뚫어지라 쳐다보며, "날 모르겠소? 나는 오래

전에 당신이 그리고 있는 그 최후의 만찬에 예수의 모델이 되었던 사람이오."라고 말하였다.

짐작하다시피 사내는 같은 사람이었지만 세월이 흐르는 동안 그의 얼굴은 옛날과 달리 인상이 정반대로 변했던 것이다. 이에 작가는 자신의 얼굴은 자기가 만드는 것임을 강조한다. 스스로의 노력과 삶의 방식에 따라 인상이 "좋게 변할 수도 있고 나쁘게 변할 수도" 있음을 역설한다. 인간이 희로애락에 집착하고 색욕과 물욕에 사로잡혀 방탕하고 나태한 생활을 계속한다면 결코 맑은 얼굴이 될 수 없다. 그래서 작가는 "관상은 심상을 따르지 못한다."는 말을 떠올릴 수밖에 없다.

나이 들어갈수록 얼굴이 평화스럽고 인자한 모습이 되도록 노력해야 할 것이다. 좋은 모습 잃지 않도록 착하게 생활하는 것이 바른 삶이다. 수시로 거울 속에 비치는 자신을 바라보면서 남에게 상처를 주지 않았는지 반성하면서 항상 좋은 생각만 하면서 봉사정신으로 살아간다면 노리老羸에는 큰 바위 얼굴처럼 성스러운 모습이 되리라 생각한다.

얼굴은 마음의 반영이고 삶의 흔적이다. 욕심과 분노를 걷어내고 수행과 덕행을 쌓은 얼굴은 평화롭다. 작가가 수녀님의 얼굴에서 천사의 경지를 읽은 것도 그러한 연유이다. 나아가 그는 '바른 삶'과 '반성하는 삶'을 제시한다. 그것이 "영적인 삶"이며 그러한 삶을 실천할 때 비로소 거룩한 표정을 지닐 수 있음을 부각시킨다.

인간은 동물과 달리 반성할 수 있는 존재이다. 공자, 맹자, 석가, 예수 등 위대한 성인들도 자신을 성찰하였듯이 참다운 인간됨의 시작은 자아를 발견함에 있다. 인간이 반성을 통해 주체적이 된다는 것은 결국 인간성의 회복이며 바른 삶으로의 첩경이라 할 수 있다.

3. 권갑숙의 〈내 가는 길만 비추기보다는〉

그리스도교의 이념을 떠올리면 "네 이웃을 네 몸과 같이 사랑하라."는 구절을 간과할 수 없다. 실존주의 창시자인 키르케고르 S. Kierkegaard 또한 '인간이란 관계 맺는 존재'로써, 그 양상을 자기와 자기내면이 맺는 관계, 자기와 타인이 맺는 관계, 자기와 신이 맺는 관계로 나타낸다. 이에 권갑숙의 '내 가는 길만 비추기보다는'을 통해 어떠한 '관계 맺기'로 삶의 방식을 정의하는지 살펴보려 한다.

권갑숙은 TV 다큐멘터리의 두 가지 예화로 서사를 펼쳐간다. 먼저 '아빠가 된 수사님'의 주인공인 안드레아 수사는 군 입대를 앞두고 만성 골수 백혈병으로 6개월 시한부 생명을 선고받았다. 그 후 남은 삶을 타인을 위해 살기 위해 필리핀에 파견되어 이곳 외곽도시 사랑의 집에서 18명의 사내아이들의 아빠가 된 사연이다. 두 번째 '내가 사는 이유'는 간암 2기를 얻은 전직 여교수가 60여 마리의 유기견과 유기묘를 기르는 이야기다. 두 예화를 지켜본 작가는 진정한 크리스천이 된다는 것이 무엇인가라는 문제에 당면하게 된다.

> 삼십여 년을 크리스천으로 살아온 나는 이웃사랑도 제대로 실천해 본 적 없다고 생각하니 부끄러웠다. 누구를 위해 경제적으로 큰 손실을 감내한다는 것은 여간 큰마음 아니고는 못한다. 입술로만 이웃사랑을 수없이 되뇌며 살았다. 한평생 허리를 졸라매도 삶은 가끔 모래시계처럼 쉽게 빠져버리

다가 다시 채워지기를 반복하는 터라 내 가족 아닌 남에게 보상 없는 베풂은 힘들었다.

인간은 자신이 얼마나 소중한 존재인가를 인식할 때 타인을 다시 보게 된다. 작가는 그동안 사랑을 실천하려는 노력조차 하지 않은 자신의 이기심을 질타한다. 그리스도의 본질이 헌신과 사랑이며 타자를 섬김의 대상으로 여기게 됨을 성찰한 것이다. 그러한 신앙심이 원동력이 되어 스스로 자신을 비우는 겸손의 단계로 나아간다. 그리하여 집 근처에 "10평 남짓 게스트 룸"을 지어 방한하는 선교사들을 위한 기거 공간으로 선뜻 내어놓는다.

누군가가 며칠을 묵고 가면 청소와 세탁도 해야 하고 음식 쓰레기와 각종 분리수거의 번거로움과 수고가 따른다. 하지만 지금껏 한 번도 힘들다 생각되지 않았고 이상하게도 오히려 충만해짐을 느꼈다. 분명 내 안에도 싹이 트고 있다. 투박하고 딱딱한 마음이지만 어느새 그 틈새를 깨고 고개 내민 사랑의 싹이 분명하다.

권갑숙은 "나도 섬김을 해보고 싶었다."고 다짐한다. 아울러 자신의 길만 비추기보다는 "누군가의 길을 비춰 줄 수 있는 삶"을 살다 가고 싶다는 희망을 제시한다. '내면-타인-신'과의 관계 맺기가 정립되는 과정이라 할 수 있다. "베풀면 부족할 것 같지만 신기하게도 마음이 채워진다."는 작가의 고백을 들으며 그가 추구하는 베풂의 시작이 교회의 울타리를 넘어 이웃으로 사회로 확산될 것을 기대한다.

덧붙여

종교적 상상력은 언제나 세상을 향해 열려 있다. 문학과 종교는 별개의 영역이지만, 일부 작가들은 자신의 종교적 사상을 문학에 수렴시키는 양상을 보인다. 그중에는 독실한 신앙인도 존재하지만 특정 종교에 귀속되지 않고 독창적인 종교적 상상력을 펼치는 작가도 있다. 일상의 언어와 구분되는 문학의 언어가 종교와 조우함으로써 문학이 본래 지녔던 신성함을 되찾고 영적 건강성을 회복하는 일은 중요한 접촉점接觸點이 될 수 있다.

이번 호에서는 이춘자의 인간의 내적 세계와 생사의 고민을 거쳐, 안명수의 인격적 자아와 의식의 깨달음을 지나, 권갑숙의 이타적 실천과 생명공동체의 자연관까지 작가의 아포리즘을 들여다보았다. 종교의 세계를 문학에 끌어들이는 것은 우리 문학을 풍성하게 하는 힘이 될 것으로 믿으며, 지면상 언급하지 못한 작품들에 아쉬움을 보탠다.

| 작품 |

새, 숨어들다

이춘자

부처님을 뵈러 간다.

어머니는 내 생일 날이면 어김없이 부처님을 찾아뵙고 절에서 생일 밥을 먹었다. 어릴 적에는 절에 가면 떡이 있고 맛있는 과일이 있다는 생각에 무작정 어머니를 따라다녔다. 내가 철이 들자 생일이 되면 잊지 말고 부처님께 쌀 공양을 올리라고 일렀다. 무슨 연유인지는 모르지만 고희를 넘긴 지금까지 한 번도 어긴 적 없다.

범천동 신암. 지금 불교 방송국이 있는 근처 위로 몇 개의 절이 있어서 사람들은 그 골짜기를 절골이라 불렀다. 절골에는 제법 큰 냇물이 흐르고, 냇물 옆으로는 깨끗한 자갈밭이 있었다. 어머니는 가끔 큰 빨래가 있는 날은 친구들과 같이 솥과 장작을 가져가서 그 자리에서 빨래를 삶아 자갈밭에 널어 말려 오기도 하고, 빨래가 마르는 동안 가져간 점심도 먹고 남은 잿불로 감자를 구워 먹기도 했다. 어쩌다 나도 어머니를 따라가서 하얗게 널린 이불 홑청을 보고 '구름이 내려앉았구나!' 하는 감상에 빠지기도 했었다.

지난봄에는 옛날 어머니와 다니던 절을 한번 가보고 싶어 기억을 더듬어 찾아 나섰다. 큰길에서 얼마 들어가지 않는 곳에 영진이 절이라는 제법 큰 절이 있었고, 어머니는 그 절 부처님을 좋아하셨다. 절이 있던 자리쯤에는 다른 건물이 있었고, 길을 따라 한참을 더 가니 좀 오래된 절이 있긴 하지만 스님은 출타 중이시고 화주 보살도 그런 절은 모른다고 한다.

스님의 법명은 따로 있고 영진이는 스님의 속가 이름이지 싶다. 절 이름도 모르고 스님의 법명도 모르면서 엄마가 항상 영진이 절이라고 부르는 이름만 가지고는 도저히 찾을 수 없었다. 그리고 세월도 너무 많이 흘렀다. 지금의 내가 그때 그 스님보다 나이가 들었는데 스님인들 온전하실까.

그냥 집으로 오기는 너무 아쉽다. 은을암隱乙庵에 가보고 싶었다. 울산 치술령 중턱에 있는 은을암은 전설의 절이다. 신라 충신 박재상이 나랏일로 일본으로 간 뒤, 그 부인은 남편을 기다렸지만 처형되었다는 소식에 그 자리에서 망부석이 되었고 영혼은 두 딸의 혼과 함께 새가 되어 대웅전 뒤 바위굴로 숨어 들었다 하여 은을암이라 부른다는 전설이 있다.

은을암은 가는 길조차도 새 '乙'로 휘어져 돌아간다. 길은 년 전에 갈 때보다 정비는 되었다지만 굽이굽이 돌아가는 길은 여전하고, 나무도 휘어지고 골짜기의 물도 휘어져서 흐른다. 아무리 둘러보아도 비탈이고 낭떠러지다.

일주문을 지난다. 문밖과 문안이 완전히 다른 세상이다. 아니 똑같은 세상이다. 부처님은 내 안에도 계시고 법당에도 계시고 내 발길 닿는 처처에 머무른다. 지은 죄가 많은 나는 사천왕상 앞을 지날 때마다 오금이 저린다. 나도 모르게 두 손 모으고 허리를 숙인다.

장마에 물기를 머금어 미끄러운 계단은 올려다보는 것도 아득하다. 그 계단을 오르는 것만으로도 일천 배의 고행이 시작되는 듯하다. 계단을 올라가니 눈앞에 안개가 자욱하다. 맑은 날은 동해가 한눈에 보인다지만, 안갯속의 나는 한 마리 새가 되어 동해를 나르는 꿈을 꾸어본다.

한 뼘이나 될까 말까 한 마당의 요사채조차도 숨어있는 듯 외롭다. 요사채는 심지 굳은 선비처럼 꾸밈없이 깨끗하다. 처음에는 그곳에 부처님을 모셨지 싶다. 새로 지은 대웅전에 부처님이 계셨지만 묵은 때 묻은 요사채에 정이 간다. 오랜 친구인 듯 툇마루에 앉아 보살님과 과일도 먹고 잡담도 한다. 마음이 편하다.

은을암, 숨겨두고 싶은 것이 어디 전설뿐이랴. 조금 전 부처님께 합장하고 소원했던 마음 한 자락 숨겨두고 왔다.

| 작품 |

얼굴의 교훈

안명수

유럽 어느 나라에 인물화를 잘 그리는 화가 한 분이 있었다.

그 화가는 레오나르도 다빈치가 그린 〈최후의 만찬〉을 무척 좋아하였다. 자기도 이 그림처럼 예수님의 거룩한 모습을 꼭 한번 그려보고 싶었다. 그 화가는 산타마리아 델레그라치의 수도원 식당 벽에 그려져 있는 명화 속에 나오는 예수님과 제자들을 닮은 사람을 찾아 모델로 삼기로 계획을 세웠다.

그런 어느 날 마침내 거리에서 예수님을 쏙 빼닮은 사람과 마주치게 되었다. 경위를 잘 설명한 다음 그분의 허락을 받아 예수님의 모습을 그리게 되었다. 이렇게 최후의 만찬에 나오는 예수님의 제자들을 한 사람을 제외하고는 모두 다 그리게 되었다.

그 화가는 마지막으로 예수님을 배반한 유다의 모습을 그리기 위하여 모델이 될 만한 사람을 찾아 오랫동안 돌아다녔지만 찾기가 쉽지 않았다. 유다에 적합한 인물을 발견하여 모델이 되기를 부탁하면 대부분 화를 벌컥 내거나, 심지어는 욕설을 퍼붓기까지 하였다. 그러나 포기하지 않고 모델을 찾기 위하여 계속 애를 쓰고 있었다. 어느 날 유다의 모습과 아주 닮은 사람과 마주치게 되었다. 화가는 그에게 다가가서 자신의 포부를 말한 다음 유다의 모델이 되어달라고 간청하였다.

그랬더니 그 사내가 화가를 뚫어지라 쳐다보며, "날 모르겠소? 나는 오래 전에 당신이 그리고 있는 그 최후의 만찬에 예수의 모델이 되었던 사람이오."라고 말하였다.

사실은 이 사내는 같은 사람이었지만 그동안 그의 얼굴이 바뀌어 옛날의 얼굴과는 아주 다른 모습으로 변했던 것이다. 그 사람의 사회생활이 아름답지 못하여 얼굴이 풍기는 인상이 정반대로 바뀐 사실을 화가는 알 수 없었기 때문이었다.

사람의 모습은 점점 더 아름다워지고, 거룩해 보이는 경우도 있고, 나날이 추하고 악하게 보이는 경우도 있다. 그런 현상은 사람이 세상살이를 하면서 매일매일 만나는 사람들과의 처신 여하에 달려있다. 스스로의 노력과 삶의 방식에 따라 좋게 변할 수도 있고 나쁘게 변할 수도 있다. 나이 50세가 넘으면 자기 얼굴에 책임을 져야 된다는 말은 이를 두고 하는 말이라 하겠다.

비록 타고난 외모가 바르지 못하고 얼굴이 비뚤어져도 끊임없이 덕행을 쌓으며 나날이 수양을 하고 지적, 정신적 순화를 위하여 쉬지 않고 노력한다면 그의 모습은 차츰차츰 아름답고 거룩하게 변화할 것이며, 친화감과 지성미를 풍기게 될 것이다.

본인은 수녀님들의 얼굴을 빤히 쳐다본 적은 없으나 곁 눈짓으로 슬쩍 훔쳐보았을 때 천사의 경지를 느끼지 않을 수 없었다. 성스러운 삶의 궤적을 발견할 때가 가끔 있다. 이와는 반대로 타고난 외모가 아무리 준수하고 시쳇말로 얼짱 몸짱을 다 갖추었다 할지라도 매일같이 못된 행동을 일삼아 저지르고, 방탕하고 나태한 생활을 계속한다면, 그리고 지적인 생활과 영적인 생각과는 담을 쌓는다면 그의 얼짱은 하루하루 추하고 험상궂은 모습으로 바뀔 것이다.

예수의 모델이 되었던 사람이 유다의 모델이 되어달라고 다시 부탁받게 된 것은 그사이에 그 사람은 아름답지 못한 생활과 못된 생각으로 남을 해치는 행동을 많이 저질렀고, 그 결과 자기도 모르는 사이에 다른 사람이 알아보지 못할 정도로 바뀌게 되었을 것이다. 관상은 심상을 따르지 못한다는 말도 이런 현상을 두고 하는 말이지 싶다.

나이 들어갈수록 얼굴이 평화스럽고 인자한 모습이 되도록 노력해야 할 것이다. 좋은 모습 잃지 않도록 착하게 생활하는 것이 바른 삶이다. 수시로 거울 속에 비치는 자신을 바라보면서 남에게 상처를 주지 않았는지 반성하면서 항상 좋은 생각만 하면서 봉사정신으로 살아간다면 노리老羸에는 큰 바위 얼굴처럼 성스러운 모습이 되리라 생각한다.

| 작품 |

내 가는 길만 비추기보다는

권갑숙

요 근래 다큐 미니시리즈인 인간극장을 두 주 연이어 본 적 있다. 이미 종영을 했지만 마치 뜨거운 한 권의 소설책을 본 듯 그 감동의 여운이 가시질 않는다. 덩달아 창밖의 꽃들도 봄이 켜준 등불로 인해 가슴이 뜨거운 모양이다. 한꺼번에 온 세상을 대낮처럼 환하게 밝힌 걸 보면….

지난주 방영한 제목은 '아빠가 된 수사님'이다. 제목만으로도 다시 가슴이 따뜻해진다. 필리핀 마닐라의 외곽도시 '타기그'라는 지역에 성당이 운영하는 '사랑의 집'에서 18명의 사내아이들의 아빠가 된 안드레아 수사님의 이야기였다.

꽃다운 이십 대에 군입대를 앞두고 만성골수성 백혈병 진단과 함께 6개월의 시한부 생명을 선고받았다. 그 후 그는 "자신에게 살날이 남아 있다면 남은 삶을 다른 사람을 위해 살겠다."라고 그가 믿는 신에게 매일 기도했다.

신은 그의 기도를 외면하지 않았다. 기적처럼 얻은 새 삶을 기도한 내용처럼 살기 위해 곧바로 사회복지과를 지원해 가톨릭의 한 수사가 되었다. 부모가 없거나 오갈 데 없는 거리에서 노숙과 구걸을 하며 살아온 7살에서 18살에 이르는 사내아이들을 돌보며 살아간다. 말도 많고 탈도 많은 사춘기 아이들이라 사건사고는 덤인 아이들이다. 엄마 손길을 대신하는 그는 아이들의 등교, 준비물, 학교 면담까지 모든 일을 감당하며 때론 형처럼 때론 아빠처럼 사랑과 훈육으로 아이들을 돌본다.

사랑은 사랑을 낳는다고 받은 만큼 베풀고 살길 바라는 안드레아 수사님의 마음이 하늘에 닿았는지 아이들에게도 남을 사랑하며 베푸는 법을 조금씩 배우고 익혀간다. 그는 자신을 의지하며 상처를 딛고 살아가는 아이들을 보면서 그 사역을 그만둘 수가 없었다. 아니 점점 민들레처럼 환해져가는 아이들에게 남은 삶을 다 바치려고 다짐한다. 그의 헌신적인 삶을 보면서 아직도 가슴 뜨거운 감동의 여운이 가시질 않는다. 거기다 수능을 앞둔 고3 학생처럼 내 삶에 무거운 화두도 함께 던져주었다.

그 앞 주에 본 또 한편의 감동 드라마 '내가 사는 이유'라는 제목도 비슷한 휴먼 드라마였다. 무려 60여 마리의 유기견과 유기묘를 기르는 어느 전직 여교수의 못 말리는 동물 사랑을 그린 이야기였다. 그녀 역시도 청천벽력 같은 간암 2기의 병을 얻어 한때 잘 나가던 대학교수의 직장도 내려놓았다. 빈 조개껍질 같은 몸을 이끌고 자연에서나마 위로받고 싶어 연고도 없는 거제도에 내려왔다. 우연히 길을 가다 전생에 연인이라도 된 듯 그녀의 발치에서 맴도는 유기견 한 마리가 그녀의 운명을 바꾸어 놓을 줄 몰랐다.

그로부터 차마 외면 못해 데리고 온 유기견들과의 전쟁 같은 삶이 그녀에게 기적을 선물했다. 비록 전쟁 같아 보이지만 그 안에 사랑의 마력이 작용한 것이다. 완쾌된 몸을 보답이라도 하듯 버려진 생명을 돌보기 시작하여 어느덧 60여 마리로 자칭 "개 엄마"로 살아간다. 물론 엄청난 희생을 뒤따르지만 다시 얻은 새 생명만큼 신나고 행복한 일이 또 있을까. 모든 경비는 남편의 학원에서 번 수익으로 치른다니 대단했다. 한 마리 반려견을 키울 경비도 아까워서 살아있는 생명을, 그것도 식구 같은 생명을 남겨두고 이사를 가버린 몰인정한 사람들도 많은데 마치 사명인 것처럼 버려지고 아픈 생명을 거둬들이는 일을 혼자서 감당한다.

과부하가 걸린 그녀의 몸 상태가 걱정이지만 나는 믿는다. 그녀의 행복지수는 누가 봐도 높았기 때문에 다시는 그런 큰 병이 얼씬도 못 할 거라는 것을. 사람이나 동물이나 사랑을 주고받으면 육적으로나 정신적으로나 건강해진다. 그녀의 암세포도 더 이상 뿌리를 내리지 못하고 항복을 한 모양이다. 단순히 되찾은 새 생명을 보답하는 뜻에서 개와 고양이들을 키우진 않은 듯하다 그녀의 천성이 원래 따뜻하고 사랑이 많은 분임에 틀림없었다.

> 삼십여 년을 크리스천으로 살아온 나는 이웃사랑도 제대로 실천해 본 적 없다고 생각하니 부끄러웠다. 누구를 위해 경제적으로 큰 손실을 감내한다는 것은 여간 큰마음 아니고는 못한다. 입술로만 이웃사랑을 수없이 되뇌며 살았다. 한평생 허리를 졸라매도 삶은 가끔 모래시계처럼 쉽게 빠져버리다가 다시 채워지기를 반복하는 터라 내 가족 아닌 남에게 보상 없는 베풂은 힘들었다. 아니 좀 더 솔직히 말하자면 참사랑을 실천해보려고 노력도 하지 않은 이기심이었는지도 모르겠다.

그러다 이년 전 송정 근처에 사무실과 창고를 짓고 그 옆에 10평 남짓 게스트 룸을 지었다. 이곳은 엄격히 따지면 사업에 꼭 필요하지 않은 공간이라 굳이 빚을 내어지을 공간은 아니다. 하지만 그 누군가를 위해 욕실과 부엌이 딸려 며칠은 숙박이 가능하도록 지어놓은 방이다. 집이 지척이라 별장 역할도 아니고 그냥 교회 선교사님들이 한국에 들어오시면 기거할 공간이 필요하다는 교회 목사님의 말씀을 듣고 선뜻 순종하는 의미에서 지어 놓았다. 에어컨과 집기류를 넣고 이불과 그릇들을 하나씩 사 넣을 때마다 누군가 고맙게 쓰고 감사한 마음으로 섬김의 선순환을 낳는다면 그것으로 족하다고 생각했다. 누군가의 지친 영혼이 맑은 햇살과 푸른 바람 일렁이는 이곳에서 쉬어가면 좋겠다 싶었다. 그래서 이름도 '로뎀 나무관'으로 지었다. 성경에 나오는 로뎀나무는 일상에서 지친 영혼을 쉬었다 가는 곳이라는 뜻에서 담임목사님께서 지어주신 이름이다. 그 후 여러분의 선교사님들이 지내다 가셨고 또 우리 교회 청년부들의 귀중한 나눔터로 제공하기도 한다.

물론 누군가가 며칠을 묵고 가면 청소와 세탁도 해야 하고 음식 쓰레기와 각종 분리수거의 번거로움과 수고가 따른다. 하지만 지금껏 한번도 힘들다 생각되지 않았고 이상하게도 오히려 충만해짐을 느꼈다. 분명 내 안에도 싹이 트고 있다. 투박하고 딱딱한 마음이지만 어느새 그 틈새를 깨고 고개 내민 사랑의 싹이 분명하다.

나도 섬김을 해보고 싶었다. 내 가는 길만 비추기보다는 누군가의 길을 비춰 줄 수 있는 삶을 살다가 가고 싶었다. 그동안 풍족하지 못했던 어린 시절 때문인지 해보고 싶은 것들이 늘 병목현상을 일으켰다. 나와 상관없는 사람의 형편은 보이질 않았다. 아니 좀 더 솔직하면 늘 손익계산서를 작성하며 살았는지도 모르겠다. 소외당하고 고통받는 사람들의 진정한 이웃이 되어보는 것을 아예 교과서처럼 마음 안에 모셔만 놓고 살아왔음을 고백하고 싶다. 이일도 누군가를 위해 섬긴다고 하지만 한낱 가진 자들의 무늬로 입혀진 섬김이 아닐까 내 안을 잠잠히 들여다볼 일이다. 누군가에게 베풀면 부족할 것 같지만 신기하게도 마음이 채워진다는 것을 자주 느낀다. 사랑은 받아 본 사람만이 베풀 줄 안다.

삶이 점점 푸석해진다. 사람들은 해마다 불경기라는 말만 되풀이한다. 이렇게 팍팍한 세상에 "내 가는 길만 비추기보다는 누군가의 길을 비춰 준다면"이라는 어느 찬송가의 가사가 자꾸 후렴 가사처럼 입안에 맴돈다.

05

기억의 서사, 서사의 기억

인간은 끊임없이 경험을 이야기하는 서사적 존재이다. 그러한 삶은 과거의 기억memory들이 중첩되어 보이는 것 이상의 깊이를 지니고 있다. 시간이 지나면서 개인은 과거의 사건뿐만이 아니라 현재 인식하는 상황에서 선택적으로 과거를 서술하게 된다. 따라서 기억은 곧 서사narrative가 되며, 개인의 주관적 영역에 속하는 기억은 서사를 통해서 객관적 영역으로 전환된다.

칼 융은 인간이 자신의 심리 활동을 완전히 지각하거나 이해하는 것은 불가능하다고 주장했다. 무의식에 가려져 있는 심리의 실체를 알기 위해서는 무엇보다 기억 이미지를 문자로 표출하는 것이 가장 효과적이다. 경험의 이야기를 서사화 과정을 통해 자기 정체성을 정립하려는 자가 작가이다. 작가는 과거를 소환하여 무의식 속에 억압된 기억을 타자화시키고 자신의 의식으로부터 스스로 평가받는다. 이러한 과정을 한 단계 더 발전시키게 되었을 때 비로소 개인의 정체성을 회복할 수 있게 된다.

문학은 기억 저편에 있는 망각까지 일깨운다. 기억을 재구성한 수필로 작가의 세계관과 심리변화를 확인하는 것은 의미 있는 일이라 여기며, 작품 분석을 통해 결핍을 치유하는 실존적 방법을 모색하고자 한다. 최두리의 〈안동역에서〉, 최순덕의 〈봄에 내린 눈〉, 신서영의 〈보이지 않는 끈〉에서 인간이란 기억으로 구성되어 있는 결정체라는 사실을 거듭 깨닫는다.

1. 최두리의 〈안동역에서〉

프로이트는 무의식적 욕구나 충동이 자아의 검열을 피하기 위해 본체를 조각내거나 변형시켜서 의식으로 나온다고 하였다. 그는 정신분석을 '조각그림(퍼즐) 맞추기'에 비유했다. 자유연상을 통해 나온 조각들은 처음에는 무의미하게 보이지만, 짝을 만나 퍼즐이 맞추어지면 차츰 의미를 더한다. 이 그림이 완성되면 무의식의 갈등이 나타나는 것이다.

최두리는 이러한 기억의 재구성을 위해서 유행가를 차용한다. TV에 출연한 트로트 신동이 부르는 '안동역에서'라는 노래는 "잠자고 있던 나의 기억을 일깨웠다."라고 회고한다. 마침내 자신의 애창곡이 되었으며 가사의 의미를 되새길수록 가슴이 저미어오는 까닭은 과거의 원체험이 끊임없이 회상되기 때문이다. '안동역'이라는 공간은 작가의 독특한 가족사와 성장 과정이 자리하는 곳이다.

> 꿈이란 말인가. 방망이질하는 심장을 두 손으로 누르며, 대합실로 향했다. 아슴푸레한 기억 너머로 아버지가 우두커니 앉아 계신다. 그리고 개찰

구 앞에서 내 손을 꼭 잡고 당부하던 그날이 나를 마중한다. "한눈팔지 말고 동생들 잘 데리고 오너라." 아버지는 그 말을 남기고 여인과 함께 트럭에 동승하고 서울로 떠났다.

최두리에게 안동역은 트라우마의 근원지가 된다. 재혼한 아버지가 "여인"과 떠나면서 동생들을 당부하던 곳, 서울 생활을 하던 열네 살 어린 화자가 돌아가신 어머니의 흔적이 그리워 아버지 몰래 기차를 타고 되돌아온 곳, 삶에 지친 아버지마저 "공기도 강물도 달다."며 향수가 그리워 때때로 찾은 곳이다. 성장과정에서 경험했던 외상이 그 배경이 되는 곳에 이르면 누구나 억눌렸던 감정적 에너지가 분출하게 된다. 작가 또한 기억의 끈을 따라 사십 년 만에 다시 찾은 안동역에서 묻혀있던 유년기를 부활시킨다.

노래비 앞에서 걸음을 멈춘다. 화석이 된 내 작은 두 발자국도 그 앞에 있다. 나는 타임머신을 타고 열네 살로 돌아간다. 그리고 작은 아이는 아침마당에 출연한 트로트 신동처럼 '안동역에서'를 부른다. 노래 사이로 기적소리가 들리고 개찰구가 열린다. 아버지는 하늘역에서 기차를 탔을까. 노래는 빗물에 스며들어 주변벽화를 아슴아슴하게 한다. 그 벽화 속에는 나의 어린 시절이 훌쩍인다.

장소에 내재되어 있는 기억의 힘은 위대하다. 그러기에 바슐라르는 ≪공간의 시학≫에서 기억을 생생하게 하는 것은 시간이 아니라 공간이라고 강조한다. 최두리가 안동역을 찾는 것은 유년의 상처를 회복하는 일이다. 당시의 열네 살 소녀가 위로받지 못했던 자신에 대한 때늦은 위로이기도 하다. 아울러 "변화는 새로운 기틀의 시작점"이므로 아버지를 "탓할 일은 아니다."라고 의식한다. 결국 아버지에 대한 이해는 아버지를 타자로 하고 있는 '나'의 삶에 대한 이해이기도 하다. 트라우마로 남았던 기억을 새롭게 재창조하여 과거와 현재의 통합을 이루어나간다. 그러므로 최두리는 상처의 얼룩을 지우는 방식으로 '안동역'을 모티프로 서사의 글쓰기를 할 수밖에 없다.

2. 최순덕의 〈봄에 내린 눈〉

기억은 선별적으로 이루어진다. 자신이 지향하는 것을 기준으로 과거의 경험 가운데 어떤 것은 강조하고, 어떤 것은 종속시키며, 때로는 전면적으로 삭제하기도 한다. 결코 동시에 존재할 수 없는 여러 기억과 그 기억들을 선별하는 기준은 늘 새롭다. 마치 삶이 지속되듯 꾸준히 변하며 과거는 언제나 자유롭게 재구성된다.

최순덕의 서사구조 또한 현재 시점에서 크게 세 개의 과거 시간대로 연결되는 몽타주 기법을 차용한다. 봄눈이 내린 백양산 산행을 시작으로, 일주일 후 진달래가 꽃밭을 이룬 경주 관음봉과 연대산을 이어, 두어 달 공백을 두고 초록 세상으로 변한 초여름 산행을 함으로써 서사는 계절의 층위를 이룬다. 화자는 3월 끝자락의 눈을 두고 박자를 놓친 연주자의 큰북 소리처럼 합주를 망쳐버린 "뒷북치기"에 비유한다. 때를 놓친 폭설에 낭패를 당하는 동식물을 떠올렸기 때문이다.

> 삼월의 눈이야 이미 신기한 일이 아닌데 수정처럼 굳어버린 설빙 속에 파묻힌 진달래 어린 꽃봉오리들이 참으로 가련하였다. 봄이 왔다고 좋아서

분홍꽃잎 나풀거리며 피어나다가 이 무슨 낭패를 당하는지 애통하였다. 덮어쓴 눈이 살짝 녹았다 얼어서 투명한 구슬이 된 그 안에 갇힌 분홍 꽃봉오리들이 애처롭기도 하고 예쁘기도 하여 한참 동안 발걸음을 떼지 못했다.

화자는 설빙에 갇힌 진달래 봉오리가 시련을 겪는 것이 몹시 애통하다. 그래서 "한 고개 넘기고 한숨 돌리려면 또 찾아오는" 인생사와 병치시키며, 부디 어린 생명이 혹독한 고난을 잘 견뎌주길 희원한다. 인간은 언제나 기억을 통해 반성하고 '지금, 여기'라는 현실 속에서 앞날에 대한 희망을 세우며 결과를 예단한다.

정확히 일주일 만에 최순덕은 다시 산행길에 오른다. 그녀는 "진달래를 원도 없이 보면서" 사람이나 식물이나 "때를 아는 것이 죽고살기만큼 중요"함을 각인한다. 이어지는 초여름 산행의 기억에서 화자의 인식은 "때를 아는 것"에서 "때를 기다리는 것"으로 증폭된다.

초록바다에 홀로 핀 분홍 꽃 한 송이가 눈길을 끌었다. 남들 다 활짝 피어 온 산을 붉게 물들일 때 저는 뭐 하고 이제야 피었는고. 하지만 초록 세상에 홀로 돋보이는 분홍 철쭉 한 송이가 신선하고 예쁘다. 좀 늦으면 어떠랴, 조금 천천히 가면 어떠랴, 포기하지 않고 기어이 드러낸 꽃의 영광에 혼자 박수를 보냈다.

인간은 행복했던 기억보다 상처의 기억들을 끈질기게 회상한다. 때 이른 폭설 속 진달래를 애통해하던 화자는 때를 놓쳐 홀로 핀 철쭉에게도 연민을 보낸다. 하지만 때를 안다는 것은 인간의 영역이 아니라는 해석력에 도달하면서 일찍 핀 꽃송이보다 지각생 꽃송이에 더 눈길이 머물게 된다. 그리하여 "서두르지 말고 재촉하지 말라"는 서사의 틀을 완성하게 된다. 기억과 시간에 대한 성찰을 담은 화자의 소박하고 따뜻한 시선에 주목하는 이유가 여기에 있다.

3. 신서영의 〈보이지 않는 끈〉

인간의 기억이란 과거 기억의 집합이 아닌, 어디까지나 현재의 시점에서 필요한 부분을 상기하는 것이 중요한 포인트라고 할 수 있다. 신서영의 〈보이지 않는 끈〉에 대한 기억은 단시간이므로 아주 선명하고 짧다. 그러나 기억이란 어떤 계기나 자극에 의해서 잠재된 무의식을 돌발적으로 끌어올리므로 단순한 사건에서도 서사가 확장될 수 있음을 거제도 여행을 통해 보여준다.

> 차들은 포승줄에 엮인 포로들처럼 움직이는 듯 마는 듯 끝이 보이지 않는 행렬이다. …… 늙은 소나무도 나무테크와 보도블록의 형틀에 갇힌 신세다. 바닷물이 빠진 곳의 몽돌은 뙤약볕에 마른 몸을 허옇게 드러내 놓고 있다. 사람들의 발길에 무참히 짓밟혀 안쓰럽기 짝이 없다. 몽돌과 노송은 관광지 개발이라는 미명아래 묶인 또 다른 포로들이었다.

연휴의 여행지는 "포승줄에 엮인" 차 속에서 "형틀에 갇힌 신세"가 되어버렸다. 주차공간도 찾기 어렵고, 자동차 경적 소리와 관광객들의 소음에 숨통이 조여온다. 뙤약볕의 몽돌까지 사람들의 발길에 무참히 짓밟힌다. 낮의 무질서는 화자를 지치게 만들고 오히려 섬과 사람들이 잠든 고요한 해금강 새벽바람을 찾게 된다. 그 속에서 지난날 지중해

여행을 떠올리고, 엄마 마음을 헤아려 바다 풍경의 펜션을 예약해준 딸의 마음 씀씀이에 감동한다. 어둑새벽에 보는 몽돌해변의 비경은 많은 것을 "보고 듣고 생각하게" 한다.

> 몽돌은 바다의 서정시이며 서사시가 내장된 압축파일이다. 작은 돌멩이 하나를 주워들고 요리조리 굴려 봐도 파일은 열리지 않는다. 단단한 침묵 덩어리다. 비 내리는 첫 새벽에 내 발걸음이 몽돌해변을 다시 찾아든 것도 어쩌면 때 없이 불쑥불쑥 분출하는 내 안의 욕구를 묵직한 몽돌로 지그시 누르고 싶었는지도 모르겠다.

화자는 파도에 밀려온 몽돌을 바다로 돌아가지 못한 "어석魚石"으로, 또한 바다의 서사가 압축된 "파일"로 연상하다가, "단단한 침묵 덩어리"로 귀결시킨다. 나아가 근간의 "불쑥불쑥 분출하는 내 안의 욕구"를 지그시 누르고 싶은 충동에 다다른다. 하지만 그녀의 감정변화에는 아랑곳없이 남편은 야구중계에만 푹 빠졌다. 손에까지 쥐여 주는 붉은 몽돌도 관심 밖이다. 그럴수록 화자는 파도에 모서리를 뺏기면서도 서로 몸을 포개며 아픔을 참아내는 해변의 몽돌과 모든 것을 말없이 품는 바다의 관용에 감탄한다. 급기야 거가대교의 주탑이 끈으로 묶여진 상판을 올려다보며 자신 역시 남편과 가족이라는 "보이지 않는 끈"에 묶인 인생임을 떠올린다.

결국 '있다, 없다', '보인다, 보이지 않는다'는 공존하는 것으로 유추할 수 있다. '나'가 존재하는 곳이면 어디든지 공간이 존재하듯 기억 또한 서사를 이어주는 '무의식의 끈'으로 연결되었음을 추측한다. 아이러니하게도 신서영은 "보이지 않는 끈"으로 인해 삶의 무늬가 다시 팽팽해질 수 있다는 논리를 받아들일 수밖에 없다.

닫으며

기억은 인간의 인간다움을 규정해주는 성찰적 행위라 할 수 있다. 그것이 단순히 과거를 재현해내는 것이 아니라, 자기에 대한 이해와 분석이라는 반성적 행위와 관련된다. 기억의 행위가 삶을 창조하는 근원적인 힘으로도 작용하지만, 때로는 의식 밖으로 객관화시켜 통찰함으로써 자신을 가두었던 족쇄에서 벗어나길 기원한다.

이번 호는 안동역이라는 공간 기억의 트라우마와, 3월 폭설을 통한 감정 기억의 변주와, 여행길의 체험으로 무의식 속 기억을 재생시켜 삶에 대한 이해의 지평을 넓힐 수 있었다. 이러한 작품 속 기억 서사는 단순히 개인적 차원에 머물지 않고 외부세계로 시선을 돌리는 인식공간을 창조하리라 믿는다. 그러므로 보이지 않는 것에 더 눈을 크게 뜨는 일이 작가의 임무라 할 수 있겠다.

언급하지 못한 글들에 아쉬움을 보내면서 글을 쓴다는 것은 "삶 자체를 연인으로 두는 일"이라는 소설가 엔디 피버의 말을 위안 삼는다.

| 작품 |

안동역에서

최두리

아침마당에 출연한 남자아이가 트로트를 부른다. 어찌나 잘 부르던지 잠시 얼음이 되었다. 가사의 의미는 알까. 노래의 맛을 한껏 살려가며 부르는 모습이 너무나 귀엽다. 진행하던 이금희 아나운서도 입을 다물지 못한다. 트로트 신동이란다. 수년이 지난 지금도 여전히 떠오르는 건, 잠자고 있던 나의 기억을 일깨웠기 때문이다.

그 노래는 가수 진성의 '안동역에서'다. 한참 인기몰이 중이었지만, 삶이 급급했던 때라 노래에 관심을 가질 겨를이 없었다. 그날부터 그 노래는 귓전을 맴돌며 마법처럼 나를 빠져들게 했다. 가사와 멜로디가 익숙해질수록 까맣게 잊고 지낸 기억들이 스멀스멀 올라와 눈시울을 붉힌다. 내 마음을 녹인 노래는 시시때때로 흥얼거림이 되어, 이제는 나의 애창곡이 되었다. 노래를 부를 때면 굽이굽이 아버지 인생이 리듬을 탄다. 나의 그날은 마지막 고음처럼 아련하다. 그래서일까. 그 노래는 부를수록 가슴을 저미게 한다. 얼마 전 안동으로 출장 간 지인은 내 생각이 난다며 안동역을 사진에 담아 보내주었다.

여름휴가 때다. 부석사를 다녀오는 길이었다. 이정표에 안동이 보인다. 꼭 한 번 가보고 싶은 간절함이 있었기에 우회하는 길이었지만, 망설임 없이 방향을 돌렸다. 꿈이란 말인가. 방망이질하는 심장을 두 손으로 누르며, 대합실로 향했다. 아슴푸레한 기억 너머로 아버지가 우두커니 앉아 계신다. 그리고 개찰구 앞에서 내 손을 꼭 잡고 당부하던 그날이 나를 마중한다. "한눈팔지 말고 동생들 잘 데리고 오너라." 아버지는 그 말을 남기고 여인과 함께 트럭에 동승하고 서울로 떠났다. 그 밤 아버지의 두 눈은 붉은 노을빛이었다. 그 노을이 지금 내 눈시울로 스며드는 까닭은 웬일일까.

열네 살 때다. 안동역 광장에 쌓인 하얀 눈 위에 내 작은 두 발자국을 선명하게 남겼다. 행여 지워질까 꼭꼭 눌러 찍었다. 아마도 지금쯤 화석으로 남지 않았을까. 사십 년 만에 찾아온 이곳은 마치, 나 혼자만 알고 있었던 비밀동굴을 찾아낸 기분이다. 한 줄기 빛을 따라 동굴 속으로 걸어간다. 대합실이다. 대낮처럼 밝다. 열한 살에 들어 온 전깃불은 늘 어둠이 가실 정도로만 밝혔다. 그 불빛마저도 전기세를 아껴야 한다며, 아버지는 촉수를 낮춰갔다. 그래도 그 불빛은 호롱불에 비하랴. 처마 끝에 가물대던 희미한 불빛 아래 애틋한 나의 어린 시절을 남겨두고 서울로 이사를 했다.

밤기차를 타고 청량리역에 내렸다. 서울의 새벽은 불야성을 이룬다. 동공이 확대된다. 나는 서울 생활에 빠르게 적응해 갔다. 어린 영혼은 도시의 활기에 날마다 매료당하고 있었다. 그러나 향수는 도시의 화려함에 희석되지 못했다. 얼마나 그리웠으면 그랬을까. 그해 추석, 아버지 몰래 기차를 타고 안동역으로 갔다. 다시 버스를 갈아타고 그 많은 재를 넘어 고향 향리를 찾았다. 기다리는 사람도 없었는데, 어떤 용기가 열네 살 소녀를 그 먼 곳으로 이끌었을까. 물을 떠난 물고기가 물을 그리워하는 마음이었다. 꼭 가고 싶었다. 어머니의 흔적이 있었기에 더 그랬는지도 모른다. 그래서 고향 생각은 늘 가슴 한구석을 짓무르게 한다.

아버지는 지천명을 눈앞에 두고 무슨 용기로 멀고 먼 서울을 선택했을까. 왜 하필 서울이었던가. 농촌이 싫다는 여인의 성화에 못 이겨 고향을 떠났을까. 서울에는 외갓집이 있다. 어머니가 돌아가신 외갓집을 아버지는 기댈 언덕으로 생각했을까. 재혼한 여인을 데리고서. 변화는 새로운 기틀의 시작점이니, 당신을 탓할 일은 아니다. 아버지의 결심은 혼자 몰래 고향으로 갔던 열네 살 겁 없는 나의 용기보다 더 컸을까.

눈길을 헤치고 이삿짐을 싣고 갈 트럭이 왔다. 동네 사람들은 꼬깃꼬깃한 삼 짓 돈을 여인 몰래 내 손에 쥐여 주었다. "동생들 잘 돌보고 건강해야 한다." 그러면서 나보다 더 많은 눈물을 흘렸다. 여인과 두 동생은 트럭 앞좌석에 타고, 아버지와 난 이불을 덮고 짐칸에 탔다. 쌓인 눈들은 바퀴가 지나갈 때마다 눈보라를 일으키며, 덜컹거리는 트럭 뒤를 쫓아왔다. 고향산천은 눈보라에 가려 점점 희미해져가고, 굽이치는 가파른 재를 넘는 일은 손에 땀을 쥐게 했다. 눈길에 바퀴가 빠진 트럭을 몇 번이나 밀었던가. 어렵사리 마지막 기차가 떠나기 전에 무사히 도착했다.

아버지는 고향을 오고 갈 때 기차를 타고 안동역으로 왔다. 서울로 돌아가는 기차를 기다리며 대합실에 앉아 무슨 생각을 했을까. 두메산골에서만 살았던 당신의 향수는 얼마나 깊었을까. 고향을 다녀오면 공기도, 강물도 달다고 했거늘. 산골이 싫다는, 지독히도 소통이 어려웠던 여인과의 삶에 지친 아버지의 목은 기린이 되어 갔다. 그렇게 고향을 떠난 후회는 또 얼마나 많이 했을까. 나는 지금도 아련한 그리움이거늘.

비가 내린다. 젖은 기억을 더듬으며 천천히 광장을 돈다. 노래비 앞에서 걸음을 멈춘다. 화석이 된 내 작은 두 발자국도 그 앞에 있다. 나는 타임머신을 타고 열네 살로 돌아간다. 그리고 작은 아이는 아침마당에 출연한 트로트 신동처럼 '안동역에서'를 부른다. 노래 사이로 기적소리가 들리고 개찰구가 열린다. 아버지는 하늘역에서 기차를 탔을까. 노래는 빗물에 스며들어 주변 벽화를 아슴아슴하게 한다. 그 벽화 속에는 나의 어린 시절이 훌쩍인다.

| 작품 |

봄에 내린 눈

최순덕

때를 알 수 없는 혼돈의 세상이었다. 꽃샘추위도 다 지난 3월의 끝자락에 눈이 내리다니. 합주부의 연주가 끝날 무렵 뜬금없이 큰북을 쿵! 친 셈이었다. 긴장감 속에 화음을 맞추며 열심히 연주한 모두의 노력을 한순간에 날려 보낸 생뚱맞은 뒷북치기가 아닌가. 북을 쳐야 될 때를 놓친 연주자가 합주를 망쳐놓은 것처럼 때를 놓친 눈이 기어이 한바탕 소란을 피운다. 봄에게 밀려나기 싫은 겨울의 반란인가 곳곳에서 교통통제의 뉴스가 요란하다. 기상이변이 어제오늘 일이 아닌 요즘이니 삼월의 눈이 결코 낯설지 않지만 말 못하는 동식물이 낭패를 당하니 그게 애처롭다.

아주 특별한 산행을 했다. 폭설로 길이 입산통제를 하고 난리가 났는데 겁 없이 산으로 갔다. 단체의 힘을 믿고 봄과 겨울이 뒤섞인 백양산으로 향했다. 한겨울에도 보지 못한 멋진 설경을 삼월의 끝에 보다니 흔치 않은 일이었다. 1월에 갔다 온 한라산의 추억을 떠올리며 회원들은 일제히 탄성을 쏟아놓았다. 초입의 산자락에는 비에 녹은 눈이 드문드문 굵은 소금을 뿌려 놓은 듯, 진눈깨비의 작품이 걸작이었다. 갈수록 쌓인 눈이 두꺼워지고 나무 둥치에 달라붙은 눈이 예사롭지가 않다. 일제히 한 방향으로 하얀 선을 덧대어 놓은 갈색 나무와 하얀 눈의 멋진 풍경은 자연 외는 누구도 창작할 수 없는 예술품이었다. 조금 더 가니 한겨울의 설국이 펼쳐졌다.

눈꽃이 활짝 피었다. 상고대를 보면서 좋아하는 사이에 발은 눈 속에 푹푹 빠져들었다. 준비한 아이젠을 착용하고 나니 한결 마음이 놓였다. 눈이 무거운 나뭇잎들은 이따금씩 퍽퍽 눈 폭탄을 던지며 장난을 걸어왔다. 삼월의 눈이야 이미 신기한 일이 아닌데 수정처럼 굳어버린 설빙 속에 파묻힌 진달래 어린 꽃봉오리들이 참으로 가련하였다. 봄이 왔다고 좋아서 분홍 꽃잎 나풀거리며 피어나다가 이 무슨 낭패를 당하는지 애통하였다. 덮어쓴 눈이 살짝 녹았다 얼어서 투명한 구슬이 된 그 안에 갇힌 분홍 꽃봉오리들이 애처롭기도 하고 예쁘기도 하여 한참 동안 발걸음을 떼지 못했다.

때아닌 폭설이 넘어서야 할 고난으로 숲속에 내려앉았다. 한 고개 넘기고 한숨 돌리려면 또 찾아오는 우리들 삶의 고난을 이 봄에 꽃들도 새순도 겪고 있었다. 오르막도 내리막도 걷는 인생길을 보는 듯 마음이 애잔해졌다. 이제 막 고개 내민 어린 것들에게 봄날의 폭설은 너무 모진 시련이 아니겠는가. 하지만 폭설도 아랑곳하지 않고 옆의 계곡에서는 굵어진 물줄기가 우렁차게 봄의 노래를 부르고 있었다. 혹독한 시련은 더욱 화창한 봄날을 주려니 부디 견뎌내길 바라며 발길을 옮겼다. 눈 속에 묻힌 진달래의 눈물을 뒤로하고 하얀 세상 속으로 걸어갔다.

정확히 일주일 뒤에 일주일 전과 정반대의 산행을 했다. 진달래를 원도 없이 보면서 걸었다. 이른 아침부터 서둘러 달려간 고도 경주는 정갈한 아침을 열고 우리를 맞이하였다. 관음봉과 연대산으로 향하는 숲길의 시작부터 진달래가 꽃밭을 이루었다. 끊임없이 쏟아지는 탄성으로 입을 다물지 못했다. 일주일 만에 겨울과 봄이 뚜렷하게 구분된 것이다. 멋진 곡선의 갈색 소나무와 선한 분홍빛으로 낮게 깔린 진달래가 한 폭의 수채화를 펼쳤다. 불과 일주일 전에 보았던 수정 같은 설빙 속에 갇힌 진달래 작은 꽃봉오리 생각이 불현듯 떠올랐다. 지금 활짝 핀 저 진달래는 그야말로 때를 알고 제때에 피어난 것이 아닌가. 그러고 보니 사람이나 식물이나 때를 아는 것이 죽고 살기만큼 중요하다는 생각이 든다.

때를 아는 것이 어쩌면 필수적인 삶의 기술이 아닐까. 의식주 모든 영역에 포함된 제때의 원칙은 물론이고 배우고 가르치는 개개인의 삶에도 제때를 맞추는 것이 참으로 중요한 것이다. 때를 기다리지 못하고 솥뚜껑을 급히 열어 덜된 밥을 먹거나 통째 엎어버려야 했으니 성급한 결정으로 후회를 달고 살아온 것 같다. 반대로 미적거리다가 해야 될 때를 놓치고 뒷북치듯 뒤늦게야 허우적거리기는 또 얼마나 많았는지 모른다. 하지만 때를 제대로 안다는 것이 살아내는 것보다 더 어려운 것을 어찌하랴.

때를 바로 안다는 것은 어쩌면 인간의 영역이 아닐지도 모른다. 진지한 자세로 더욱 겸손하게 접근해야 보이는 것이 제때이지 싶다. 어렵지만 자신을 바로 알 때 가능할 것도 같다. 욕심으로 조금만 더 조금만 더 하다가 때를 놓치고, 교만에 젖어 생각 없이 허송세월 보내다가 때를 놓치고 아등바등 살아왔으니 순전히 나의 욕심과 무능 탓이 아닌가, 이래저래 때를 잘못 알고 피어났다가 낭패를 당한 설빙 속의 진달래가 예사롭게 보이지 않았다.

두어 달 공백을 두고 최근에 산행을 했다. 진달래, 철쭉, 온 산을 붉게 물들였던 꽃물결이 흘러간 숲은 완전 초록 세상이었다. 청량한 숲은 이른 아침에 세수를 하고 미처 물기를 닦지 못한 채 활짝 웃는 앳된 소년의 얼굴로 우리를 맞이하였다. 비 그친 뒤의 초록 잎에는 아직 다 떨구지 못한 물기가 보석처럼 반짝이고 있었다. 비 그쳤다고 산새들은 떠들썩하니 숲을 흔드는데 초록 바다에 홀로 핀 분홍 꽃 한 송이가 눈길을 끌었다. 남들 다 활짝 피어 온 산을 붉게 물들일 때 저는 뭐 하고 이제야 피었는고. 하지만 초록 세상에 홀로 돋보이는 분홍 철쭉 한 송이가 신선하고 예쁘다. 좀 늦으면 어떠랴, 조금 천천히 가면 어떠랴, 포기하지 않고 기어이 드러낸 꽃의 영광에 혼자 박수를 보냈다. 늦었다고 포기하지 않는 의지가 얼마나 기특한가.

지금 나는 무엇을 해야 될 때인가. 때를 놓치지 말고 지금 해야 할 일이 있을 것 같은데 아리송할 뿐이다. 이러다가 또 뒷북치기를 하지 않을까. 차츰 뒷정리를 해야 될 때가 된 것은 분명한데 그마저도 결국에는 서두를 필요가 없는 것도 같다. 더불어 사는 세상에서 때맞춰 무엇이든 제때에 해야 된다는 고정관념에 혼자 애태운 적도 많았다. 손녀를 키우며 뒤집고 앉고 서고 걷고 대소변 가리기 등 성장과정을 제때 못할까 봐 얼마나 걱정하고 조급증을 냈는지 모른다. 때 되면 다 하는 것을 두고 애태웠던 나의 기우가 부끄러워졌다.

때를 기다릴 줄 알아야 되겠다. 성급하게 꽃 피웠다가 속절없이 설빙에 갇히고 말았던 초봄의 진달래 꽃봉오리는 되지 않아야 되리라. 온 산을 붉게 물들이고 한바탕 꽃물결이 휩쓸고 지난 뒤, 초록이 만연한 숲에서 홀로 생뚱맞게 피어난 지각생 꽃송이도 충분히 아름답지 않았던가. 자식을 키우며 때를 기다려주지 못하고 다그치기만 했던 지난날의 후회가 한바탕 속내를 뒤집는다. 봄에 내린 눈이 혼돈의 계절을 초래한 인간의 성급한 욕심을 꾸짖는 것이 아닐까. 성질 급한 내게 서두르지 말고 재촉하지 말라고 일러 준 것 같다. 때아닌 폭설로 눈 속에 응고된 진달래 고 작은 꽃봉오리들이 눈에 선하다.

| 작품 |

보이지 않는 끈

신서영

현충일 연휴다. 전국의 여행객들이 거제도에 다 모인 것 같다. 해안 순환도로는 아침나절부터 숨이 막힌다. 차들은 포승줄에 엮인 포로들처럼 움직이는 듯 마는 듯 끝이 보이지 않는 행렬이다. 연휴를 차 안에서 보낼 것 같다.

'바람의 언덕'을 눈앞에 두고 차를 돌렸다. 반대 방향은 숨통이 조금 트이나 했는데 몽돌해변에서 덜컥 발목이 잡힌다. 잠시 주차할 공간도 찾기 어렵다. 파도 소리는커녕 자동차 소리, 사람 소리가 더 크게 들린다. 뒤범벅이 따로 없다. 해변 가장자리는 축대로 막아놓고, 늙은 소나무도 나무테크와 보도블록의 형틀에 갇힌 신세다. 바닷물이 빠진 곳의 몽돌은 뙤약볕에 마른 몸을 허옇게 드러내 놓고 있다. 사람들의 발길에 무참히 짓밟혀 안쓰럽기 짝이 없다. 몽돌과 노송은 관광지 개발이라는 미명아래 묶인 또 다른 포로들이었다.

어제의 열기를 식히려는 듯 늦은 밤부터 비가 부슬거리기 시작한다. 후박나무에 떨어지는 빗방울 소리가 선잠을 깨운다. 외등에 일렁이는 나무그림자가 창문 가득히 수묵화를 그린다. 살포시 창을 열었다. 지세포 선착장이 한눈에 들어온다. 등대 너머로 올망졸망한 섬들은 관광객 등쌀에 피곤했던

지 아직 잠들어있다. 아름다운 풍경에 넋을 빼앗겨 잠은 완전히 달아나버렸다. 밤늦게까지 떠들썩하던 딸아이와 아들 가족은 깊은 잠에 빠져있다. 그이와 나는 도둑고양이처럼 밖으로 나왔다.

해금강에서 불어오는 바람이 상큼하다. 아름드리 후박나무를 배경으로 언덕 위에 들어선 '펜션'이다. 나무 아래서면 어슴푸레한 바다가 한눈에 들어온다. 화이트와 블루의 건물 인테리어는 모던하면서도 감각적이다. 그러고 보니 그이와 함께 유럽 여행 때 보았던 지중해의 아름다운 산토리니가 연상된다. 푸른바다를 배경으로 언덕 위에 지어진 집들, 새하얀 벽과 파란 지붕이 그림 같은 풍경을 만들어 내는 곳이었다. 딸이 엄마 마음을 헤아려 예약한 펜션이다. 그러고 보니 텅 빈 둥지를 지키는 요즈음 나는 무엇엔가 아주 목말라 있었던 것 같다.

어느새 마흔을 살짝 넘긴 딸이다. 나이 마흔은 인생의 반환점 같은 것인지도 모른다. 나 역시 이 나이를 지나면서 앞으로 질주하던 삶의 속도를 늦추고, 허겁지겁 살아온 날들을 되돌아보며 생각이 깊어졌던 것 같다. 딸은 부쩍 어미를 많이 챙긴다. 차를 마시고, 영화나 각종 작품 전시회를 보고 싶을 때는 카톡을 슬쩍 보낸다. 이내 오~케이 하고 응답이 온다. 미술과 아동심리를 전공한 딸과의 대화는 언제나 흥미진진하다. 난해한 추상작품 같은 기발하고 발랄한 딸의 생각을 훔치고 싶은 욕심도 난다. 세대 차이만큼 사소한 의견 충돌로 토닥거리다가도 이내 풀어지기도 하는 부담 없는 친구 같다. 남편이 든든한 보호자라면 내 뱃속에서 나온 아들딸은 어미의 사소한 마음 밑바닥까지 읽을 줄 아는 또 다른 후견인이다.

몽돌해변에서 일출과 일몰을 꼭 마주 하고 싶었다. 하지만 우산을 쓰고 비가 오는 해변을 걷는 맛도 그럴싸하다. 비에 젖은 몽돌이 흑진주 같다. 조용한 어둑새벽에 보는 몽돌해변과 바다 풍경은 그윽한 비경이다. 해운대 백사장에선 비키니를 입고 바다에 풍덩 뛰어들고 싶은 충동을 느꼈었다.

그러나 몽돌 해변은 마음으로 많은 것을 보고 듣고 생각하게 하는 것 같다. 파도가 칠 때마다 물에 잠긴 몽돌이 필사적으로 요동을 친다. 사방으로 물을 튕기며 하얀 물보라가 눈꽃처럼 피어났다 사라진다. 때로는 물길을 힘차게 거슬러 오르는 수천 마리의 물고기 떼 같다. 그러고 보니 몽돌은 파도를 따라 해안가로 밀려 나왔다 돌아가지 못한 물고기가 어석魚石이 된 것인지도 모르겠다. 몽돌 사이를 비집고 드나드는 파도에 파닥파닥 튀는 싱싱한 느낌을 준다.

파도는 돌을 쓰다듬을 줄 아는 모성이며 솜씨 좋은 조각가다. 이렇게 너른 해변에 깔린 수많은 몽돌은 크기와 모양새가 똑같은 것이 하나도 없다. 떠밀려온 파도에 차고 단단한 몸을 갈고 닦은 개성이 다부지다. 두루뭉술하면서도 구멍이 숭숭 뚫리고 옹이를 무늬처럼 품은 것도 있다. 몽돌은 바다의 서정시이며 서사시가 내장된 압축파일이다. 작은 돌멩이 하나를 주워들고 요리조리 굴려 봐도 파일은 열리지 않는다. 단단한 침묵 덩어리다. 비 내리는 첫 새벽에 내 발걸음이 몽돌해변을 다시 찾아든 것도 어쩌면 때 없이 불쑥불쑥 분출하는 내 안의 욕구를 묵직한 몽돌로 지그시 누르고 싶었는지도 모르겠다.

수많은 몽돌 속에 붉은 돌 하나를 주웠다. 아기 손바닥처럼 앙증맞고 매끄러운 돌이다. 어떤 행운을 예감하는 귀한 돌이라는 느낌이 든다. 그 돌 속에 내 삶의 파일이 옹이로 저장되어 있는지도 모른다. 그이는 차에서 아예 내리지도 않고 메이저리그 야구에 푹 빠져 있다. 나는 선물이라며 돌을 그이 손에 꼭 쥐어 준다. 그리고 나의 심장이니 버리지 말고 잘 간직하라고 당부를 한다. 때마침 한국 선수가 마운드에 타자로 나선 모양이다. 돌을 운전대 옆에 놓인 종이컵에 툭 던져 넣고는 '디엠비' 볼륨을 크게 올린다. 애국자가 따로 없다. 저 열정적인 응원을 하는 남편은 가장 가까우면서도 때론 멀리 느껴진다. 야구선수의 편이 되어 열광하는 심장박동이 내 귓바퀴에서도 들리니 말이다.

해금강을 끼고 있는 올망졸망한 섬들은 영락없이 한 가족 같다. 그뿐인가. 몽돌 해변의 몽돌도 기세등등한 파도가 자신의 날카로운 모서리를 앗아가도 서로서로 몸을 포개며 아픔을 참고 있지 않은가. 쪽빛 바다는 모든 것들을 말없이 품고 있다.

집으로 돌아오는 길은 바다를 정복한 거가대교를 통과한다. 피곤함에 깜빡 졸다 정신이 번쩍 든다. 차가운 바닷물에 잠긴 주탑이 무거운 상판을 끈으로 지탱하고 있는 것이 놀랍고 아찔하다. 멀리서 보면 마냥 아름답게만 보이던 교량이었다. 하지만 한 치의 오차도 없는 팽팽한 긴장감이 든다. 운전대를 잡은 그이와 주탑을 번갈아 쳐다본다. 나 역시 보이지 않는 끈에 포로처럼 묶여있는지도 모른다.

06
수필적 상상력과 삶의 투시

예술가는 낡고 진부한 것을 스스로의 힘으로 새롭게 하는 사람이다. 그것의 절대적인 원동력은 상상의 힘이다. 상상력은 논리와 이성을 뛰어넘어 다양하고 개성적으로 사물의 본질에 다가갈 수 있게 한다. 대상을 새롭게 발견하고 기존의 속성을 재인식하면서 미처 알지 못했던 심미적 세계로의 길을 열게 되는 것이다. 더군다나 작가라면 언어적 상상력을 바탕으로 한 작품을 통해 타인과의 경계를 허무는 공감의 장을 펼쳐낼 수 있게 된다.

상상력에 대한 혁신적인 전환은 프랑스 철학자 바슐라르에 의해서 이루어졌다. 그는 데카르트식의 '생각한다, 고로 존재한다.'가 아니라 '상상한다, 고로 존재한다.'로 전환함으로써 상상력imagination이란 현실의 범위를 넘어서 인간의 존재론적 의미로 확장시켰다. 그에 의하면 삶의 발전을 가능케 한 것은 기존의 패러다임에 대한 부정과 단절이라고 규정한다. 이는 상상력을 지지기반으로 정신 활동을 끌어 올린 것으로써 인간의 상상력이란 "새로운 삶과 정신을 창조하고 비전을 지니는 눈을 뜨게 하는 것"임을 강조하였다.

문학적 상상력은 인간의 다양한 부분들을 꿰뚫고 삶의 이미지를 새로운 방식으로 그려낼 수 있다. 그런 점에서 소재의 심층적인 해석을 필요로 하는 수필에서의 상상력은 의미의 외연을 넓혀주는 중요한 매개체로 작용한다. 이번 호에서는 문학적 상상력으로 미래의 자화상을 그리고, 무위자연을 추구하며, 이열치열로써 한여름을 이겨낸 수필작가들의 서사적 삶을 투시하려 한다.

1. 정의룩의 〈미래의 자화상〉

인간이 자화상을 그리는 이유는 자기존재를 증명하려는데 목적이 있다. 인간이라면 누구나 자신의 본질을 깨닫고자 하는 본성을 숨길 수 없다. 그것은 자기존재를 타인에게 인정받고 싶어하며, 자신의 생각을 소통하고 싶은 본능을 지니고 있기 때문이다.

정의룩의 상상력은 '자화상'이라는 궤를 따라 흐른다. 그 의식은 셋방살이 초등학교 시절 주인집 동생되는 이가 그려준 "내 처음이자 마지막 초상화"를 가졌던 일에서 출발하여 회화에서의 렘브란트와 고흐의 자화상으로 이어진다. 작가는 일생 백여 점의 자화상을 남긴 렘브란트를 회상하며 마치 사람들이 "자기의 일상을 일기로 써서 개인의 역사로 남겨놓는 행위"와 비슷하다고 간주하며, 고흐의 자화상을 통해 불행했던 작가적 삶의 고통에 공감한다.

자화상이 화가의 단순한 외모만이 아니라 내면의 심층까지 담으려 했다면, 이는 화가 아닌 다른 사람들에게도 적용할 수 있는 것으로 자화상이란 어떤 시점에서 바라본 자기의 삶이라고 말할 수 있을 것이다. 과거가 현재로 투영되어 흘러온 인생의 궤적, 즉 행적을 달리 말하는 것으로 확대 해석할 수 있고 사실 그렇게 통용되고 있기도 하다.

자화상은 자신을 바라보는 거울이라고 할 수 있다. 정의륙이 화가들의 자화상에서 "내면의 심층"을 읽은 것은, 자기애와 자기혐오, 자조와 자기확신 등 외면의 표현형식에 발현된 자의식을 발견한 까닭이다. 본인이 자화상이라고 규정짓는 것은 타자의 시각에 의해 재현된 것이 아니라 자기 탐구의 과정을 거친 자신의 시각에서 건져올린 형상물이기 때문이다.

작가는 자신의 자화상을 어떻게 그려내야 하는가. 당연히 글로써 이미지를 그려내야 할 것이다. 문필로서의 자화상이 화필의 자화상과 다른 점은 인간의 내면적 모습까지 더욱 깊고 넓게 확대할 수 있다는 점이다. 그러기에 정의륙이 이문열의 소설 〈젊은 날의 초상〉에 나타난 문학적 자화상을 떠올리며 "작가의 모습이 변형되거나 상상력이 좀 가미될 수 있다."고 여기는 것은 당연한 일이다. 나아가 자신의 자화상을 수필의 화선지에 드로잉하게 된다.

한 치 앞을 내다볼 수 없는 인생에서 더구나 나이 든 지금 10년 앞까지를 헤아려 보는 것은 부질없는 일일 것이다. 5년 후의 내 자화상은 약국을 접고 2년 차에 접어든 시골 농부의 모습이다. 그때는 아마 풋내기 농부로서 소득을 기대하기 어려운 만큼, 지금보다는 거친 밥을 먹어야 하고 인간관계도 많이 정리된 외로운 그림일 수도 있다.

작가가 그린 미래의 자화상이다. 그가 스스로 "현실적 계산이 깔린" 자화상임을 실토하지만 그것은 "적극적인 삶"을 준비하겠다는 다짐과 각오가 여백에 채워져 있음을 예측한다. 문학적 자화상이란 언어로 표현한 내면의 그림이니까 시각화된 한 편의 언어 그림에서 "정신적 만족감과 평안한 삶"을 추구할 수밖에 없다. 그것이 인간이 희구하는 이상세계의 상상적 공간이니까.

2. 최덕규의 〈무위자연〉

최덕규의 수필적 상상력은 노장사상의 '무위자연無爲自然'으로서의 삶을 근간으로 한다. 노장사상의 핵심을 이루는 '무위'는 우주적 의식으로의 확장으로 아무런 동인動因 없이 오직 바라봄無爲으로써 정신적 자유에 이르는 과정을 구현하게 된다. 자연을 정복하거나 의존하는 대상이 아니라 인간 또한 자연의 일부로서 자연 그대로의 모습으로 인지하는 것이다.

최덕규는 "시리골 산방에 적조당寂照堂을 짓고 유불선儒佛仙을 수행하며 농사일을 하고 있다."고 약력에서 밝혔듯이 그의 생활반경은 도시를 떠나 산골에 있다. 인생 후반부에 산방을 가꾸기로 한 계획을 실행하면서 매화, 살구, 사과, 자두나무 등을 심고 양봉의 경험도 얻게 된다. 하지만 초보 양봉꾼의 서툰 몸짓은 예리한 벌들의 습격을 막아내지 못하여 "머리 부위에 10여 방"을 쏘이는 불상사도 겪고, 벌통을 제대로 건사하지 못한 불운도 맞는다.

진짜 문제는 겨울에 찾아 왔다. 주변에서 일러준 대로 벌통 주변을 보온재로 둘러쌓았지만 2통의 벌들이 모두 동사하고 말았다. 지난겨울은 무척 춥기도 했지만 나의 불찰로 귀한 생명들이 죽었다고 생각하니 가슴이 저미었고 아예 벌통 주변에 가기조차 싫었다. 이렇게 겨울이 가고 봄이 왔다. 산방은 다시 꽃동산을 이루었는데 우리 벌들은 간 곳이 없고 대신 어디서 왔는지 모를 벌들만 모여들었다.

애지중지하던 집벌을 자신의 불찰로 모두 잃은 작가는 무기력해진다. 그러자 생각지도 못한 이변이 일어난다. 버려둔 빈 벌통에 야생 집벌들이 가득 들어찬다. 그때부터 벌통을 지켜내려는 작가와 틈새를 노리는 말벌과의 신경전이 벌어진다. 집벌과 말벌과의 관계는 상극이다. 작가는 당연히 자신에게 꿀을 제공하는 집벌을 지키려 하지만, 집벌과 말벌 간의 분쟁을 지켜보면서 생태계의 순환논리에 갈등을 느낀다. 아울러 미국 요세미티에서 목격한 사슴과 늑대와의 생존경쟁을 떠올리게 되는 것이다.

겨울 어느 날 이곳을 찾았다. 눈 덮인 요세미티 숲길을 걷고 있는데 사슴 한 쌍이 예쁜 새끼 두 마리를 데리고 눈 속을 헤집으며 먹이를 찾고 있었다. 애비 되는 수컷의 뿔은 이채로울 정도로 날카로우면서도 아름답게 보였다. 그런데 그 뒤에는 늑대 2마리가 이들을 조심스럽게 뒤쫓아 가면서 기회를 엿보고 있었다. 순간 어느 백인 아주머니가 지팡이로 늑대무리를 내쫓기 시작했다.

이때 등장한 산림경찰의 행동에서 최덕규는 의식 변화를 일으키게 된다. 경찰은 늑대를 쫓은 부인을 야단치면서 "사냥을 하면 늑대가 살고, 사냥을 못하면 늑대 새끼가 굶어 죽게 된다."는 자연의 섭리를 설명한다. 그러면 인간은 어떡하여야 하는가. 그냥 "내버려 두"면 되는 것이다. 작가는 인간의 개입이 "최소한의 수준에서 멈추어야 한다."는 서양 생태학자들의 논리와 동양의 무위자연 사상을 병치시켜낸다.

그 후, 작가가 달라진 것은 말벌을 쫓는 것에서 집벌 주위에 그물을 치는 것으로 바뀌었다. 그물 밖 집벌의 활동은 생태계의 순리에 맡기기로 마음먹었다. 양봉 주인인 그가 한발 양보하여 자신만의 무위자연을 실천하려 한다. 말벌도 천명을 받고 태어난 존재로 인식한 것이다. 그것은 인간이 어찌 '완벽한 무위자연을 실천할 수 있겠는가'라는 물음을 내포한 인간의 이기적 삶을 지적한 간접적 언술이라 하겠다.

3. 공기화의 〈한여름의 이열치열以熱治熱〉

공기화의 문학적 상상은 언제 이루어지는가. 그의 작품 제목에서 알 수 있듯이 '한여름'에 극대화된다. 작가의 상상력은 세상과 우주에 대해 깊은 인식과 성찰로 드러나기도 하겠지만, 때로는 무료와 권태가 자유분방한 생각들을 우러나게도 한다.

그는 불볕더위 속에서 고흐가 그린 해바라기와 사이프러스나무에 걸린 "이글거리는 해"를 떠올리고, 이상의 '권태'의 풍경을 펼쳐내고, 유년시절 거리의 얼음과자를 파는 "정겨운 소리"를 되감아낸다. 코울리지가 "상상력은 능동적이기도 하고 수동적이기도 한 이중적 성격을 띠고 있다."라고 지적했듯이 작가라면 염서炎暑에 뽑아올린 상상의 이미지들을 내버려 둘 수 없다. 열을 열로써 다스리듯이 작가는 상상으로써 한여름의 삶을 극복하고, 상상으로써 문학적 결실을 이뤄내려 한다.

여름날을 보내는 나의 하루해가 바쁘다. 가을에 수필집을 출간하려고 오전에는 지금까지 아낀 힘을 다하여 글을 쓴다. 오후에는 탁구장에 다녀오는 것이 일상이 되었다. 에어컨을 켜둔 탁구장이라 시원하지만 운동하다 보면 늘 운동복이 젖어서 집에 돌아오니 내 나름대로 이열치열을 만끽하고 있는 셈이다.

그는 바쁘다. 몸도 마음도 바쁘다. 글을 쓰고, 출간을 준비하고, 정기적인 운동도 거르지 않는다. 그가 그려내는 상상의 길은 시공간을 종횡으로 가로지른다. 중국으로 건너간 태풍의 길을 생각하고, 소설 속 신작로를 지나, 유년의 여름길과 현실의 전통 시장길로 이어진다. 상상의 방향은 마침내 폭서를 이겨낼 공간을 향한다. 그곳은 선풍기나 에어컨 바람이 고이는 방안이 아니며, 외지 사람들로 북적이는 해수욕장도 비껴간다. 오래전 샛바람이 올라오는 대연동 고갯길도 그립지만 고층 아파트에 바람길이 막혀버려 안타깝다. 다행히 황령산 사자봉 아래 바람고개를 떠올리게 된다.

바람이 없는 날에도 바람이 찾아오는 곳이기에 예부터 황령산 봉수군이나 산 아래의 나무꾼들도 이곳을 즐겨 찾았다고 한다. 이 산으로 가려면 남구도서관에서 그늘이 있는 숲을 따라 걸을 수 있는 산길이 있다. 이 길을 따라 시원한 바람이 맴도는 바람고개에 가서 땀을 식히려 한다.

마침내 공기화는 이열치열以熱治熱의 길을 찾게 되었으며, '상상 속의 현실'과 '현실 속의 상상'이 교차점을 얻는다. 한 편의 수필 속에서 교란된 수많은 이미지가 "바람고개"라는 화소로 봉합되는 순간 비로소 안도의 숨을 내쉴 수 있게 된다.

나가며

상상력이란 현실의 모순과 제약을 뛰어넘는 가장 높은 인간의 정신능력이다. 그것이 문학에 적용될 때 작가는 숨겨진 의미의 관계망을 찾아내고 불가능한 시공간의 세계를 그릴 수 있다. 그러므로 상상력이란 진정성과 더불어 수필작가가 갖추어야 할 필수적인 요건이라 하겠다.

상상력은 다양하고 개성적이지만 사물의 본질에 다가갈 수 있는 통찰력을 지닌다. 만약 작가가 상상력의 발현을 거부한다면 지혜와 깨달음과 치유뿐만 아니라 현실적 공감각도 잃어버린다. "지성이 고유한 상을 인식하기 위해서는 상상에 되돌아가야 한다."는 아퀴나스의 말을 상기할 필요가 있다. 이런 점에서 상상력은 인간 실존 그 자체라고 해도 지나침이 없다고 하겠다.

| 작품 |

미래의 자화상

정의룩

내 초상화의 역사는 가난했지만 꿈 많던 시절인 반세기를 훨씬 더 거슬러 올라간다. 오래돼서 기억이 희미하지만, 영도에서 셋방살이할 때였으니 초등학교 시절인 것만은 확실하다. 당시 주인집 동생 되는 이가 학생모를 쓴 내 모습을 크레용으로 데생하고 색을 입히던 광경이 어렴풋하다. 내가 며칠 동안 모델이 됐는지, 데생 도구가 정말 크레용이었는지 아니면 연필이었는지도 불분명하지만, 내 모습을 아주 흡사하게 그려서 온 식구가 이 그림을 벽에 붙여놓고 보며 즐거워하던 생각이 난다. 내 처음이자 마지막 초상화였다. 그렇게 아끼던 초상화가 언제 어떤 연유로 없어졌는지도 기억이 없지만, 잘 나가던 사람이 아니면 가지기 힘들었던 당시에 돈 한 푼 없이 거저 얻을 수 있었으니 어찌 흐뭇한 추억이 아니겠는가. 물론 초상화를 그린 화가의 수준은 내가 지금 알 수 없지만.

초상화와 비슷하지만 똑같지는 않은 자화상自畵像이 있다. 모두 사람의 얼굴을 그린 그림이라는 공통점이 있다. 다만 초상화가 대상 인물의 모습을 다른 사람이 그리는데 비하여, 자화상은 '자신(꼭 화가가 아니더라도)이 그린 자기의 초상화'라는 점이 다르다.

자화상을 많이 그린 대표적인 화가로 렘브란트가 있다. 일생 백여 점이나 되는 자화상을 남겼는데 20대 젊은 시절부터 60대 노년에 이르기까지 다양한 자기 모습을 그렸다. 그는 자화상에 단순히 자기 겉모습만 표현한 것이 아니라 외모의 변화에 따른 개인사의 변천을 함께 담으려 했다.

이는 마치 사람들이 자기의 일상을 일기로 써서 개인의 역사로 남겨놓는 행위와 비슷하다. 자아 성찰에 대한 욕구가 강했다고 볼 수 있으며 나이 들어서는 주름살 잡힌 자신의 얼굴을 그리는 것으로 자화상의 특징 내지 개성으로 삼았다고 한다. 즉 그가 그린 주름살은 내재한 삶의 굴곡을 나타내려 한 행위로 후대 사람들은 유추하고 있다.

렘브란트 다음으로 자화상을 많이 남긴 화가가 고흐다. 일생 불행했던 사람으로 스트레스가 원인이 된 정신발작으로 자기 귀를 자르고 붕대로 얼굴을 싸맨 자화상을 남긴 것으로 유명하다. 젊은 나이에 권총으로 자살할 수밖에 없었던 삶의 고통이 바로 이 자화상에 상징적으로 표현된 것으로 해석하고 있다. "고통은 영원하다"란 고흐의 외침은 그의 자화상을 보노라면 일면 공감되는 점이 없지 않다.

이처럼 자화상이 화가의 단순한 외모만이 아니라 내면의 심층까지 담으려 했다면, 이는 화가 아닌 다른 사람들에게도 적용할 수 있는 것으로 자화상이란 어떤 시점에서 바라본 자기의 삶이라고 말할 수 있을 것이다. 과거가 현재로 투영되어 흘러온 인생의 궤적, 즉 행적을 달리 말하는 것으로 확대 해석 할 수 있고 사실 그렇게 통용되고 있기도 하다.

자화상은 소설 쪽에서 오히려 더 많은 예를 찾을 수 있다. 이문열은 그의 대표작 〈젊은 날의 초상〉에서 자신의 자화상을 그려 낸다. 젊은 날의 정서적 방황과 지적 모험을 겪으면서 삶의 의미를 찾아가는 30대 주인공의 이야기인데 우리는 이 소설에서 이문열을 강하게 느낄 수 있다. 허구를 사실화事實化하는 소설에서 주인공과 작가를 동일시 할 수는 없지만, 작품에 작가의 자화상이 표출되지 않을 수는 없다. 작가의 모습이 약간 변형되거나 상상력이 좀 가미될 수는 있겠지만.

요즘 여름이라 약국이 한가해서 공상하는 일이 잦다. 돈을 많이 벌어서 왕자처럼 살아봤으면 하는 막연하고 허황한 공상은 아니지만, 나이 먹어서인지 몇 년 후의 자화상을 그려보는 시간이 부쩍 늘어났다. 공상이라기보다는 오히려 현실적 계산이 깔린 예측과 계획이라고 하는 것이 적당한 표현인지도 모르겠다. 계획이 지나치면 자칫 미래로 가는 인생 도정道程의 자잘한 즐거움이 사라지고 목표만이 드러나는 부작용이 있지만, 그래도 마음먹었던 바를 흔들림 없이 실천하기 위해서 자화상을 자꾸 그리고 있다.

한 치 앞을 내다볼 수 없는 인생에서 더구나 나이 든 지금 10년 앞까지를 헤아려 보는 것은 부질없는 일일 것이다. 5년 후의 내 자화상은 약국을 접고 2년 차에 접어든 시골 농부의 모습이다. 그때는 아마 풋내기 농부로서 소득을 기대하기 어려운 만큼, 지금보다는 거친 밥을 먹어야 하고 인간관계도 많이 정리된 외로운 그림일 수도 있다. 대신에 자유와 휴식, 새로운 변화가 주는 은근한 즐거움도 기대하고 있다.

얼마 전 동아일보 기사에는 나와 반대로 적극적으로 경제활동을 도모하며 제2의 인생을 계획하는 사람들의 이야기가 나와 있었다. 제목이 인생 2막에 열정 쏟는 5060 리본 세대였다. 은퇴 후에도 새로운 직업이나 적극적인 여가 활동을 통해 자신을 재발견하는 '리본re-born 세대'의 등장을 신문사가 조사하고 대상자가 응답한 자료로 쓴 기사였다.

하늘은 완전한 인간 세상을 주지는 않는 모양이다. 세상을 완벽하게 행복하게 살다가 죽은 사람이 있었다는 이야기를 들어보지 못했다. 렘브란트와 고흐, 내가 다르듯이 주관적 개체가 모여 집단을 이루고 있는 이곳에서 완전한 인간 세상이란 존재할 수 없는 상상만의 세계에 불과하다. 가고자 하는 방향이, 살아가는 방법이 같을 수가 없게 태어났기 때문이다. 대개의 예술가가 그러하듯 렘브란트와 고흐는 경제적 궁핍함 속에서도 치열하게 살았고, 신문사 조사 대상자도 적극적인 삶을 준비하고 있다. 나는 곤궁에 시달리지 않으려 약사 면허를 땄고 배곯지 않고 현재에 이르렀으나, 정신적 공복감은 항상 채워지지 않는다. 훗날 내가 어디서 무엇을 하든 내 자화상의 깊게 팬 주름에는 정신적 만족감과 평안함이 깃들었으면 좋겠다.

| 작품 |

무위자연

최덕규

갑자기 현기증이 왔다. 혼미해지려는 의식을 붙잡고 버티려 했지만 의지로는 견딜 수 없을 것 같아 잔디밭에 쓰러지듯 드러누웠다. 순간 이런 생각이 떠올랐다. 죽음이란 것도 이와 같이 온 힘을 다해서 버텨보려 하지만 불가능해서 삶의 끈을 놓아버리는 것이 아닐까. 그러나 당시 내 의식은 또렷했고 어눌하지만 의사표현도 가능했다. 풀밭에 누워서, 의료진의 도움을 받는 것이 좋겠다는 판단까지 들었으니 그렇게 큰 위기상황은 아니었던 모양이다. 이웃의 도움으로 병원에 실려 가서 응급처치를 받은 후에 회복되었다.

지난 6월 초순, 우거寓居 시리골 산방에서 꿀을 채취하다가 벌들에게 머리 부위에 10여 방을 쏘여서 일어난 사건이다. 작년에 양봉을 한 경험이 있기에 벌을 다룰 줄 안다고 내심 생각했다. 방호모자와 고무장갑으로 완전무장을 했지만 목 부위에 작은 틈이 생겼던 모양이다. 그 사이로 벌 한 마리가 들어와 얼굴을 쏘기에 얼른 방호 모자를 벗었더니 다른 벌 수십 마리가 달려들어 순식간에 당한 일이다. 머리에는 꿀밤 혹이 여러 개 생겨서 울퉁불퉁하였다. 지인들은 농담조로 말하곤 했다. "보약 몇 첩은 벌었다.", "평생 치매에는 걸리지 않겠다."

10여 년 전, 정년퇴직을 몇 년 앞두고 인생 후반부의 장대한 계획을 실행에 옮기기로 했다. 봄부터 가을까지 꽃이 피는 그런 산방을 가꾸며 많은 땀을 흘렸다. 그 결과 4월이 되면 매화, 돌복숭아, 살구, 자두, 사과나무 등에서 아름다운 꽃이 연이어 핀다. 산방은 이름 그대로 꽃동산이다.

이런 환경은 양봉을 하는데 적합할 것 같아서 벌을 쳐보기로 했다. 지난해 봄, 벌 두 통을 들였고 갖은 고생 끝에 꿀 10여 병을 채취했다. 꿀은 어릴 적 감기에 걸리거나 목병이 날 경우에만 약으로 썼으니 귀한 약재임이 틀림없다. 이렇게 귀한 꿀을 내가 직접 생산하다니 어찌 감동하지 않을 수 있겠는가!

꿀을 생산하기까지 아름다운 기억만 있는 것은 아니다. 7월이면 말벌이 출몰하여 집벌들을 잡아가기 시작했다. 말벌이 집벌을 잡아가서 자기 새끼들의 양식으로 삼는다. 나는 집벌을 지키려고 파리채나 대나무 빗자루로 말벌을 때려잡으면서도 마음은 편치 않았다. 이들도 하늘로부터 천명을 받고 이 땅에 태어나서 집벌을 식량으로 삼는 것은 그들에게 불가피한 삶이기 때문이다.

진짜 문제는 겨울에 찾아왔다. 주변에서 일러준 대로 벌통 주변을 보온재로 둘러쌓았지만 2통의 벌들이 모두 동사하고 말았다. 지난겨울은 무척 춥기도 했지만 나의 불찰로 귀한 생명들이 죽었다고 생각하니 가슴이 저미었고 아예 벌통 주변에 가기조차 싫었다.

이렇게 겨울이 가고 봄이 왔다. 산방은 다시 꽃동산을 이루었는데 우리 벌들은 간 곳이 없고 대신 어디서 왔는지 모를 벌들만 모여들었다. 내 농장에서 꿀을 채취하고 있는 다른 집벌들을 바라보고 있으니 지난겨울 동사한 우리 벌에 대해 속죄의 마음이 다시 가슴을 아프게 했다.

지난 5월 하순 어느 날, 평상시와 같이 토요일 늦은 시각에 부산에서 산방으로 돌아왔다. 아마도 밤 10경이었으리라. 짐을 정리한 후 개와 함께 며칠 간 비워둔 농장을 한 바퀴 둘러보고 있었다. 매실 밭을 지나서 버려둔 벌통 옆을 지나고 있는데 웅 웅 하는 소리가 났다. 전등으로 비춰보니 벌 몇 마리가 버려둔 벌통에 드나들고 있었다. 벌통 뚜껑을 열자 새까만 벌들이 가득 들어차 있었다. 이게 무슨 조화란 말인가?

양봉을 전문으로 하는 사람들도 이런 경우는 거의 없다고 한다. 아마도 그들은 우리 집이 살기 좋은 곳이라고 여긴 모양이다. 혹시 지난겨울 죽은 우리 벌들이 환생해서 전생에 살던 곳을 찾아온 것일 수도 있다는 생각이 들기까지 했다. 보통 사람들은 자기 전생前生을 기억하지 못하지만 도통한 도인들은 전생을 안다고 하는데 그렇다면 이들도 득도했나 보다.

한 달이 지난 후 주변 산에는 밤꽃이 흐드러지게 피었다. 이제 밤꽃을 뜰 때가 된 것이다. 설레는 마음으로 꿀을 뜨기 시작했다. 벌들의 반응이 의외로 사나웠다. 소비(벌집)를 꺼내는 순간 이들이 집단으로 달려드는 바람에 불상사가 난 것이다.

통상적으로 벌들은 자기 집주인을 알아본다고 했는데 왜 이런 일어난 것일까? 이들은 상당한 기간 동안 산속에서 야생으로 살아온 종자인 것 같다. 이들이 산속에서 살다 보니 주변의 공격으로부터 살아남기 위해서 매우 야성적으로 변한 것 같다. 이들과 말벌과의 관계는 상극이다. 사람은 일방적으로 집벌 편을 들고 있지만 말벌도 천명을 받아 이 땅에 태어났으며 이성이 있는 생물임이 틀림없다.

3년 전 일이었다. 산방 뒤쪽 후미진 곳에 말벌이 드나들고 있었다. 무심코 지나치다가 어느 날 유심히 살펴보니 밥그릇 크기의 말벌집 하나가 그곳에 매달려 있었다. 집 식구들이 알면 놀랄 것 같아서 이를 비밀로 하고 말벌과 협상을 했다.

"얘들아, 한 달간 말미를 줄 터이니 이사를 가거라. 만약 말을 듣지 않으면 그때는 강제로 집을 철거하겠다."

이때 철거란 농약을 살포하거나 불로써 태워버리는 것을 의미한다. 이렇게 협박을 했지만 나로서는 지켜보는 수밖에 다른 도리가 없었다. 그 후 한 달이 지났음에도 그들은 여전히 그곳에 살고 있었다. 하는 수 없이 내가 양보해서 다시 한 달 말미를 더 주기로 했다.

그 후 한동안 말벌에 대해서 잊고 있었다. 어느 날 문득 생각이 나서 벌집을 들여다보니 빈집만 남아 있고 말벌들은 흔적도 없이 사라지고 없었다. 아마도 다른 곳에 집을 짓느라고 시간이 걸렸으며 집이 완성된 후 그곳으로 이사를 한 것 같다. 비록 흉측하게 생긴 말벌이지만 나와의 약속을 지켰다고 생각하니 그들에게 믿음이 생겼다.

이런 말벌의 입장에서 보면 자기들도 먹고 살아야 하는데 사람들이 이를 가로막으니 납득하기 어려울 것이다. 그들도 천명을 받아서 이 땅에 태어났다고 생각하니 집벌 못지않게 애정이 간다. 알려진 바에 의하면 말벌도 집주인은 쏘지 않는다고 한다. 그들이 집주인을 어떻게 알 수 있는지 정확히는 모르지만 생김새와는 다르게 의리가 있는 녀석들임이 틀림없다.

이런 사연을 안고 집벌과 말벌 간의 분쟁에 뛰어들었다. 약자인 집벌에게 어느 정도 우선권을 주고 그다음에는 집벌 스스로의 운명에 맡기기로 했다. 벌통 주변을 그물로 씌워서 말벌의 침입으로부터 보호해주고 그 이상은 간섭하지 않기로 한 것이다. 다만 그물망 밖에서 말벌에게 잡혀가는 것은 나로서는 도리가 없으니 그들에게 맡기기로 한 것이다. 이것은 어느 정도 타협한 무위자연인 셈이다.

미국에 있을 때 일이다. 내가 살고 있던 곳은 캘리포니아주 프레즈노란 곳이다. 미국 최고의 국립공원 요세미티가 이곳에서 2시간 거리에 있었다, 미국 사람들도 평생에 요세미티에 한번 가보면 다행이라고 하는데 나는 철따라 한 번 꼴로 그곳에 들렀으니 미국 사람보다 복 많은 사람이었음이 틀림없다.

겨울 어느 날 이곳을 찾았다. 눈 덮인 요세미티 숲길을 걷고 있는데 사슴

한 쌍이 예쁜 새끼 두 마리를 데리고 눈 속을 헤집으며 먹이를 찾고 있었다. 애비 되는 수컷의 뿔은 이채로울 정도로 날카로우면서도 아름답게 보였다. 그런데 그 뒤에는 늑대 2마리가 이들을 조심스럽게 뒤쫓아 가면서 기회를 엿보고 있었다. 그러나 수놈이 날카로운 뿔로 달려드니 이들은 혼비백산 뒤로 물러나곤 했다.

이 사태를 지켜보면서 저 늑대를 쫓아내야 하는 것이 아닌가 고민하던 참이었다. 순간 어느 백인 아주머니가 지팡이로 늑대무리를 내쫓기 시작했다. 그런데 공원을 순찰하던 레인져(산림경찰)가 그 부인을 야단치면서 내버려 두라고 했다. 즉 자연의 섭리에 맡겨두라는 것이다. 만약 늑대가 사냥을 못하면 자기 식구들은 눈 속에서 굶어 죽을 수밖에 없을 것이다. 사냥을 하면 늑대가 살아남고 사슴 새끼는 죽게 되지만 사냥을 못하면 늑대 새끼는 굶어 죽게 된다.

이런 문제에 인간의 개입은 최소한의 수준에서 멈추어야 한다는 것이 서양 생태학자들의 논리이다. 동양의 도가道家에서는 자연의 순리에 맡기는 것을 일러서 무위자연無爲自然이라고 한다.

말벌과 집벌 사이에도 이와 유사한 생존경쟁이 벌어지고 있다. 나는 여기에 적극 개입하기로 했다. 약자인 집벌을 위해서 벌통 주변에 말벌 방지용 그물을 쳤다. 집벌들은 그물 속에서는 안전하지만 그물 밖에서 활동하다 말벌에게 잡아간다고 해도 다른 도리가 없다. 이것이 나의 무위자연無爲自然인 셈이다. 세상 사람들은 이런 무위자연을 게으름뱅이의 변명이라고 혹평할 수도 있을 것이다.

오늘도 하루 일과를 끝내고 테라스에 앉아 시원한 맥주를 마시며 짙어가는 여름밤을 바라보고 있다. 노자老子께서 이 시대에 산다면 어떻게 할 것인가를 생각해 보았다. 신선神仙께서도 껄껄 웃으시면서 나의 이런 삶을 허락해주시리라 믿는다.

| 작품 |

한여름의 이열치열以熱治熱

공기화

연일 찌는 더위가 계속된다. 6월부터 열대야가 시작되어 기록을 연일 갱신하고 있다. 간간이 비라도 내렸으면 했으나 태풍조차 중국으로 내빼거나 일본 먼 곳으로 가서 소멸되다 보니, 부산에는 불볕더위가 더욱 거세다. 고흐가 해바라기나 사이프러스 위에 이글거리는 해를 그린 날도 찌는 듯한 여름날이었으리라. 여름 더위를 흔히 표현하는 말로는 '푹푹 삶는 듯하다.'는 것이 이해가 간다. 빨래를 삶다가 솥뚜껑을 열면, 순간 확 피어오르는 열기가 얼굴에 닿으면 무척 뜨겁게 느껴지기 때문이다.

이상李箱의 여름날 무료함을 그린 어느 에세이를 떠올려진다. 그가 지냈던 1930년대 한여름의 무더운 농촌풍경은 알만하다. 논에 벼는 푸르게 자라고 있어 시각적으로 시원한 듯하지만, 바람 한 점 없는 날이면 아침과 저녁이라도 푹푹 쪘을 것이다. 한낮에 더위로 인한 짜증은 오죽했겠는가? 요즘과 같이 시원한 바람이 나오는 에어컨이나 즐거운 프로가 방영되는 TV조차 없던 시절인지라 하루해 보내기가 짜증났을 것이다. 신작로의 가로수 외에 그늘이 없었고, 큰 귀목이나 포구나무가 있는 동구 밖에 가도 시간을 함께 보낼 친구조차 없어 더욱 무료했을 것이다.

더운 날이면 거리에 "달고 시원한 아이스 케익"이라고 외치는 어깨에 나무상자를 멘 아이들의 정겨운 소리가 들리지 않는다. 아마 얼음과자나 아이스크림을 냉장고에 파는 편의점이나 상점이 많아서 그런가 보다. 이렇게 더운 날에 한천을 듬뿍 넣어 만든 시원한 콩국이라도 먹으려 해도 전통시장까지 걸어갈 엄두가 나지 않아 포기하였다. 하여간 무더운 한여름에 내 입맛을 달래기란 그리 쉽지 않다.

더위가 지속되자, 아내가 농 위에 얹어두었던 대나무 돗자리를 내려서 거실에 깔아주었다. 선풍기 바람을 받으며 그 위에 누웠을 때 죽부인과 함께 누운 것 못지않게 냉기가 잠시 머물다가 가니 행복감을 느끼나 그 기분도 잠시이다. 열어둔 창밖의 바깥 더운 바람이 들어와 내 주위를 맴돌다 보니 끝내 에어컨을 켜지 않을 도리가 없다. 요즘 부산의 해수욕장을 찾는 외지 사람들이 늘고 있으나, 그들과 같이 폭염을 참아가며 해운대나 송도의 해수욕장까지 가서 물에 들어가 수영하고 싶은 생각이 나질 않는다.

여름날을 보내는 나의 하루해가 바쁘다. 가을에 수필집을 출간하려고 오전에는 지금까지 아낀 힘을 다하여 글을 쓴다. 오후에는 탁구장에 다녀오는 것이 일상이 되었다. 에어컨을 켜둔 탁구장이라 시원하지만 운동하다 보면 늘 운동복이 젖어서 집에 돌아오니 내 나름대로 이열치열을 만끽하고 있는 셈이다. 이만하면 여름을 잘 보내는 편이나, 남은 것은 열대야가 기성을 부리고 있는 밤을 어떻게 보내는가가 문제이다.

예부터 여름이 되면, 내가 살았던 대연동 일대에 저녁마다 샛바람이라고 하는 해풍이 바다로부터 올라와 시원하였다. 마당에 모깃불을 피워두고 그 바람을 맞으며 평상에서 별을 보며 잠들었던 것은 낭만이었다. 샛바람이야말로 고마운 바람이었다.

조선시대부터 자염煮鹽으로 유명했던 소금 생산을 그만 둔 용호동의 염전과 갯벌에 쇠를 녹이는 제강공장이 세워졌다. 그때만 하더라도 해풍은 우리를 찾아주었으나, 대단지 고층 아파트가 들어서 바다를 막아선 후부터 샛바람은 대연동까지 올라오지 않는다. 이젠 저녁이 되어도 도무지 기온이 내려가지 않는다. 밤마다 열대야와 싸우며 잠을 청해야 하니 힘겹기만 하다. 지금까지 아무리 더워도 얇은 천 하나라도 덮고 잠을 잤으나, 요즘 들어 아무것도 덮지 않고 자기도 하여 홈리스homeless의 한 사람이 된 듯한 생각이 들어 피식 웃었다.

더위가 더욱 기승을 부리니, 탁구장이 쉬는 날을 택하여 황령산 사자봉 아래의 바람고개에 갈까 한다. 이 산은 시집을 간 남구의 여인들이 명절에 새벽부터 먼 곳에서 걸어와 이곳에서 친정 식구들과 반나절 동안 만난 후에 돌아간다고 하여 '반보기산'이라는 이명異名을 지니고 있다. 바람이 없는 날에도 바람이 찾아오는 곳이기에 예부터 황령산 봉수군이나 산 아래의 나무꾼들도 이곳을 즐겨 찾았다고 한다. 이 산으로 가려면 남구도서관에서 그늘이 있는 숲을 따라 걸을 수 있는 산길이 있다. 이 길을 따라 시원한 바람이 맴도는 바람고개에 가서 땀을 식히려 한다. 이것 역시 여름을 나는 이열치열의 한 방법이리라.

제 3 부

01 숨겨진, 그리고 분출하는 열정

02 언어 곁의 삶, 삶 속의 언어

03 앙가주망적 포즈

04 탈주 욕망으로서의 수필쓰기

01
숨겨진, 그리고 분출하는 열정

– 이동이의 ≪머문자리≫를 되짚으며

1. 열면서

작가는 기억하는 자이다. 그가 기억의 강을 거슬러 올라가면 낯선 타자들과 '자기' 내면에 잠재되어 있는 분신도 마주친다. '자기'를 만난다는 동시성은 현재의 '나'를 일깨우는 주요 동력이며 타자를 만난다는 것은 '차이'를 받아들이는 일이다. 수필가 이동이의 기억을 함께 공유해야 할 이유가 여기에 있다.

≪머문자리≫(2014)는 이동이가 ≪바람개비의 갈망≫(2008) 이후 6년 만에 피워올린 두 번째 불꽃이다. 이동이의 언어는 모호하거나 거창하지 않다. 그렇다고 자유분방한 스펙트럼을 지닌 것도 아니다. 소박하고 따스한 눈길로 대상을 관조한다. 그것은 이동이가 수필적 대상을 타자와의 관계성relationship 속의 존재로 보기 때문이다. '나'라는 실체는 홀로 우뚝 설 수 없으며 공존의 방식이야말로 한 인간이 될 수 있음을 정情의 언술로 설득하고 있다. 그러기에 이동이를 아는

독자라면 그가 얼마나 정겹고 따뜻한 인간미를 지니고 있는가를 안다. 동시에 그가 누구보다도 예민하고 섬세한 열정passion의 씨앗을 품고 있는지도 잘 알고 있다. 그 뜨거운 열기가 분출하여 언어의 화석으로 굳어진 것이 그의 수필상이라 하겠다.

그러나 이동이는 자신 안에 차고 넘치는 것들을 스스로 다스린다. 열정을 분출해야 할 때를 숨죽이고 기다리기도 한다. 그의 열정은 마치 H.D. 소로우가 언급한 '야생사과'와 같다. 해마다 틔운 싹이 동물에게 뜯기어 줄기와 뿌리만 옆으로 탄탄해지다가 한번 발아에 성공하면 하늘을 찌를 듯 성장하여 한 그루 야생사과나무가 완성된다. 이동이가 〈작가의 말〉에서 밝혔듯이 글을 쓰는 것은 "사라지는 꿈과 열정을 다시 채워주는 일"이기에 글과의 한판 승부를 펼치고 나면 글에 대한 두려움은 "별것 아닌 것"이 된다. 결국 늦가을 들판을 서성이다가 따먹는 야생사과 맛을 아는 자만이 ≪머문자리≫에서 정靜과 동動을 음미한다.

2. 정靜으로 숨겨진 내러티브

이동이 수필의 기본요소는 가족과의 서사, 삶의 성찰, 여행의 기억, 자연과의 교감으로 이루어진다. 그의 수필이 인간과 사회와 자연을 동시에 응시하지만 메시지의 접점은 언제나 열정으로 귀결된다. 그렇다면 무엇이 그녀를 치열한 열정성으로 나아가게 하였는가. 그것은 '존재에 대한 물음' 그 자체이다. 〈바늘 길〉에서 무의식의 상처를 어루만지고, 〈부재〉의 죽음을 재해석하며, 〈24시간의 변주곡〉에서 인간의 경솔함을 자숙한다. 그것을 통해 〈누구라도 한번쯤은〉에서 물질의 덧없음을 포착하고, 〈눈먼 자들의 도시〉에서 보이지 않는 것의 소중함을 발견하며, 〈머문자리〉에서 그리움의 의미를 짚어내고, 〈대추나무처럼〉에서 현명한 삶을 인지하게 된다.

작가의 내러티브는 치열한 창조과정의 몸부림으로 자신마저 연소시킨다. 작품의 완성을 향해 나아가는 열정적 작가라면 열정예감passion expectation을 경험하는 지점에서 '연금술적 변용'과 맞닥뜨리게 된다. 생을 온전히 바쳐 문학작품으로 구현되는 '순교'를 꿈꾸는 그녀도 현실의 고뇌를 극복하기 위해서 놀라운 힘을 발휘한다. 그것이 열정이며 이동이가 '뜨거움'을 품고 있는 이유이기도 하다.

> 삶은 생을 지속시켜주는 에너지들로 인해 의미 있고 또 아름다울 수 있다. 그것이 내 안에서 비롯되든 혹은 내가 속한 환경에서 시작되는 것이든 간에 뜨거움이란 차가움보다 풍요롭고 가치 있는 존재를 완성시켜 주지 않던가. 나를 온전하게 지탱시키는 뜨거운 열기를 지금도 끊임없이 저장한다. 1년 365일이 36.5도의 체온과 그 이상의 열정 속에서 내 삶은 앞으로도 붉게 타오르리라.
>
> – 〈365〉 일부

작가는 저체온증상으로 "얼어 죽을 것만 같은 고통"을 받는다. 급하강한 날씨에서 "뼛속까지 한기가 파고드는 잔인한 아픔"도 실감한다. 그의 몸은 뜨거움을 절실히 바란다. 그 심각성은 타인의 체온으로써 안아줌과 욕탕 물과 몸을 섞는 일로 일시적 개선은 될지언정 고였던 열정을 쏟아내고 나면 다시 앓는 고질병임을 감지한다. 이동이의 열정이 때로는 고여서 끓는 까닭도 욕망을 다스릴 줄 아는 지혜 덕분이다.

내면에서 시작된 열정은 외부로 나아간다. 타자를 발견하여 열정의 공감을 호출하려 한다. 〈멸치〉에서는 약육강식의 사슬을 이겨냄으로써 "전 생을 건 그 맛"을 지닌 멸치의 생존 의지에 경외감을 갖는다. 마당 한쪽에서 "단단한 근육질의 둥근 가슴으로 하늘을 품고 있는" 〈돌절구〉로 작가의 시선이 전이되기도 한다. 꽃더미를 비집고 올라온 난초와 무질서하게 뻗어가던 찔레 덩굴마저 "그에게로 허리를" 트는 숭고함을 확인한다. 열정의 출구는 우연히 보게 된 TV 프로그램의 음악 오디션 출연자에게로 향한다. 작은 키, 비대칭 덩치, 무표정 얼굴, 민눈썹의 참가자 '모나리자'를 시종일관 응원하는 것이다.

> 그동안 나는 열렬한 시청자가 되어 그들과 함께했다. 애절한 노래에 눈시울을 적셨고 경쾌한 노래에는 어깨를 들썩이며 흥겨워했다. … "그럼 그렇지."라며 무릎을 쳤고, 탈락의 위기에 처한 참가자에겐 재도전의 기회를 간절히 담아 문자를 전송했다. … 몇 개월간의 오디션에 사로잡혀 지내는 동안 지독한 발의 통증을 잊을 수 있었고, 신명이 솟았고, 자유로운 표현욕구가 충족되어 좋았다.
>
> ―〈울지 마 모나리자!〉 일부

열정을 뿜어낸 '모나리자'를 격렬히 응원하는 동안 이동이는 자신의 발 통증까지 잊게 된다. 기대와 달리 2등의 결과에 "울지마, 실망마라"고 다독이지만, 실은 이동이가 분출하지 못한 자신의 열정에게 하는 독백이며 위무라고 할 수 있다.

나아가 이동이의 열정세계는 '살아 있음'의 환희로 구축된다. 낚시에서 찌의 〈떨림〉으로 생의 희열을 느끼고, 〈여름날의 삽화〉에서 창가의 매미가 "살아 있음에 절절하게 휘감아 올리는 목청"을 듣는 동안 자신도 "허물어지려는 마음을 곧추세워" 폭염을 견뎌낸다. 지심도에서 본 동백의 〈꽃 진 자리〉를 "붉은 생명 꿈틀대는 각혈의 현장"이라고 명명하는 것도 황홀경을 넘어서 생명이 머문자리임을 인지하는 일이다. 그러기에 발목과 허리 통증으로 열정을 잃을 때는 "모든 일에 시큰둥하니 아예 말문을 닫고" 무력감에 "우주에서 혼자만 뚝 떨어져 나온 듯" 침침한 공간 속에 갇혀 지낼 수밖에 없다.

미로를 헤쳐 나가려는 몸짓은 사유의 확산을 이끌어낸다. '탈코드화'로서 낯섦의 새로운 변용을 초대하는 〈괴물과 한판〉이 그 대표작이다. 그는 자동세차기기를 괴물의 난동으로 형상화한다. 세차 전에의 '끔찍, 당혹, 무섬증'이 세차 후는 '배짱, 담대, 정돈'으로 의식을 전환한다. "커다란 괴물의 아가리" 속으로 들어감으로써 나약한 자신을 극복하고 "혼탁한 정신도 세탁되었으니 강도 높은 횡포"도 마다치 않고 당당히 맞설 수 있다. 삶이란 열정이 없다면 "희열을 동반한 모험은 느낄 수 없다"는 이동이의 독백에서 열정의 긴장미를 공유하는 것이다.

3. 동動으로 분출하는 마이웨이

인간은 욕망을 드러내는 동안 솔직하다. 이성이 보편적, 합리적인 것이라면 감정은 주관적, 비합리적인 것을 특징으로 한다. 이 감정이 경계를 허문다면 갇힌 열정은 옥죄는 괴로움이 된다. 이동이의 열정체험은 진솔하다 못해 고백적이다. 그녀의 고백은 필연적으로 자기성찰과 무관할 수 없지만, 참회나 뉘우침이 아니라 마음을 드러내는 솔직함에 있다. 그 '표정 읽기'를 터키의 소금호수인 투즈괼 여행 후기 〈소금호수에 서다〉로 확인할 수 있다.

용서와 화해의 언어들이 밀려온다. 여기에 서 있으니 그 누구라도 품을 수 있는 너그러운 마음이 생긴다. … 나도 그처럼 온전하게 용해되어 보려 하지만 그럴만한 용기가 없다. 가끔 의연한 척하면서도 내심 쓰라려 못 견뎌 한다. 쓰라린 상처에 그의 염력이 와 닿는다면 더 강인해질 수 있으련만…. 발아래에서부터 차오르는 그의 본성을 닮고자 소금호수에 한참을 서 있다. 태양을 머리에 이고.

– 〈소금호수에 서다〉 일부

화자는 소금의 본성을 닮고 싶어한다. "태양에 단련된 강인함, 한데 섞이는 겸손, 익숙한 맛을 내는 친화력"을 가지려면 소금은 제 몸을 고스란히 녹여야 가능하다. 하지만 이동이는 소금처럼 온전하게 용해될 용기가 없음을 고백한다. 어찌 이동이에게만 해당되겠는가. 무릇 인간의 한계이다.

이동이의 열정은 팝송을 즐겨 부르던 학창시절부터 배태하였음을 〈푸른 웃음〉에서 확인할 수 있다. 그는 "소풍이든 수학여행이든 길을 나서면 무조건 기타부터 챙겨들었다"고 회고한다. 무시로 몸을 달구어 온 '열정의 씨앗'은 최근 관람한 터키 전통춤인 '세마춤'의 회전동작에서 강렬히 폭발하는 '환희세계jouissance'로 재현한다.

곧이어 밸리댄스 공연 때는 끓어오르는 감정의 물꼬를 제어할 수 없었다. 아니나 다를까, 관객의 흥을 풀어주기 위해 무희가 손을 내밀 때는 용수철처럼 튀는 본능을 어쩌지 못했다. 그들의 손을 잡고 자유분방하게 춤을 췄다. … 몸속 어딘가에 환희가 이는 시간은 덧없이 짧다. 몸을 휘감고 있는 기쁨이 사라지기 전에 감정을 제때 발산해야 한다.

– 〈댄스! 댄스〉 일부

마침내 이동이의 몸이 깨어난다. 밸리댄스를 추며 무념무상의 상태가 되는 일은 '살아 있음'을 확인하는 것이다. 사로잡힌다는 것, 그것은 매혹이자 열정이며 삶을 추동해가는 에너지이다. 일상의 무수한 사물들이 새롭고 낯선 풍경으로 시야에 들어온다. 감각은 보다 예민해지고, 영혼은 더욱 섬세해지며, 잠재되어 있던 본능이 발현한다. 〈호르당!〉에서 보여준 몽골의 승마체험도 마찬가지다. 말이 달리면 야생화가 몸을 털고 흙먼지가 날아오르고 말발굽 소리는 심장을 두드린다. '살아 있음'이 움직이는 것임을 절감할 무렵에는 "유목의 피가 스멀스멀 돋기" 시작한다. 이것이 그의 웃음소리가 "온 산을 깨울" 수 있는 까닭이다.

이동이의 열정은 사람들을 전이시키는 힘을 지녔다. 〈우리가 그리는 한 폭의 수채화〉 속 붉은 자운영을 닮은 "그녀" 역시 화자를 만난 이후 "약이 오른 풋고추의 강렬함을 닮아간다"고 토로한다. 열정이 치솟으면 설명할 수 없는 어떤 힘에 이끌리어 낯선 여행길을 떠나기도 한다. 그것은 번개 같아 저항할 수 없으므로 비난의 대상이 되어서도 안 된다. 이동이는 〈낯선 곳에 가고 싶다〉고 주문한다. 푸른 밤기차가 지나는 "낯선 곳"에서 아침을 맞고, "낯선 돌담길"에서 틈새의 모난 돌을 보고, "낯선 곳"에서 외로움과 대면하고 싶다. 그래서 그는 오늘도 열정의 세상을 향해 글의 길을 멈추지 않는 것이다.

4. 닫으며

인간의 삶을 텍스트라고 한다면 열정적 생애야말로 진정한 존재 가치를 지닌다고 말할 수 있다. 어떤 대상에 미치도록 빠져드는 상태로써 지극한 열정은 목표를 향해 끝까지 나아가게 하는 에너지원이 된다. 이동이가 분출하는 열정의 물줄기가 문학세계로 모여드는 것은 수필이라는 믿음의 장이 있기 때문이다. 기억과 사물이 가진 의미를 복원하는 것이 문학이라면 그것을 진정성 있는 언술로 표현하는 것이 수필쓰기이다. 이동이로 하여금 "밤을 부여잡고 점자를 새기듯 글자판을 두들기는" 숭고한 작업을 하게 만드는 이유이다.

이동이에게 열정은 모험의 매개체라기보다는 강인한 생명력을 지닌 동력과 같다. 그 결실로 이루어진 ≪머문자리≫는 삶의 방향에 고민하는 독자에게 세상을 응시하는 길을 열어줄 것이며, 내면에 잠재되어 있는 열정을 깨우는 동인으로 작용하리라 믿는다. 이동이가 지향하는 가치의 실현을 위해 좀 더 '강렬한 열정'과 더욱 '뜨거운 삶'을 살 수 있길 기원하며, 열정이 지성을 지원하는 원동력이 되기를 희망한다.

02

언어 곁의 삶, 삶 속의 언어

– 황선유의 두 번째 수필집 ≪은은한 것들의 습작≫에 부쳐

1. 클릭

작가에게 언어는 오직 글 쓰는 '순간'에 생성된다. 일상의 언어는 의사소통의 수단이지만 문학 속에서의 언어는 예술적 표현이다. 언어를 정교하게 다룬다는 것은 창조하는 일이다. 언어가 인간 존재의 근원을 넘어 삼라만상을 연결하는 통로 역할을 하므로 작가가 다루는 언어 속에는 그 어떤 신성함이 들어 있다고 믿는다. 마법적 주문을 행사하는 것과 같다.

버지니아 울프는 "한 작가가 작품을 쓰기 위해 책상 앞에 앉게 되면 작가의 모든 과거는 그의 펜 뒤에 앉게 된다."고 설명했다. 경험적 기억과 내면적 심상이 펜촉이 빚어내는 언어로 재구성되기 때문이다. 이때의 언어는 음성[words]을 넘어서 사유의 활동으로 전개한다. 이것이 문학을 언어예술이라고 부르는 까닭이다.

황선유는 누구보다도 "벚꽃잎처럼 흩날리는 기억들을 쓸어 담아" 언어의 집을 짓는 작가이다. 수필쓰기는 "온전히 나 자신과 독대하는 시간"이며, "미망했던 내가 보이기 시작"하는 순간임을 고백하면서 "시간을 얹어 포개고 쌓아 눌러도 훼손되지 않는 기억"들을 모아 두 번째 수필집 ≪은은한 것들의 습작≫을 묶었다. 작가는 "누에가 실을 잣듯이 줄줄 쓰이는 것도 아니어서… 나에게는 단 한 줄의 글쓰기가 이리 어려운가."라고 자책하지만 2017년 첫 수필집 ≪전잎을 다듬다≫를 상재한 지 1년 만에 거둔 풍작으로써 작가의 문학적 질주에 박수를 보낼 수밖에 없다.

황선유는 하동에서 8형제 중 막내딸로 태어나고 진주와 부산에서 수학했으며, 2011년 ≪수필과비평≫으로 등단, 드레문학회 회장을 역임하였다. 그녀가 작가의 길로 들어서게 된 것은 유년시절 "시골집 아래채의 군불 땐 방바닥에 엎드려 텃밭의 병아리들이 흙 파는 것을 보면서 시 쓰는 법을 가르쳐주던" 막내오빠가 있었기에 가능했다고 여긴다.

그 문학적 불씨는 여고시절 "담쟁이가 예스럽게 벽을 타고 연보랏빛 라일락꽃 향기가 바람을 넘던" 강당에서 황금찬, 서정주 시인을 만날 때도 일렁거렸고, 물미해안의 시인과 결혼한 친구를 생각할 때도 사물거렸을 것이다. 본격적으로 수필밭에 뛰어들어 강의를 듣고 동인활동을 하는 동안 "한밤중에 깨어 글을 쓰는 자"를 경외하면서 글 쓰는 데는 "죽치고 앉아 쓰는 수밖에 없다"는 인식으로 오늘까지 수필의 불땀을 고르게 되었다. 그 결과 황선유의 언어 곁에는 일상적 삶이, 삶 속에는 문학적 언어가 당연히 놓일 수밖에 없다.

2. 언어 곁의 삶

수필은 본질적으로 인간의 삶을 탐구하는 문학이다. 인간에 대해 묻고, 의미 있는 삶에 대해 이야기한다. 황선유 역시 수필을 "삶의 날숨"으로 구현한다. 말과 행동이 아닌 수필가로서 인생을 살려하기 때문이다. 그녀에게 삶은 단순히 죽음에 대립되는 것이 아니라 인간 존재를 존중하고 수용하는 과정이다. 그것은 일상을 돌아보게 하고 과거를 소환시킨다. "갇혀 있던 쓸쓸한 이름"을 복원하며 "수채화같이 뜯겨나간" 추억의 퍼즐을 맞추게 된다.

> 오래되어 사물거리는 것들에 자주 마음이 물든다. 물든 것들은 번져서 수채화가 된다. 꽃인지 나무인지 풀인지 향기인지. 아니면 동그라미만 남은 얼굴인지. 마냥 은은하기만 한 것들. 어느새 하무뭇해지는 통증. 그것들을 습작한다. 유년의 먹먹한 소란을 재운다.
>
> – 〈은은한 것들의 습작〉 일부

옴니버스식 구조를 이룬 〈은은한 것들의 습작〉은 유년시절 흩어져 있던 화소들을 불러낸다. "탱자나무, 치자, 각시풀, 국화, 복숭아벌레, 강냉이죽, 골담초, 꽃소쿠리, 곰배팔, 지우산, 선거다리…." 이러한 "은은한 것들"의 언어는 잃어버린 고향이자 문학적 시원으로 자리한다. 하이데거가 언어의 본질을 "정적의 은은한 울림"으로 해석하듯 황선유는 그 "울림"의 의미를 언어라는 구슬로써 꿰어낸다. 언어가 말을 하게 되었다. 치자꽃 냄새에 걸음을 멈추고, 국화 향기에 엄마의 실루엣을 떠올리며, 골담초 나무가 베어진 자리에 서성이고, 선거다리가 보이면 저절로 가슴이 뛰게 되는 것이다. 그래서 작가는 '언어라는 존재의 집' 앞에 서는 파수꾼이 된다.

황선유의 기억을 찾아가는 과정은 상실을 통해 구체화된다. 그녀가 몸속 장기 하나를 떼어내는 수술을 받았다. 느닷없이 찾아온 암세포를 만나면서 그간 운영하던 간호학원을 접는다. 자신의 존재 수용을 위해 고대 인도인들이 몬순monsoon의 우기철에 요가수행을 하고, 수도승은 '하안거'로 참선을 하듯이 현대인들도 다도나 명상으로 내면의 소리를 듣고자 한다. 황선유 역시 노동을 중단함으로써 '쉼'을 얻고 편안함과 느긋함을 동반하는 성찰의 시간을 갖게 된다.

> 그것은 내다 버리는 일부터 시작되었다.
>
> 무려 17년을 아무런 군말 없이 한쪽 벽을 지켰던 학원 원훈, 강사 현황, 수강료 게시표, 시간표… 등을 넣은 액자. 끄집어낸 서류 더미는 그간의 연륜을 드러내듯 엄청났다. 아꼈던 그림과 사진, 어렵게 구했던 책이며 망설이다 사들였던 값나는 실습 기자재들, 하다못해 문구류 하나까지.
>
> – 〈허우룩하다〉 일부

영적 휴식은 잊고, 끊고, 내려놓고, 벗어나야만 가능하다. 삶이란 결국 비우는 것이 아닌가. 황선유가 "묵정밭 같은 장기"를 인정 없이 내다 버린 것처럼 애착을 가지던 물건들도 미련없이 치우고 말았다. 용도를 다하고 "버려지는 것이 궁극의 인생"임을 절감할 때 작가 자신도 "누군가로부터 버려진 적은 없었는가" 반추한다. 훗날 이생의 것을 몽땅 버려야만 할 때가 있다는 사실도 수용한다. 비로소 계절의 순환과 벚꽃의 봄기운을 느낀다. 자연스레 "암세포야, 오늘은 고맙다."라는 긍정적 사유에 다다른다. 모든 것이 마음짓기에 달려 있는 것이다.

수술 후 작가는 생각이 깊어졌다. 특히 죽음이란 무엇인가를 고찰한다. 쓰린 몸을 웅크리고 돌아가신 아버지, 막내딸을 기다리다가 눈 감은 어머니, 홀로 숨을 거둔 시어머니, 요양병원에서 명을 다한 작은오빠의 마지막 생을 떠올린다. 죽음이란 누구도 경험하지 못했으며 누구에게나 홀로 맞이해야 하는 일이다. 인간의 힘으로 극복할 수 없으며 종교도 철학도 과학도 답을 내지 못한다. "깡그리 소멸되는 것"이기에 그녀도 떠날 때는 "흔적 없이" 생을 지우고 싶다고 말한다. 여기까지 생각이 미치자 그녀는 별안간 바빠진다. 왜 그런가. 사람 사이에 진 "정情 빚"이 많으므로 모두 갚아야 한다는 자각을 이룬다.

다행히 "무위의 자유"가 생겼다. 그것은 "나 하고 싶은 것"만 해도 됨을 뜻한다. 음악을 듣고 영화를 보고 여행을 하고 라인댄스 배워보기 유혹에도 빠졌다. 그러나 글꾼이라면 밀린 책을 읽고 글을 쓰는 것이 가장 마음의 여유를 느끼는 되는 법. 댄스는 "두 주 째 맨 뒷줄에 서서 왔다리 갔다리"하고만 있다. 드디어 "아무 것도 안 해도 되는" 자유를 마다하고 한 편씩의 수필을 다듬는 것으로 불면을 이겨낸다. 그러기에 '맨몸 이야기'로 여성 수필가에게 요구되는 조신함이라는 벽을 무너뜨리는 용기 있는 도발도 가능하며, 병원 승강기 안에서 "암 걸리셨다더니 아직 안 돌아가셨어요?"라는 황당한 질문을 받고도 느긋해졌다.

> 이왕 닮았다 할 거면 나에게, 암 걸려 죽었을지도 모르는 그 사모님도 말고. 청량리에서 '그일'을 했다는 그녀도 말고. 좀 뻔뻔스럽긴 해도 알퐁스

도오데의 소설 〈별〉에 나오는 스테파네트를 닮았다거나 하다못해, 누군가의 첫사랑이라도 좀 닮았다 말해주든지.

－〈그런 날이 있었다〉 일부

이제 황선유에게 "모든 날이 눈부시다." '도플갱어'가 가진 정신적인 질환이나 죽음과 관련된 원뜻은 개의치 않는다. 서로 닮았다는 악의 없는 호감으로 가볍게 넘길 줄도 안다. 지난날의 잃은 것과 얻은 것을 세는 것조차 무의미하다. 장성한 아들들을 놓아주면서 "특별히 친한 타인"이니 존재만으로도 괜찮다며 위로하고, 달포 전부터 가사를 거드는 "낯선 남편"도 고맙다. 팔순의 큰 올케언니가 보낸 "메지메지 싼 봉궤보자기"를 풀면서 "고향 같은" 사람들에게 고개 숙이고 더 바라지도 않고 아무것도 탓하지 않는다. 그저 "나이 들어서 편안하다"는 자조로 궂었던 일은 "미씽missing"하여 주기만을 희원한다. 그것이 황선유가 언어로써 삶을 껴안는 방식이다.

3. 삶 속의 언어

사르트르는 '인간은 스스로 자신을 만든다'고 했다. 인간은 완벽히 만들어져 세상에 던져진 것이 아니라 존재를 끊임없이 반문하는 도정을 선택함으로써 자신을 완성시켜 나간다. 일부는 보통의 삶을 거부하고 자기만의 새로운 길을 가고자 한다. 그들이 예술적 삶이고 일상에서 창조적 길이다. 문인이라면 당연히 인생의 해석자로서 문학적 언어를 곁에 둘 수밖에 없다. 황선유 역시 생활적 반려자는 남편이겠지만 예술적 삶의 진지한 반려자로 문학을 선택하였다. 그러한 삶 속에는 늘 언어망으로 직조된 사유적 그물이 펼쳐진다.

황선유가 삶을 향하는 근본적인 통찰은 존재성에 대한 질문으로 시작한다. 그 물음을 찾아 〈이해한다는 것〉에 나타난 타자와의 거리를 살펴볼 필요가 있다.

> 타인을 이해하는 법, 어떡할까? 모든 경전을 섭렵하면 타인에 대하여 불가해한 것들이 다 사라지는가. 부단한 정진精進, 그 끝이면 타인을 용납할 품을 가지는가. 사십일을 금식기도, 그리하면 그리되는가. 아서라, 무정한 이기의 세상에 누가 누구를 호리毫釐만큼이라도 오류 없이 이해한단 말인가. 그저 가던 길 뒤돌아 나긋이 기다려주는, 소수의 훈김만으로도 살아갈 이유가 될진대 그마저 그러도록 인색한 관계들. 다만 아우르고 덮고 다독이며 살아갈 뿐이다.
>
> – 〈이해한다는 것〉 일부

인간은 누구나 "나는 누구인가?"의 화두를 안고 산다. 그것은 "나는 어떻게 살아가고자 하는가?"에 대한 길을 찾아가는 과정이기도 하다. "진짜 시어머니"가 되려고 종일 정성들여 음식을 만들었으나 아들의 퇴짜에 체면이 구겨지고, 예순이 넘도록 김치 한번 담그지 않은 채 "배은망덕이 유만부동"하여 부모형제로부터 신세를 지고, 참아도 될 말을 서둘러 내뱉은 탓에 일격도 당한다. 무시로 타인과 나의 거리에 대해 고민한다. "타인을 이해한다는 것은 나를 안다는 것"이며 그 역도 성립가능함을 제시하였건만 이 생 다할 때까지 "나를 알고 가기는 글렀다"는 것을 예측한다. 남은 삶을 어떻게 살아야 하는지 성찰할 수밖에 없다.

황선유의 통찰은 종종 아포리즘적 문장으로 서술된다. 아포리즘은 단언의 언술로서 고정관념을 흔들어 깨워주는 작가의 담론이다. 훔볼

트가 "언어란 인간이 스스로에 가하는 최초의 충격"이라고 역설했듯이 작가의 아포리즘적 서술에 독자는 멈춰 서서 방향을 잡아나가게 되는 것이다.

> 겨울 숲에 가 본 적이 있는가. 잎이며 꽃이며 열매며 마른 잔가지까지 다 떠나보내고 남은 겨울나무들을 가만 바라본 적이 있는가. 에이는 찬바람에 바르르 떠는 위초리. 발가벗겨져 엄동에 내 몰린 겨울나무들의 울음을 들어 보았는가. 산들바람을 따라 날마다 이웃했던 잎새들이 진자리. 어제와도 같고 내일도 같을, 겨울나무들의 고독을 들여다본 적이 있는가. 그 허허로움을 한번이라도 쓰다듬은 적이 있는가.
>
> – 〈겨울나무〉 일부

작가는 온몸으로 혹독한 시련을 버텨내는 겨울나무의 알레고리를 압축된 문장으로 담아낸다. 표면적으로 겨울나무를 예찬하지만 작가는 나무의 희생이 철학자를 만들고 사색가가 되게 하며 시인을 탄생시킨다고 믿는다. 그러기에 나이가 들수록 말 많은 늙은이가 아니라 "진중한 겨울나무 같은 사람"이 되게 해달라고 기도하는 것이다.

자신도 틀릴 수 있다는 깨달음은 〈콩나물 씻어 봤어요?〉를 통해 드러난다. "생전 일을 안 해 봤을 것" 같은 외모로 주방일을 평가받고, 허름한 차림을 한 남편 신분을 미심쩍게 여긴 트럭 운전사까지도 모두 편견의 틀에 갇혀 있다. 편견이 사람을 평가하는 데 얼마나 걸림돌이 되는가를 지적하며 매사 "허방만 짚으며 사는 것은 아닌지 한참 뒤를 돌아다보아야 한다."는 언술로 일침을 놓는다.

〈코스모스의 노래〉와 〈귀환〉은 시어머니와의 서운한 매듭을 풀어낸다. 생의 끝자락에서 시어머니는 "내 너한테 모질게 굴었던 것 용서해라."는 말씀으로 화해를 건네고, 작가는 시어머니가 남긴 글을 습유하여 유작시 표구를 남긴다. 이로써 생전 살갑게 굴지 못했던 스스로를 "보속補贖"하듯 조금이나마 마음의 무게를 덜고 싶다. 나아가 삼십여 년 만에 시어머니의 재봉틀이 시누이의 자동차에 실려 그녀 집으로 들여진다. 신혼 초 시어머니 방 자개농 옆에서 "시어머니의 위엄"과 함께 당당했던 물건이다.

> 세월을 참아 내느라 모서리가 닳아 헐거워진 재봉틀 서랍 속에서 인두와 무쇠 가위가 밖으로 나와 바람을 쐰다. 닳은 저 모서리처럼 내 이기도 내 쓸쓸함도 이제 그만 헐거워지기를. … 이만큼 나이가 들고서야, 스치고 간 인연들의 매 순간에는 다 그만한 이유가 있다는 것을 알았다.
>
> －〈귀환〉 일부

재회한 '위엄'은 예전 같지가 않다. 찬서리는 녹아내렸고 노여움은 안온해졌으며 말씀은 아릿하기만 하다. "어리둥절한 순간을 나이만큼 보내고서야" 이해하게 되었으니 인간이란 우둔한 존재이기 그지없는 일이다. 생사를 궁금해 하지도 다그치지도 비난하지도 말라고 충고한다. 그저 "조용한 뒷모습을 보이며 묵묵히 걷는 것"이 현자의 삶인 것을. "모든 것이 다 감사했다"는 시어머니의 마지막 말씀은 "표절하고 싶은 전별"로 남는다. 시어머니의 '부재'가 더욱 강렬한 '귀환'이 되는 이유이다.

황선유의 남다른 초연성은 예순 나이로 반추된다. "뎅겅, 뭉텅, 툭, 꽃 모가지가 통째로 떨어지는 소리가 들린다는 나이"가 마음을 성가시게 하지만, 예순을 인생의 황금기라 믿고 험난한 생을 넘으면 종심從心이 기다리고 있음도 기대한다. 삶이란 "먼 외출을 나서듯 잘 차려입을 수만은 없다"는 것을 인지한다. "결혼도 때로는 외로운 것"이지만 "가풀막진 인생에도 함께 손잡아 걸어 줄 사람"이 있다는 것이 얼마나 다행한 일인가. 그러니 "천공天空의 바람이 그대들 사이에서 춤추도록. 공존에는 거리를 두라."는 칼릴지브란의 글을 염두에 두는 것이다. 어차피 인생이란 "나그넷길"이 아닌가. 작가의 남다른 언어적 미감이 삶의 문양을 자유로이 그릴 수 있게 때로는 "그냥, 내버려 두는 것"도 괜찮다.

4. 로그아웃

황선유는 이번 작품집에 ≪은은한 것들의 습작≫이라는 이름을 붙였다. 등단을 한 지 수년이 되었고 두 권 째 출간임을 인지한 독자라면 '습작'이라는 표제어에 당연히 눈길이 멈출 것이다. '습작習作'이란 연습 삼아 짓는 것이지만 황선유 작가에게 습작은 겸양의 언술이 아닐 수 없다. 황선유의 시선은 일상의 틀에서 시작하지만 암세포와 직면하면서 생사에 대한 응시로 깊어진다. 인간실존에 천착한 내적 목소리가 언어로 부활하면서 다양한 의미적 층위를 펼쳐내게 된 것이다.

'은은한 것들'을 읽은 독자라면 작가의 삶이 '생놀이'와 '글놀이'를 병행하고 있음을 짐작한다. 능선을 넘는 종소리의 여음처럼 연둣빛을 드리운 봄 강의 풋향같이 은은하게 곱씹으며 읽혀질 것임에 틀림이 없다. 미감을 구현한 특유의 언어 문양은 독자의 가슴에 화인처럼 찍혀질 것이며, 아포리즘적 문장은 사유의 등을 밝혀주리라 믿는다.

황선유 수필가는 일상이 조여 올 때면 "탈출처럼 가출"한다고 고백한다. 머지않아 그녀는 다시 '언어 곁의 삶'과 '삶 속의 언어'의 틈을 메우려 여행 가방을 꾸릴 것이다. 그러한 작가적 집념이 사물들을 재해석하여 삶을 포용하리라고 기대한다.

03

앙가주망적 포즈

– 송명화 수필의 ≪순장소녀≫로 호명된 시대성 발현

1. 들어가며

문학은 삶에 대한 해석이다. 기본적으로 작가의 개념과 생각을 표현하지만 개인적 고백이나 자아성찰로 그쳐서는 곤란하다. 타자와 공유하고 사회와 관계맺기가 필요하다. 현실의 단면을 직시하고 타인의 고통을 껴안을 때 가능한 일이다. 현실은 언제나 정치적, 역사적, 사회적 문제가 뒤따른다. 그것을 객관적 세계관으로 해석하고 글로써 그려내는 자가 작가이다. 작가의 임무는 문제점을 지적하고 불온전함을 들추어내야 한다. 그러기 위해서는 현실을 선명하고 구체적으로 직시할 수 있는 작가적 눈을 가져야 할 것이다. 그 점에서 사회적 문제를 성실히 제기한 자가 송명화 수필작가라 하겠다.

송명화의 수필집 ≪순장소녀≫(2016)는 사회적 안목과 세상을 통찰하는 능력이 밀도 있게 직조된 그의 세 번째 수필집이다. 첫 수필집 ≪에세, 햇살 위를 걷다≫(2006)와 ≪사랑학 개론≫(2012)을 상재한 작가는 2000년 ≪문학도시≫로 등단하고, 2005년 수필 〈창〉으로 전남일보 신춘문예에 당선됐으며, 문학언어치료학 박사 학위를 받고 문학평론가로도 지평을 넓히고 있다. 제1회 연암박지원문학상, 제1회 풀꽃수필문학상, 부산수필문학상, 국제문화예술상 등을 수상하였고, ≪순장소녀≫에 함께 수록된 장長수필 〈화선火仙〉으로 제1회 김만중문학상을 거머쥔 탄탄한 문단 이력을 쌓아왔다.

사르트르는 그의 저서 ≪문학이란 무엇인가≫에서 작가의 사회참여를 요구했다. 동시대의 현실을 인식하고 책임지는 글쓰기가 바람직하다는 것이다. 특히 그는 "산문은 본질적으로 실용적인 것"임을 주장하며 참여문학에 가장 적합한 글쓰기 형태가 산문임을 강조했다. 현상황을 진실되게 전달하고 동시에 변화시킬 수 있는 적임자가 바로 수필작가라고 할 수 있겠다.

사회적 현상을 포착해내는 송명화의 눈은 예리하다. 작가는 통속적인 신변적 글쓰기를 거부한다. 그의 수필적 화소는 "가짜 환자, 맹목적 모정, 잃어버린 마을, 치매 노인의 매니큐어, 인도 폭죽공장 노동자, 누드 여인 조각상, 베트남 신부, 연변조선족 가이드, 팔 잃은 두 발의 피아노 연주자" 등으로 다채롭게 펼쳐낸다.

작가가 '무엇을 말하려고 하는가'는 중요한 명제이다. 이 물음은 '앙가주망engagement'의 개념을 통해 여러 갈래로 해답을 모색해오고 있다. 앙가주망은 약속, 책임 등의 뜻으로 '눈길을 돌리는 주관으로서의 나'라는 개념을 지니고 있다. 이 말은 '무엇엔가 연루되어 있음'이라는 의미를 포함한다. 그 점에서 송명화는 드러내기의 '사회 수필' 쓰기로서 문학적 책무와 함께 독자와 거리 좁히기를 시도한다.

2. 지금 여기, 깨어 있기

나의 문학이 타인과 사회를 위해서 무엇을 할 수 있는가. 작가라면 누구나 고민하는 문제이다. 하지만 많은 작가가 신변성과 서정성에 묶여 자신의 고고성孤高性에만 집착하고 있다. 세상의 모순을 비판하고 현실 문제에 뛰어드는 참여 수필가는 더더욱 드물다. 수필문학이 개별성에서 보편성으로 나아가려면 사회 현상들을 드러내기와 고발하기, 그리고 변화하기라는 내적 성찰이 필요하다. 문학이야말로 동시대의 삶을 담는 그릇이 아니겠는가.

송명화 수필가는 문인으로서 목격한 인간의 삶을 허투루 지나치지 않는다. 불균형적이고 기형적인 모습일수록 심안을 확대시킨다. ≪순장소녀≫에 실린 대부분의 작품이 개인의 실존을 압박하는 아웃사이더의 불안정한 삶을 조명했다. 〈샤갈, 날개를 부탁해〉에서는 아파트 옥상에서 떨어진 소녀를 통해 학업 스트레스에 따른 청소년 자살을 진단한다. 죽음으로 이끄는 사회구조를 지적하고, 소녀의 아픔을 읽지 못한 어른들의 근시안적 눈을 비판한다.

> 소녀가 이 세계를 선택해 주었더라면 얼마나 좋았을까. 경쟁과 아우성만 가득한 인공의 그늘에서 소녀가 볼 수 있었던 건 건물 사이에 끼어 낑낑대는 손바닥만 한 하늘이었을 게다. 아름다운 자연의 향연이 소녀의 마음에서 그늘을 벗겨내 줄 수도 있었으련만. '얘야, 너의 선택으로 인해 살아있으되 산목숨이 아닌 듯 괴로워할 이들에게 삶은 가혹한 숙제가 되고 말았다. …… 미안하구나.'
>
> – 〈샤갈, 날개를 부탁해〉 일부

삶의 의미와 가치를 생각해 보게 하는 대목이다. 아이가 '자살'을 거꾸로 읽어내고 아프다고 비명을 질러주었더라면 하는 어른들의 회한도 이미 늦었다. 작가는 그 치유적 대안으로 샤갈의 그림 '도시 위에서'처럼 샤갈이 사랑하는 여인 벨라를 안고 하늘을 날듯이 "허리를 붙잡아줄" 누군가 있어야 함을 제시하는 것이다.

송명화의 시선은 노인문제에서 오랫동안 머문다. 치매에 걸린 친구 어머니가 보따리를 풀어낸 사연을 담은 〈보褓〉와 독거노인의 소통부재에 따른 외로움을 지적한 〈여보세요〉를 떠올린다. 보퉁이를 안은 도시 노인은 현관에 주저앉아 고향으로 갈 것이라고 떼를 쓰고, 홀로 남은 산골 노인은 기다림에 지쳐 길을 묻는 이방인에게까지 자식 대하듯 각별하다. 화자는 노인의 "여보세요" 소리에 대답해주는 일이 젊은이의 임무라고 풀이한다. 나아가 작가는 요양원 위문으로 실천적 인간애를 구축하기에 이른다. 〈매니큐어〉에서는 요양원 치매 할머니의 화려한 손톱을 보면서 누군가 나눈 봉사의 마음을 새기고 평소 매니큐어에 인색했던 자신의 평가를 정정한다.

하지만 노인들의 맹목적 모정에 대한 따끔한 질타도 잊지 않는다. 〈차마〉의 생활보호대상자인 일명 '미라 할아버지'는 자신을 방치하고 보조금까지 착취한 조카며느리를 웃으며 감싼다. 그 뜻밖의 상황은 씁쓸함을 넘어 비애감까지 느껴진다. 영화 속에서는 아들에게 살해를 당하면서도 뒷일 걱정에 패륜의 자식 손톱을 삼키는 어미가 포착되고, 방송에서는 아들에게 감금된 노모가 오히려 아들을 두둔하는 거짓증언을 목격한다.

가치관이 변해간다. 대가족은 눈을 씻고 보아도 찾기 어렵고 홀로 사는 노인들이 급증하고 있다. 시간에 쫓겨 사는 세상, 고향과는 먼 곳에서 업을 갖고 살아가야 하는 세상, 배우고 즐길 것도 많은 세상에서 모여 살기는 어렵게 되었다. 자식 수가 적다 보니 어릴 때부터 우대받고 큰 자식은 참을성도 책임감도 희생정신도 제대로 갖추지 못한 채 어른이 되었다.

– 〈차마〉 일부

맹목적 모정이야말로 더욱 자식들에게 독소임을 인지한 송명화는 측은지심을 강조하지 않을 수 없다. 공자의 '인仁'과 부처의 '자비심'과 달라이라마의 '연민compassion'이 가리키는 덕목을 잃지 않아야 함을 환기시켜 주는 것이다. 〈노고초老姑草와 노숙자〉에서는 자신을 길 위에 버린 노숙자와 세속을 버린 지 30년 된 '노고초 할머니'의 삶을 대비시켜 진정한 '버림'의 의미를 확인해 주었다.

경제성장으로 거대한 맘모니즘mammomnism의 포로가 된 인간 의식의 비판도 이어진다. 〈미인이라 불러줄게〉에서는 갈비뼈, 골반뼈, 엉덩이뼈가 드러난 누드 여인 조각상을 보면서 '미인'이라 명명해준다. '마르다'라는 말이 대접받는 시대에 미디어가 주도하는 "과도한 고통"을 '미인'이라는 역설로 풍자한다. 병원에서의 단상을 서술한 〈등〉은 교통사고 가짜 환자를 목격한 사회부조리를 고발한다. 양심을 잃은 부끄러움을 '등'에 비유하여 "누군가 내 등을 보고 있다"라는 결미에 일침을 가한다. 글을 읽는 독자라면 누군들 정신이 번쩍 들지 않겠는가.

빈터에 가꾼 농작물을 행정기관의 강제철거에 아쉬워한 〈텃밭〉은 인간의 토지소유권이 "허무맹랑한 공수표"로 인지하고, 허리 통증에서 사유가 시작된 〈허리〉는 가장의 자살, 생계형 범죄, 구조조정 등 중년의 건강하지 못한 허리로 확장되면서 가장의 실한 허리가 사회를 지탱할 수 있음을 융합한다. 무엇보다 "홍역이다"라는 서두로 풀어내는 〈척촉躑躅〉에 이르러서는 언어적 감각과 압축된 주제의 묘사가 절정에 다다른다.

> 한차례 바람이 인다. 흔들리는 철쭉들, 어디서 보았더라. 봉긋한 꽃잎 속에 붉은 꽃술을 치켜세운 그것은 일순 수많은 촛불이 된다. 촛불은 약한 바람에 꺼지면서도 여럿이 모이면 온 세상을 채운다. 어둠 속에서도 빛을 잃지 않고 새벽을 기다리는 불꽃, 자신의 몸을 불살라 주위를 밝게 비추는 촛불을 지켜보는 사람들 모두 굳건한 열망으로 행렬 속에 함께 있었다.
>
> – 〈척촉躑躅〉 일부

송명화는 홍매산 산철쭉[척촉]의 "핏빛으로 일렁이던 꽃무리"를 통해 촛불광장을 떠올린다. 군중들의 분노가 "침묵"으로 응집되어 "촛불"은 "꽃불"로, 다시 "불꽃"으로 환치되는 의식을 접견하게 된다. 아울러 〈비린내〉는 선거판을 꼬집었다. 자갈치시장에서 구입한 생선을 손질할 때, TV의 선거 후보 토론을 듣고 새 정치인은 신선한 향으로 비린내를 몰아내길 기원하는 풍자를 담았다. 작가의 이러한 세태 비판은 더 나은 세상을 위한 통로로써 충분한 길항의 가치를 지니고 있다.

3. 경계 그리고 그 너머

작가의 시선은 시공을 초월해야 한다. 역사 옆에 위치하기도 하고 공간의 경계를 가로지르기도 한다. 미화와 왜곡이 아니라 통시적 시선의 고찰이라 하겠다. 송명화가 응시하는 대상 역시 시공간을 넘나든다. 그가 관조하는 눈은 송명화 개인을 벗어나 사회적 소통으로 치유와 구원을 요청한다. 앙가주망적 쓰기 행위로 요약해볼 때 문학이 사회를 민감하게 비추는 거울이라면, 작가는 나아갈 방향을 제시하는 역할을 담당하기 때문이다. 〈악질군사〉는 중국 여행길에서 만난 연변조선족 가이드 철수의 애환을 그렸다. 소수민족의 삶은 "처절한 전투"나 다름없다.

> 축구를 좋아하는 조선족 아이들과 농구를 좋아하는 한족 아이들이 운동장에서 놀 때마다 다툼이 일어났다. 운동장을 반 갈라놓고 놀았지만, 축구공은 한족 구역으로 넘어가기 일쑤였다. "너거 땅에 가서 살아라. 우리 땅이다!" 한족 아이들은 이 한마디로 기선 제압을 노렸고, 조선족 아이들은 곧바로 악질군사가 되고 말았다.
>
> – 〈악질군사〉 일부

송명화의 표현대로 '너거'는 서러운 낱말이다. 그는 고구려의 역사현장에서 살아남기 위해 '악질군사'라는 별명도 기꺼이 보듬는다. 인민증의 민족난에 '조선'이라는 글자를 당당하게 새겨 넣는 일도 자존심이자 실존의 증거이다. 작가는 그 부분에서 민족정신을 되살린 단편 〈붉은 산〉의 주인공 '삵'을 떠올린다. 탈향脫鄕의 땅에서마저 우리의 말과 글과 문화를 뿌리내리고자 하는 연변조선족들을 "당당한 소나무"와 "끈질긴 인동초"에 비유함은 결코 부족함이 없다.

〈우렁각시〉는 인종과 민족, 문화의 경계가 허물어지는 다문화시대에 베트남 신부 부티안을 "현대판 우렁각시"에 비유하고 있다. 농촌총각 결혼 문제가 심각한 시대상에 비추어 다문화가정에 보내는 따뜻한 눈길이라 하겠다. 〈두 개의 눈〉에서는 열 살 때 감전으로 두 팔을 잃고 두발로 피아노를 연주하는 중국의 젊은이 류웨이의 서사를 전하면서 꿈을 잃은 청춘들에게 용기를 전한다.

송명화의 시선은 굳건하다. 자칫 연민으로 기울 수 있는 시점에서도 균형적 감각을 유지한다. 평형적 시선으로 그들이 바라보는 세상 그대로를 보여주려 노력한다. 그 점에서 작가의 의지에 따른 진동과 울림은 더욱 크다고 할 것이다. 제주 4·3사태 마을을 찾은 기록서 〈황무지〉를 통해서는 피로 얼룩진 "현대사의 그늘"을 읽는다. 길섶 잡풀 속에 묻혀가는 표석을 보며 '잃어버린 마을'에 존재했던 주인공들을 기리며 비극의 역사를 회고한다.

작가의 시선은 인도 폭죽공장으로 횡단한다. 담보노동자가 된 아이들의 삶을 서러운 〈탱자꽃〉으로 치환하여 국제사회를 향해 목소리를 드높인다.

> 인도 폭죽산업의 중심지인 시바카시의 밤은 화려하다. 이곳에서는 생산된 폭죽을 실험하느라 밤마다 불꽃축제가 벌어진다. 폭죽이 터지는 동안 밤하늘은 화려하기 그지없지만, 불꽃이 스러지고 나면 어둠은 더욱 깊어진다. 그 어둠 속에 열네 살 치트라와 수많은 십대 아이들이 있었다. 치트라는 열 살 때 폭죽 공장에서 일하다가 폭발사고로 전신화상을 입었다. 피부가 오그라들어 이마와 눈을 제외하고는 성한 데가 없다.
>
> – 〈탱자꽃〉 일부

선진문명에 담보된 어린 노동자들의 기막힌 삶이다. 온몸을 담요로 가리고 눈만 내놓은 아이는 세상과 격리되어 있다. 혼자서는 설 수도 없지만 얼른 나아서 부모의 빚을 갚아주겠다는 순박함에 어른들은 저절로 고개가 숙여진다. 작가의 언술은 더욱 고조된다. 그들이 직면한 세상은 어른들이 "촘촘히 엮어놓은 감옥"인 탱자 울타리로, 어린 노동자들은 틈새를 뚫고 간신히 꽃줄기를 내미는 "탱자꽃"으로 비유한다. 그 폭죽으로 사람들이 열광하는 불꽃축제가 벌어지는 것이다. 화자는 화려함의 이면에 슬픈 눈빛이 배어있음을 잊지 말라고 부탁한다.

영화 '전함 포템킨'의 계단을 이미지화한 〈오데사의 계단〉은 흥미롭다. 총칼로 국민을 제어했던 옛 권력자의 집에서 나온 쓰레기를 계단에 설치한 비엔날레 전시작품을 통해 포템킨호의 선상 반란을 생각한다. 러시아 민중이 차르 정부군에 대항해 학살당하는 계단을 떠올리지 않을 수 없다. 권력자의 쓰레기도 오브제가 되어 "역사의 증거물"로 심판을 받아야 함을 혁명적 필치로 재현해 내었다. 금정산 미륵사의 쌀바위에 얽힌 신라 전설을 풀어낸 〈화수분〉은 인간의 탐욕이 생태계 파괴의 원인임을 재확인시켜준다. 파타고니아 물개 200마리의 떼죽음이 어업기술을 앞세운 인간의 큰손 때문임을 설명하며 화수분을 기대한 탐욕을 비판하는 것이다.

사찰에서 '난타의 등'을 생각한 작가는 종교의 문제점을 〈늙은 회화나무〉로 표명한다. 법당 안 호화로운 큰 등불 하나를 보면서 가난한 인도 여인이 자신의 머리카락을 팔아서 바친 기름등불 공양을 되살려낸다. 난타의 등과 대비되는 거대한 연등과 사찰 내 황금위패 판매가 불교신자인 화자를 실망시킨다. 그럼에도 불구하고 비구니 스님의 깨끗한 미소에서 "벼를 보지 않고 피만 보는구나"라는 독백으로 마음의 죽비소리를 듣는다. 그 모든 것을 500년 회화나무가 내려보고 있다.

독자는 한 편의 선禪수필을 읽는 듯 아찔하다.

표제작인 〈순장소녀〉는 복천박물관에 전시된 창녕 송현동 15호 고분의 인골이다. 송명화는 발굴된 비화가야의 16세 소녀 송현이와의 가상대화로 그녀의 슬픔을 위로한다. 아울러 현세의 시간을 버렸건만 "뼛조각으로 다시 현세로 돌아온" 순장소녀의 억울한 죽음을 해독해내려 한다.

> 송현이는 무덤 속에 누웠다. 차고 투명한 이성이 사라진 세상에서 그녀는 하나뿐인 생명조차 권력자에게 뺏겨야만 하였다. 처음부터 그 세상에 인간적인 자비가 있기나 하였을까. 세상 밖에나 무덤 속에나 그것은 자리하지 않았다. 고고학자는 그녀가 반듯한 뼈의 형상으로 볼 때 산 채로 매장되지는 않았다고 하였다. …… 학자는 다행이라고 표현하였지만 그녀에게 다행이란 낱말은 어울리지 않으리라.
>
> – 〈순장소녀〉 일부

현대과학기술은 소녀의 무릎뼈가 닳고, 빈혈과 충치가 있으며, 앞니로 반복하여 물건을 끊은 흔적까지도 찾아낸다. 하지만 아무리 기술이 발전하여 얼굴까지 복원하여도 한 맺힌 심중의 말을 되살릴 수 없다. 오로지 작가의 상상력만이 구현해 낼 뿐이다. 주인을 따라 무덤에 갇힌 온당치 못한 죽음을 '지배계층이 피지배계층을 세뇌시킨 무자비한 폭력'으로 해석해낸 송명화의 〈순장소녀〉를 읽어야 하는 이유가 여기에 있다.

부산의 산비탈 판자촌인 감천태극마을의 조형물 〈사람새〉가 전하는 말에도 귀 기울여야 한다. 문화마을, 한국의 산토리니, 마추픽추라고 추켜세울수록 더욱 "서러운 섬"으로 이질화된다는 사실을 각인시켜 주고 있다. 비탈에 선 사람들은 새가 되고 싶다. 거동이 불편한 요양원 치매환자들도 새가 되어 날고 싶다. 그들을 위해 송명화와 문학 도반들은 〈새는 다시〉로서 위로한다. 치매노인들 앞에서 새타령을 부르고 지도교수는 구슬픈 춤사위를 펼쳐낸다. 글로써 풀어낸 그 숭고한 몸짓에 어느 독자인들 자신의 부모님을 생각하고 속울음 울지 않겠는가. 그것이 수필문학의 힘이다.

4. 나가며

문학의 동시대성이란 무엇인가. 단언적으로 문학이 한 시대의 풍경과 고유한 문제의식을 거울처럼 비춰내는 것이라고 여긴다. 그러기에 '말과 글로써 세상을 바꿀 수 있다고 믿는 지식인'이 작가라고 하겠다. 송명화는 이러한 의식으로 타성에서 벗어나려는 창작활동을 충실히 하였기에 남다른 작가적 위상을 지닌다.

≪순장소녀≫는 정치인의 비양심, 황금만능주의적 가치관, 빈곤과 소외감, 상실된 인간성과 희망의 부재 등의 화소로 사회수필의 진수를 보여준다. 그 결과 수필문학이야말로 시대상과 분리되어 존재할 수 없음을 극명하게 드러내주었다.

송명화가 직조한 ≪순장소녀≫의 의미망을 따라간다면 독자 또한 어느새 공동체의 광장에 우뚝 서게 될 것이다. 그리하여 서로의 손을 잡을 때 '앙가주망'이 요구하는 모순된 사회를 바로 세울 수 있게 된다.

04

탈주 욕망으로서의 수필쓰기

– 이지원의 서사기호로 그린 수필 지형도

1. 문학을 한다는 것은

현대사회에는 다양한 이분법이 존재한다. 주체와 객체, 중심과 주변, 현실과 이상 등이 안과 밖을 경계 지어 주관과 객관, 진리와 허위, 물질과 정신, 선과 악 등의 갈등을 끊임없이 생성해낸다. 이러한 대립 개념들은 언제나 한쪽이 다른 쪽을 소외시킨다. 일례로 정상인과 광인을 가르는 구획선이 있는가. 그렇다면 무엇이 양쪽을 구별 짓게 하는가. 오히려 정상인이라는 환상을 파괴해야만 광인에 대한 올바른 사고가 이루어지는 법. 경계를 허물고 이분법적 쌍들을 전복시킬 때 비로소 광인의 음성에 귀 기울이고 짓눌려진 목소리를 끄집어낼 수 있다.

문학의 본질은 타인의 삶을 공유하고 감응하는 데서 시작된다. 그것은 사회적 갈등과 인간의 욕망을 보다 직접적으로 드러내어 새로운 정서를 불러일으킨다. 적극적인 의미에서 문학을 한다는 것은 '다른 삶을 사는 것'으로의 확장이다. 글을 쓰는 것이란 기존의 질서로 편입

하는 것이 아닌 경계를 넘어서는 일이기 때문이다. 특히 수필은 다원적 시각과 역동적 표현으로 텍스트의 다양한 해석을 추구한다. 그러한 작가의 역량이 수필의 지평을 넓히게 되는 것이다. 이 점을 바탕으로 하여 이지원 작가의 대표작 5편 〈멍꽃〉, 〈노을 속에 들다〉, 〈모차르트와 조기새끼〉, 〈탱자나무 울타리〉, 〈낙타가 태양을 피하는 법〉 속에 나타난 창조적 해석력을 살펴보고자 한다.

2. 소통을 위한 경계 허물기

경계boundary, 境界란 '어떠한 기준에 의하여 분간되는 한계'이다. 따라서 '경계 허물기'란 기존의 기준을 무너뜨리는 것을 의미한다. 철학자 푸코Michel Foucault의 사상은 정형화된 사고틀을 전복시켜 경계를 적극적으로 파괴하는 데 있다. 그는 경계를 허무는 방법은 기존의 정상적이라고 생각하던 것이 얼마나 불안정한가를 보여주고 동시에 가려서 보이지 않던 부분을 드러내는 작업이라고 주장한다.

이지원은 〈멍꽃〉에서 외부의 상처를 통해 내부를 바라보고자 한다. 화자는 수년 전부터 자신의 시야각이 점점 좁아지면서 빛을 잃어가는 지병을 겪고 있다. 약해지는 시력에 익숙해지면 눈으로 보던 경험을 떠올려 "생각으로 보는 것"에 의지한다. 하지만 머릿속 그림은 선명하지 않아 무시로 바닥에 나뒹구는 변을 당한다.

> 멍꽃이 피면 푸른 피가 한동안 속에서 우물을 판다. 어느 정도 시간이 지나야 꽃빛이 바래지면서 아픔도 사라지고 눌려서 핀 꽃자리에 가려움이 찾아든다. 시간 지나면 멍은 사라지지만 마음에 파인 우물은 내가 걸어온

길에 흔적 하나를 더 보탠다. 지상에 민낯을 내밀지 못하고 속으로 핀 꽃이 되어 켜를 이룬다.

이제 꼭 필요한 자리가 아니면 사람들은 나를 굳이 불러내지 않을 것이다.

- 〈멍꽃〉 일부

이지원에게 "풍경이 서서히 지워지는" 것보다 두려운 것은 "주변으로부터 소외"될지도 모른다는 생각이다. 하지만 '멍꽃'이 만든 '압화'를 통해 "속으로 핀 꽃"들을 인식하면서 마음을 다잡기 시작한다. 삶이란 저마다의 멍에를 지고 가는 일. 베토벤이 작곡으로 절망을 일으켜 세웠듯이, 고흐의 가난과 뭉크의 정신병도 그림의 촉매가 되지 않았는가. 뭉크가 "나는 나의 병이 치유되기를 원치 않는다. 내 예술에 강렬히 필요하기 때문"이라고 주장했듯이, 화자 역시 삶을 거스를 수 없다면 "곡진하게 사랑할 일"임을 인식한다. 그것이 행과 불행의 틀을 허물고 자신과 소통의 길임을 체득하기 때문이다.

〈노을 속에 들다〉에서는 불통과 아집의 경계 허물기를 보여준다. 작가가 단체 기행길에서 오래 머물고 싶었던 장소는 낙안읍성이다. 일행들도 제각각 보고픈 장소가 다르니 화자는 자신의 마음을 접기로 한다. 마지막 코스인 순천만에 도착했다.

노을이 스미기 시작한 순천만을 본 것은 처음이다. 하늘은 점점 붉은색의 향연을 이어간다. 시시각각 오묘한 색깔로 내 마음을 한없이 휘어잡는다. 그 아름다움에 취해 발길 닿는 대로 걷는다. 갈대밭 곳곳에서 탄성이 터져 나온다. 기대 없이 찾아온 곳에서 생각지도 못한 풍경과 마주친 것이다.

- 〈노을 속에 들다〉 일부

인간의 실존은 오로지 지각을 통해서 경험한다. 그 지각적 경험이 현재라면 과거와 미래는 잠재적 사고로서 인지한다. 노을 속에서 작가는 서두르고, 조바심 내며, 경쟁에 빠졌던 자신 위주의 삶을 돌이켜본다. 고집 부려서 놓쳐 보낸 것들에 대해서도 반성을 더한다. 해와 달 '사이'에 노을이 있고, 하늘과 땅 '사이'에 만물이 있으며, 인간 역시 그 '사이'에 담긴 존재임을 자각한다. 경계선상에서 만들어지는 생성으로서 '사이'의 인지가 대립의 경계를 허물고 있다. 그러기에 끊어진 길을 "줄배"를 잡고 건너듯이 생의 막다른 길을 만나더라도 자연스레 "해결"되리라는 희망을 품는 것이다.

혼종과 융합은 현대문화의 중요한 특징 중 하나이다. 특히 예술에서의 화소의 이질적 혼성은 다양한 해석을 요구한다. 전혀 다른 새로운 결합은 상식을 깨고 새로운 패러다임을 형성한다. 작가는 〈모차르트와 조기새끼〉의 구현방식을 통해서도 상상의 무한지대에 독자를 밀어 넣는다.

> 모차르트의 피아노 협주곡이 감미롭게 흐르고 있었다. 남편도 듣기가 좋았던지 나를 바라보며 "저 곡이 무슨 곡이지?"라고 물었다. 그때였다. 잠결에 어머니가 "그 고기는 조기새끼네." 하시며 다시 연하게 코를 골았다. 우리는 마주보고 웃었다.
>
> – 〈모차르트와 조기새끼〉 일부

이질성의 이분법이 해체되는 유쾌한 순간이다. 그러기에 기차 속 짐 꾸러미에서 새어나는 생선비린내와 이어폰에서 들리는 모차르트

곡이 섞여도 괜찮다. 그는 이미 "생활 속에서 함께 버무릴 수 있는 연륜"이 생겼으니까.

3. 탈주 그리고 새로운 배치

해체와 통합을 통해 성취하고 싶은 비전은 탈주하기이다. 들뢰즈식으로 해석하면 탈주는 떠나기로서 '선 하나를 그리는 것'이라고 할 수 있다. 여기서 '선'이란 도주가 아니라 욕망의 흐름들로 접속이 만들어 내는 새로운 의미를 뜻한다.

바가지에 물을 담으면 물바가지가 되고 술을 담으면 술바가지가 되는 것처럼 마주치는 '사건'에 따라 해석이 다르다. 이것은 자신이 머물고 있던 관계망을 벗어나 재배치되는 유목적 사고의 일부이다. 선과 사물의 결합에 따라서 반응과 해석이 달라지므로 하나의 진리란 존재하지 않는다. 탈주가 배치를 만들어내고 그것이 창조로 이어진다. 생성의 힘이 기존의 관습적 질서에 얽매이지 않는 새로운 존재 방식을 드러내는 것이다. 그리하여 마침내 출구를 찾는다.

탈주의 시작은 갇혀있음에 대한 상황 판단에서부터 시작한다. 시대, 장소와 상관없이 모든 문학은 당대의 삶에 대한 기록이며 비판적 성찰을 통해, 인식의 한계를 깨뜨리고자 한다. 새로운 탈주를 시도하기 위해서는 무엇보다도 자신 스스로를 설득시킬 수 있는 확실한 명분이 필요하다. 프루스트의 '잃어버린 시간을 찾아서'에서 현재 마들렌의 감각을 통해 과거 마들렌의 감각이 결합되어 우연히 사유하게 만드는 것처럼 감각은 때때로 시공을 초월한다. 이지원 역시 '탱자나무 울타리' 앞에서 "사물을 통해 기억이 새로워질 때가 있다."고 언술한다. 이렇듯 작가는 〈탱자나무 울타리〉에서 자본주의의 통념적 사고를 전복시키고 탈주선을 넓혀간다.

> 관사는 군인가족이 살았다. 그 안 정원에는 잘 손질된 꽃나무가 향기를 풍기고 마당에는 햇살이 가득했다. 우리 집은 가게 뒤에 딸린 살림집이어서 옹색하기 이를 데 없었다. 마당이라는 것도 웅덩이가 군데군데 패여 늘 질척거렸다. 여러 가구가 함께 쓰는 마당 한옆에는 음식물 찌꺼기를 모아두는 구정물통까지 있었다.
>
> – 〈탱자나무 울타리〉 일부

탱자나무집 아이는 서울에서 전학 온 동급생이다. 이분법적 요소는 유와 무의 관계로 작품에서 중요하게 다루어진다. 울타리가 안과 밖을 나누는 "경계"이며 "뛰어넘어야 할 벽"으로 상징되듯이, 관사 아이는 "듣기 좋은 서울말, 때깔 고운 옷, 끈이 달린 케미슈즈, 운전병이 모는 지프차"의 이미지로 표상된다. 애당초 화자와는 "태생이 다르고 출발선도 같지 않다"고 규정하고 있다. 그러나 들뢰즈의 주장처럼 우연한 마주침은 새로운 '기호signe'를 생성해낸다. 이지원은 우연히 그동안 그늘로만 각인하던 울타리 밖에 환히 볕이 든 풍경을 보게 된다. 비로소 '행'과 '불행'을 나누던 울타리의 개념에서 벗어날 수 있게 되었다. 그럴 때 우리는 스스로에게 질문한다. 누가 안이고 누가 밖인가. 과연 경계라는 것 자체가 존재하는 것인가. 이에 화자는 "세상일은 관점"에 따라 달라진다는 언술과 함께 현재 자신의 자리에서 "충만한 삶"을 살아내길 권유한다.

탈영토화는 전통의 통로와 기존의 코드를 떠나는 것이다. 탈주의 선들은 교차와 횡단으로 다양한 관계와 접속하여 새로운 배치 방식을 만든다. 중요한 것은 내용과 표현의 분리가 아니라 서로 영향을 준다는 사실이다. 그럼에도 불구하고 관념의 그물망에서 벗어나지 못한다면 양자의 대립 속에 갇혀 스스로 분절된다. 그 전략을 이지원은 〈낙타가 태양을 피하는 법〉에서 기술한다.

> 곤란하고 어려운 문제일수록 정공법이 가장 현명한 대처라는 것을 그때 알게 되었다. 그 일은 무시로 얼굴을 홧홧하게 하는 불편한 추억이 되었다.
> 사막의 낙타가 뜨거운 태양 아래서 작은 그늘조차 찾지 못할 때 오히려 얼굴을 태양과 마주한다고 한다. 태양을 피하려 등을 돌리면 몸 전체가 뜨거워지지만 태양을 마주보면 비록 얼굴은 화끈거리더라도 몸통 부위엔 그늘이 만들어진다는 것이다.
>
> – 〈낙타가 태양을 피하는 법〉 일부

이지원은 피부 시술을 위해 직장 휴가를 내면서 민망한 사실을 숨기려 했다. 하지만 출근날까지도 얼굴은 회복되지 않는다. 급기야 "장염 입원"이라는 핑계를 덧씌웠으나 오히려 동료들의 관심은 커져간다. 처음부터 솔직하지 못했음을 후회하지만 "호미로 막을 것을 가래로 막아도 모자랄 지경"이 되었다. 그때 작가는 낙타의 정공법을 떠올린다. 아울러 당국의 메르스 대처법에 대한 비판과 함께 올바른 판단이란 "잘못된 궤도를 수정하는 일"임을 역설한다. 이로써 이지원의 탈주 다이어그램이 추가되는 것이다.

4. 지평의 확장을 위하여

문학은 삶의 가능성을 탐색하는 방식이며 세상을 바라보는 태도이다. 사소하기 그지없는 일상이라도 삶은 다양한 의미로 가득 차 있다. 일상에 담겨지는 의미는 불변하거나 고정된 것이 아니라 작가의 서술 방법과 사유의 확대에 따라 가치가 달라진다. 들뢰즈와 가타리가 "글쓰기는 늘 미완성으로 끝나는, 늘 일어나고 있는 생성과 변화의 문제"라고 지적했듯이 내적 억압에서 벗어나고자 하는 작가라면 스스로 경계 허물기에 동참하기 마련이다.

이지원 작가가 제시하는 수필쓰기 또한 소통을 향한 관계맺기를 지향한다. 다양한 에피소드를 통해 경계 '너머'를 모색하고 있다. 그것은 당연히 현실화로 나아가는 생성구조로서 '탈주 욕망으로의 글쓰기'에 속한다. 나아가 더욱 견고한 틀을 깨는 수필의 지형도를 그려주길 당부한다.

제4부

기획부록

01 ≪나마스테≫, 탈식민주의적 경계 허물기

02 ≪삼오식당≫에 재현된 즐거운 입담의 난장亂場

01

≪나마스테≫, 탈식민주의적 경계 허물기

– 박범신의 ≪나마스테≫

1. 디아스포라, 그리고 저항하기

문학은 당대의 지배적인 이데올로기를 반영하기도 하고 더러는 그것에 동참하기도 한다. 이와 같은 문학과 이데올로기의 밀접한 상관관계를 인정한다면 이 시대의 이주노동자 문제를 다룬 소설에서 작가의 시각과 의식반영이 독자에게 미치는 파장은 클 것이다.

역사적으로 볼 때 18세기 이후 서구 제국주의 열강들이 아시아, 아프리카에서 식민지 통치기간 동안 인종적, 문화적 차별과 정치적 억압을 수행해 왔다. 이러한 유럽 중심의 백인 우월주의가 만들어 낸 제국주의적 수사학을 식민주의라 이른다면, 역사적 사건을 피지배자의 시각에서 바라보는 시각이 탈식민주의다.

즉, 작가가 지배자들에 의해 왜곡된 사실을 고발하고 파헤쳐 나가려는 시선이 바로 탈식민주의 담론이 가지는 속성이라 하겠다. 이런 까닭으로 탈식민주의적 글쓰기와 글읽기는 저항담론의 정당성을 주장하여 주변부에서 중심부로 이동시키기 위한 전략이 될 수 있다. 이러한 전략은 인종문제, 계급문제, 성차별 등 피지배자들에게 노출된 문제의 해결 가능성을 제시해 준다는 점에서 중요한 언술행위이다.

따라서 박범신의 장편소설 ≪나마스테≫를 통해서, 작가가 당대 사회구조를 어떻게 이해하고 있으며 이주노동자의 디아스포라Diaspora적 저항방식은 어떤 형태로 나타났는지 탈식민주의적 문화이론을 대입시킬 필요가 있다.

고국을 떠나 타국에 정착한다는 것은 새로운 정체성을 가지게 된 자신의 존재를 확인받는 것이며 다원성의 차별성을 인식하고 깨닫는 계기가 된다. 이러한 인식은 당대 문화와 사회를 진단하고 모순을 성찰하며 대안을 모색할 수 있다.

최근에 우리는 언론을 통하여 한국에 와서 일을 하다가 죽음으로 항의하는 이주노동자의 소식을 자주 접하게 된다. 이주노동자의 경우 글로벌리즘이 만든 21세기 노마드이자 이 시대의 비참한 추방자이다.

한국에 온 이주노동자들은 대다수가 불법체류자들이다. 그들은 경제적 궁핍에서 막 벗어난 한국인들이 기피하는 3D업종에 종사하여 한국 경제발전에 이바지하고 있음에도 불구하고 저임금을 받으며 각종 수탈과 억압에 시달리고 있다.

이주노동자들이 한국에 들어온 지 15여 년이 지나는 동안 그들에 대한 정책은 여러 번 바뀌었지만 여전히 한국 사회가 이주 노동자를 받아들이는 입장은 한국 경제 구조 안에서 필요 노동력만을 충당한다는 입장에서 벗어나지 못하고 있는 실정이다.

한국은 경제적으로 급성장을 이루어 노동력 수출국에서 노동력 유입

국이 되었지만 동일한 아시아계 유색인종임에도 불구하고 유색 아시아계 이주노동자의 차별이 더 심하게 이루어지고 있는 모순을 안고 있다.

뿐만 아니라 ≪나마스테≫의 주인공 카밀과 같이 전체 이주노동자의 70%는 현재 미등록자이다. 그들은 법적 테두리 밖에 존재하며 차별과 위협적 조건들이 뒤따르지만 뚜렷한 해결방안을 갖지 못하고 있다. 심지어 그들은 죽음이라는 극단적인 방법으로 임금체불, 감금노동, 인권유린 등의 문제를 저항하고 있다. 이러한 재현의 주체와 그 주체들을 지배하는 담론을 통해 문학 속의 탈식민지적 경계 허물기를 살펴볼 필요가 있다.

2. 친밀하고도 낯선 이웃

외국인 노동자들의 인권문제와 한국인들의 이중적인 태도를 다룬 작품으로 ≪나마스테≫는 주목된다. 작가가 지닌 이주노동자에 대한 파편화된 시선은 '카밀', '신우', '사비나'라는 인물 개체를 통해 드러난다. 특히 주인공인 네팔 출신 노동자 카밀을 통해 "권리를 박탈당한 벌거벗은 생명"으로 자아를 추방당한 이주노동자들의 억압된 삶을 재현하고 있다. 이 땅에 살고 있는 소외된 외국인 노동자들의 인권과 '피부색깔로 점수를 매기는' 비참한 삶에 대한 차별을 고발하고자 한 것이 작가의 집필동기라고 볼 수 있다.

2003년 불법체류자들의 강제추방령이 내려진다. 카밀 역시 '코리안 드림'을 꿈꾸며 불법체류자가 될 수밖에 없는 현실이다. 그들은 삶은 매순간 공포와 불안이 도사리고 있으며, 심지어 죽음의 위협도 멈추지 않는다.

가진 자의 횡포와 억압 속에서도 히말라야의 안나푸르나 설산만큼 투명하고 선한 카밀을 통해서 과거를 태연히 잊고 사는 우리들 마음속의 식민지 근성을 들추어내고 타자의 문화적 이질성의 장막을 벗길 필요가 있다.

> "한 청년이 달려오는 전철을 향해 부나비처럼 뛰어드는 장면이 텔레비전 9시 뉴스에 그대로 방영됐다. … … 2003년 11월 11일의 일이다. … … 그 청년은 서른한 살의 크리켓 선수 출신으로 코리안 드림을 좇아 한국에 온 스리랑카 사람 다르카였다. 영안실로 찾아갔다. … … 그의 모습이 너무도 생생해서 도무지 찾아가지 않고 배겨낼 수가 없었기 때문이다." (395쪽)

> "자본주의 세계통합 국면에 놓여진 우리의 삶이 미치광이 삶은 아닐까하고 느끼게 된다. 우리는 이미 너무도 독종이 돼서 신으로 가는 길을 잃었을 뿐만 아니라 어떻게 해도 우리 자신의 삶을 구원할 수 없는 참혹한 지경에 빠지고 말았다." (398쪽)

권력과 자본으로부터 희생되어진 이주노동자의 모습에서 작가적 소명의식이 드러난다. "그(다르카)를 죽음으로 내몬 수많은 '코리안'으로서의" 반성을 요구한다. 만연한 물신주의 속에서 신을 잃고 헤매는 현대인들의 허상을 흔들고, 자본주의가 지니고 있는 계급적 층위로 바라보는 거리의 문제점에 대해서도 지적되고 있다.

주인공 카밀과 사랑에 빠진 한국 여성 신우를 통해, 사랑의 베풂 행위의 주체로서 하위주체에 대한 우월감의 시선을 확인하게 된다. 그것은 40년 전의 '아메리카 드림'을 꿈꾸며 설움을 겪었던 우리의 모습을 들추어보는 일이며 우리 안에 내재된 편협과 잘못된 시선을 드러내는 것으로 확인된다.

이주노동자들은 스스로 해외 식민이 되어 그들의 물질적 충족과 문화적 개척을 꿈꾼다. 그러나 그 꿈은 환상이며 신기루임을 곧 깨닫게 된다. ≪나마스테≫ 속에 드러나는 이주 노동자들에 대한 한국인의 비하적 태도와 우월감은 식민주의 수사학의 한 단면을 보여준다.

> "우리 과장님은 물어봐요. 어제도 물어보고 오늘도 물어봐요. 네팔에도 해가 뜨냐, 니네 나라에도 달이 뜨냐, 니네 나라 여자들도 애를 낳냐 ……." (56~57쪽)

어이 촌놈…. 하고 그는 나를 불렀지요. 한국에 와서 배운 첫 번째 말, 촌놈이 됐습니다. 나는 네팔 사람이라는 뜻의 한국말이 촌놈인 줄 알았어요.

> 어이 촌놈 니네 나라 택시 있냐.
>
> 운전사가 묻는 것이었어요. 그 말이 무슨 뜻인지는 알았으나 나는 못 알아들은 척 아무 말도 하지 않았어요. 나를 비웃는 질문이었으니까요. 내가 대꾸해주면 그런 사람 또 묻도 또 물어요.
>
> 니네 나라, 텔레비전도 있냐.
>
> 니네 나라, 비행기 있냐.
>
> 그런 한국 사람들은 한 가지 생가밖에 안 해요. 부자, 아니면 가난뱅이요. 세상에 더 부자와 더 가난한 사람, 두 종류밖에 없고, 네팔은 거지의 나라이니, 거지들은 사람이 아니다라고 생각하는 거예요. (100~101쪽)

식민주의자들은 그들 눈에 미개하게 비친 이주노동자들을 경멸하고 무시함으로써 자신들 문명의 우월함을 자부하고 있는 것이다. 즉, 지배계층은 주체라고 생각하는 자신들과 차별하기 위해서 주변인들을 의도적으로 배척한다. 파농이 언급한 것처럼 원주민들이 개인으로 취급된 적이 없고 그들은 항상 함께 고통 받는 존재였듯이 이 땅의 이주노동자들 역시 개체는 존재하지 않았다.

우리는 우리 자신이 여전히 문화적으로 제3세계에 속해 있으면서도 제3세계의 문화나 인종에 대해서 냉대적이다. 이는 서양에서 싹튼 인종주의가 해방이후 여과 없이 수입되어 그대로 한국인의 의식 속에 내면화된 까닭이다.

한국의 집단적 문화 성격은 다른 집단을 살펴보는 방식에도 편견을 가진다. 이주 노동자들과도 다양한 문화적 차이가 있음에도 불구하고 한국의 문화가 중심이라는 의식은 다른 문화들을 흡수하거나 배타하는 방식으로 결정한다. 그동안 서구 선진국을 바라보며 느꼈던 열등감을 오늘날 이주노동자를 통하여 역차별을 하는 것이다. 그것은 타자에 대한 부정이며 그들은 야만과 무지라는 동일성에서 비롯된 이분법적 폭력이다.

박범신은 나르시즘적 권위에 고착한 채, 노동자들의 입장에서는 사유하지 못하고 말았다. 오히려 이주노동자들은 처음 그들이 배운 비속어나 욕설을 다시 지배자들에게 되돌려주어 역공하고 교란시켰더라면 교활한 교양civility을 가지고 어느 정도 저항 방법에 접근할 수도 있었을 것이다.

십대를 미국 땅에서 이민생활로 보낸 신우는 자신을 '무적자'라고 생각하며 본질적 소외감을 느낀다. 아버지와 오빠를 1992년 LA흑인폭동 사건으로 잃었고, 귀국 후 6개월 동안의 짧은 결혼은 강요된 섹스와 폭력으로 유린당했던 상처받은 삶이었기에 신우는 사랑을 믿지 않았다.

> 나는 무적자였다. 아버지가 마지막으로 자신을 걸었던 아메리칸 드림이 박살날 때 나는 젊은 날도 박살났다는 것을 알고 있었다.
>
> "나는 무적자니까……아, 아무것도 꿈꾸지 않았어."
>
> 나는 울면서 말했다.〈중략〉 나는 타고 남은 재 같은 여자였다. 적어도 카밀을 만나기 전까진 그랬다. (135~136쪽)

그러한 포기와 절망 끝에서 무시당하고 학대 받는 외국인 노동자 카밀에게 여자는 삶을 살아가게 만드는 새로운 빛을 만난다. 신우는 카밀을 통해 외국인 노동자들의 삶을 바라본다. 그리고 카밀을 위해 그 세계에 뛰어든다. 그리고 힘겹게 만든 가정을 지키기 위해 온 몸이 부서져라 헌신한다.

신우는 카밀을 통해 외국인 노동자들을 자신과 동등한 인격체로 존중한다고 믿었지만 그녀의 내면은 여전히 내 것을 지키기 위한 이기심으로 가득 차 있고 본질적으로 내가 속한 '우리'와 '그들'을 분리하고 있었다. 카밀이 결정적으로 상처받은 것은 "니네들……그렇게 가증스러운 인간인지 몰랐어."라고 부르짖는 신우의 말 때문이었다. 신우는 "니네들과 우리……사이엔 건널 수 없는 피부색의 강, 민족의 강, 그리고 우열의 강"이 흐르고 있음을 암시하며 서로 배타적일 수 없음을 강조했다.

평정심으로 잘 숨겨졌던 내면은 어느 순간 수면으로 올라와 카밀에서 씻을 수 없는 상처를 주었다. 신우 안에서 갈라진 인종과 나라, 하나가 될 수 없는 사람들, 결국에는 철저하게 구분되는 삶이었다. 이러한 신우의 행동은 이주노동자들의 고통을 해결할 수 있는 현실적 방안을 찾지 못하고 있다. 신우의 헌신적인 모성만으로 디아스포라적 현실 문제를 접근할 수는 없다. 이러한 신우의 양면성은 대다수 한국 사회 구성원들이 지닌 이중적 태도를 표상하고 있는 것이다.

> 걸핏하면 빰 맞고 걷어채이고, 매일 밤 야간작업까지 해도 꿈꾸던 대로 돈은 잡히지 않을 때, 코리안 드림이 뭔지, 생각하게 돼요. 〈중략〉
>
> 한국에는 법, 없어요. 한국 사람 지켜주는 법만 있어요. 미국 사람, 불란서 사람, 영국 사람, 지켜주는 법 있어요. 그러나 네팔 사람, 스리랑카 사람, 필리핀 사람, 방글라데시 사람 지켜주는 법 없어요. (83~84쪽)

부르조아들은 법률로 개체화가 되는데 이주노동자들은 개체가 없다. 오늘날 우리는 글로벌이라는 이름 아래서 마치 국가 간의 경계를 뛰어넘고 시간의 장벽을 부수며 커다란 원을 그리는 듯하지만 그 안에 주역들은 누구인가 생각해보지 않을 수 없다.

희생자 없이 누구나 승리자가 될 수 없는 일이다. 따라서 신우가 무의식적으로 한국과 네팔을 분리한 것처럼 작가 박범신도 민족주의적 시각으로 더욱 식민화시키는 담론을 만들어 내고만 것이다.

3. 재현의 비틀림과 응시의 결핍

외국인 근로자 고용법이 발효되면서 한국 정부는 고용허가제의 기반을 구축한다는 명분으로, 법 시행 전 4년 이상 된 불법체류자들을 강제출국시킨다. 외국인 노동자들의 농성과 자살행렬이 이어지는 가운데 카밀은 거센 탄압에 맞서서 투쟁의 선봉에 섰다가 결국 스스로 죽음을 선택하게 된다.

> 텔레비전에서는 이른 저녁 뉴스를 방영하는 중이었다.
> "신원 미상의 외국인 노동자가……."
> 아나운서의 목소리는 아주 차분했다. 〈중략〉 시청 앞과 광화문 일대를 비롯해 도심의 불빛이 화려하게 내려다보여서 가끔 사람들 눈을 피해 깊은 밤이나 새벽에 밤고양이처럼 옥상에 들른다고 했던 바로 그 호텔 건물이었다. 먼저 눈에 들어온 것은 클로즈업되어 화면 가득히 담긴 '더 이상 죽이지 마라'라는 검은 글씨였다. (359~360쪽)

카밀은 불빛이 화려한 수십 층 건물 옥상에서 경찰차의 싸이렌 소리를 들으며 많은 인파가 지켜보는 가운데 지상으로 뛰어내리며 장렬히 산화한다. 분명 카밀은 이전의 전태일보다는 스펙타클해졌는데 전태일의 죽음에서 느낄 수 있는 숭고함은 나타나지 않고 오히려 더욱 비참하게 느껴질 뿐이다.

전태일이 노동환경개선을 주장하며 평화시장에서 분신한 저항방법은 1970년 11월로 이미 30년 전의 방식이다. 그때는 전태일의 죽음으로 당대 사회의 거름이 되었고 한국노동운동의 출발점이 될 수 있었고 지향이 가능했다. 이러한 저항 방식은 1970년대 우리의 노동자 문제와 2000년대 외국인 노동자 문제를 똑같이 생각한 작가의 오류라고 지적할 수 있다.

카밀은 자신의 몸을 버릴 정도로 한국을 증오하거나 혹은 사랑하지 않았다. 그는 한국에서 사비나라는 옛 사랑을 잃었지만 신우와 애린이라는 새로운 사랑을 찾았고 충분히 행복하게 살 수도 있었다.

> 나 한국 역사, 배웠어요. 역사 배우고 한국 교포들 얘기 듣고 처음에 그렇게 생각했지요.
> 아, 한국 사람들은 우리들 심정 잘 알겠구나.
> 그렇지 않은가요, 누나? 〈중략〉
> 미안해요, 누나.
> 한국 사람 욕하고 싶어한 말이 아니니 이해해주세요.
> 저는 한국 싫어하지 않아요. 정 많은 좋은 사람 많이 만나봤어요. 또 싫어한다고 해도 그래요. 여기 와서 몇 년 지나면 다 정들거든요.〈중략〉 한국 사람들 그것만은 알았으면 좋겠어요. 여기 온 외국인 노동자들, 어디서 살든 한국 사람편 된다는 거요. (84~85쪽)

다른 자살한 이주 노동자는 돈이라는 현실적 동기가 있었지만 카밀은 자신이 번 돈을 사비나에게 다 줘버리고도 아무렇지 않다. 그는 네팔의 카펫공장 아들로서 한국에 와서 고생할 필요도 없고 또한 죽을 동기도 없는 것이다. 그런 그가 가족을 포기하고 분신이라는 결말을 택하게 되는 것과, 당연한 과거 운동권의 삶을 그대로 보여주는 것은 지나치게 작위적이며 이 소설이 가진 한계라고 할 수 있다.

작가는 주변인들은 결코 온전하게 한국인이 될 수 없는 존재이며 주체가 되지 못함을 은유적으로 암시하고 있는 것이다. 타자로서의 삶의 방식은 그 사회의 규범과 관습을 인지하고 순응하는 방식일 뿐이다. 이주노동자들은 그야말로 소멸하는, 도태되는 하위계층일 수밖에 없다.

마지막 구도에서 죽음은 욕망의 종결을 의미한다. 주체가 자신의 욕망과 타자의 욕망이 어긋남을 깨닫는 순간은 환상이 깨어지는 순간이며 타자가 살아나는 순간이다. 이러한 타자의식을 인식하지 못하고 환상과 욕망을 끝까지 찾고자 한다면 그것은 욕망의 종결, 즉 죽음을 통해서만 가능하다.

주인공 카밀이 자신의 욕망을 실현시키고자 하는 역동적인 삶의 실천이 결여된 점이 무엇보다도 아쉽다. 작가는 이주 노동자들의 힘들고 고달픈 삶만 작품 속에 삽화로 나열시켜 놓은 결과가 되고만 것이다.

탈식민주의의 이론에서 식민 주체의 문제는 중요한 쟁점이 된다. 탈식민의 주체가 누구인가 하는 문제에서 식민 주체의 정체성을 찾아야 한다. 사이드는 식민주체가 갖는 정체성이 서구 담론을 중심으로 형성되어 온 과정에 대하여 '오리엔탈리즘'으로 명명하였다. 이것은 서구에 의한 동양의 대상화 타자화의 경험과 그에 따르는 가치체계가 동양에 대한 정형성을 낳게 되고 선과 악, 강함과 약함, 밝음과 어두움 등 식민주의자와 피식민주의자 사이에 고정된 대립항을 만들어내게 되는 것이다. 이러한 도식은 동양의 이미지가 열등한 타자의 위치로 전락하게 되어 식민지 유색 인종에 대한 억압을 정당화 하는 이데올로기가 되었다.

가야트리 스피박Gayatri Chakravorty Spivak이 논문의 화두로 삼았던 '하위주체subaltern는 말을 할 수 있는가?'의 질문에 대한 답의 결론은 "하층민, 혹은 하위 계급을 의미하는 하위주체의 말은 남들이 들을 수도 읽을 수도 없다"는 것이다. "그들은 스스로 대표할 수 없으며, 타인에 의해 대표되어져야만 하는 것"으로 결론지었다. 즉, 하위주체를 주체나 계급이 되지 못한, 한마디로 재현으로부터 계속 미끌어져 나가는 존재로 개념화하게 된다.

즉, 식민의 상황 아래서 피식민 주체는 순응을 통해서 지배자와 같은 모습을 모방하지만 약간의 비틀림, 의도된 역치 등으로 저항을 도모하려 하는데 결국 지속적으로 말없음의 빈공간으로 남게 되고 만다.

≪나마스테≫에서도 스스로의 입장에 목소리를 부여할 수 없는 하위적인 여주인공 신우를 대표하여 이주노동자들의 문제를 말하려고 한 박범신이 스스로의 딜레마에 빠지고 만 것이다. 주인공 카밀은 잉여자질들을 보여주지 못한 채 서발턴subaltern까지도 나아가지 못했다고 할 수 있다. 이주노동자들은 공장 프레스기에 손가락을 잘리고도 산재처리를 받지 못한 채 강제 추방당했으며, 불법 단속을 피해 도망가다가 다치거나 죽었다. 그들은 한국 사회에서 '계급 이하의 계급underclass'으로 남을 수밖에 없었다.

결국 카밀은 한국의 노동자 속에 감금되고만 것이다. ≪나마스테≫ 속에는 오로지 작가의 동정적 시선만 있고 이주노동자들의 응시가 없다. 응시가 결여된 채 나타나는 시선은 결국 권력 속으로 이동하고 마는 것이다.

그러나 인도인 노무자와 조선족 다방 종업원 등의 주변부적 타자들을 소재로 배치한 이명랑의 소설 ≪나의 이복형제들≫에서는 적어도 응시가 나타나고 있다. 외부에서 유입된 비주류적 인물들은 주류에 의해 집중적으로 수난을 당하는 피해자들이지만 이명랑은 계몽주의적 어법으로 이들을 고난 받는 민중의 전형처럼 그리고 있지는 않다는 것이다. 오히려 작가는 주변부적 타자들이 그들의 존재를 당당하게 인식하면서 강렬한 '생의 의지'로 주어진 현실을 넘어서려함에 초점을 맞추고 있다. ≪나마스테≫에서 카밀이 보여준 저항방식과는 크게 대조가 됨을 알 수 있다.

4. 매끄러움과 얼룩, 기억하기

파농이 ≪대지의 저주받은 자들The Wretched of the Earth≫을 통해 탈식민 저항전략으로 폭력적 저항론을 제시했다. 피지배자들에게 있어 폭력과 저항은 자신들의 정체성을 회복할 수 있는 유일한 수단이며, 그러한 정체성을 바탕으로 진정한 민족문화를 달성할 수 있게 하는 적극적인 행위인 것이다. 즉 파농은 식민지인이 저항하고 투쟁하며 도전하는 것을 의식 있는 인간이 되려는 열망, 의식 있는 인간으로 대접받으려는 몸부림으로 설명하고 있다. 그가 주장하는 폭력적 저항은 식민지 민중의 의식각성을 중요시하는 진보를 지향한다.

그러나 바바는 라캉에게서 빌려온 '흉내내기mimicry'로 저항의 전략을 설명하기도 한다. 흉내내기는 적을 이겨내기 위한 닮음이요 위장이다. 전쟁에서 흔히 적의 정보를 캐내기 위해 잠입할 때 적과 똑같이 위장하는 것처럼, 겉으로는 차이가 없지만 내심으로는 바로 그 매끄러움에 저항하는 얼룩을 지니게 된다. 즉 효과적인 저항을 위해서 모방은 끊임없이 그 미끄러짐 · 초과 · 차이를 생산해야 한다.

또한 호미바바는 모든 권위들이 이미 해체된 것으로 보이는 혼성성의 유토피아적 공간을 현실 세계의 저항의 공간으로 옮겨놓는 것이다. 바바는 혼성성이 단지 식민주의 권위를 약화시키는 것만이 아니라 아주 적극적인 저항을 가능케 한다고 주장하고 있다. 바바는 재현을 차이와 혼성성이 생겨나는 자리로 본다.

'혼성성hybridity'이란 완전히 하나는 아니면서 빼 닮은 것이라 할 수 있다. 그것은 재현물과 재현 대상의 관계의 속성, 즉 재현의 거리를 암시한다. 그 거리에 의해 재현은 필연적으로 대상을 왜곡시키고 전위시킨다.

바바는 혼성성의 예로 전도사 아눈드가 인도의 원주민에게 기독교를 전도하는 과정에서 일어나는 대화를 재구성한다. 식민지 원주민들은 성서의 권위를 영국인의 책과 연결시키려는 아눈드의 재현을 거부하고 고기를 먹는 야만적인 영국 사람이 그 책을 주었을 리 없다고 부정하면서, 성서의 권위를 자기들의 방식으로 재현하는 것이다. 재현물과 대상 사이에 끼어드는 이러한 왜곡과 전위는 바로 바바가 말하는 혼성성의 문화를 가능케 하는 메커니즘이 된다.

이 소설은 표면적으로는 타자, 특히 이주노동자들의 인권에 문제제기를 하고 있는 듯하나 실제적으로는 당대의 사실주의적 묘사, 그리고 도덕적 경험 및 일탈 등 다양한 구경거리를 제공하는 산업사회의 소비상품의 유형적 특질을 여실히 드러내고 있다.

카밀은 한국 안에서 자신 스스로 응시를 보지 못한 채 절망 속에서 결국 욕망을 포기해버리고 마는 아쉬움을 남기며 소설은 끝맺음을 맺었다.

이에 박범신은 탈식민 작가들처럼 지배자들에 따르는 척 하는 '사실적 모방'인 것으로 보이지만, 실제로는 그들을 교란시키고 전복시키려는 전략인 '흉내내기'의 소설쓰기에는 접근하지 못했다. 이주 노동자 문제를 구체적 현실에 대입하여 분석하고 성찰하지 못했다. 등장인물들이 생생한 캐릭터로서 고유한 생명력을 지니지 못한다면 아바타로 전락할 우려가 크다.

그러므로 지배자의 시선에서 피지배자를 말살시키거나 침묵시키는 과정이 아니라 서로의 문화가 혼합되는 상호관계를 유지시켰어야 한다. 이러한 상호관계는 서로의 문화가 충돌하여 새로운 가치와 관습을 만들어내는 통합의 과정으로 발전하게 된다.

따라서 탈식민주의적 관점에서 이 소설을 쓴다면, 피지배자(이주노동자)들은 이제 카밀처럼 1970년대 전태일식의 죽음의 저항 방법이 아닌 혼성적 저항과 양가적 저항의 전략을 모색해야 할 것이다. 그것은 이주노동자들이 이 땅에 상륙하는 순간부터 이미 신화적 순수성은 더 이상 존재할 수 없기 때문이다. 피지배자들은 이러한 주체의 '혼성성'을 먼저 인정하고 '양가성'의 전략으로 식민자(이주노동자)들의 저항전략을 앞질러 교란할 때, 비로소 탈식민적 저항은 성취될 수 있다.

≪나마스테≫에서 혼종적 주체들은 탈식민지적 경계를 넘지 못했다. 결국, 이 땅의 '카밀들'은 여전히 존재한다. 이주노동자들의 역사는 계속하여 새로운 방향을 제시하려 할 것이다. 나와 타자의 관계를 '우열'이나 '틀림'이 아닌 '차이difference'로 바라보는 상생관계를 실천해야 한다.

02

≪삼오식당≫에 재현된 즐거운 입담의 난장亂場

– 이명랑의 ≪삼오식당≫

1. 소설, 이질성의 공간

소설은 한마디로 언어든 의식이든 이질성의 공간이다. 미하일 바흐친M. M. Bakhtin에 있어서 카니발의 광장은 바로 소설의 광장이고 이질성을 허용하는 광장인 셈이다. 광장이란 가령 라블레의 소설에 나오는 리용의 야르마르까같이 큰 규모의 시장을 말하는 것이다. 우리나라의 5일장이나 7일장을 비롯하여 영등포시장이나 자갈치시장도 마찬가지다.

바흐친의 카니발론에 있어서 공공광장은 죽음과 탄생, 위와 아래, 공포와 웃음 등 서로 이질적이고 모순적인 것이 동일한 '시공간chronotope'에 존재하는 것을 말하는 것이다. 그것은 어떤 한 장르의 살아있는 충동과 형태를 갖추는 이데올로기라고 규정지을 수 있을 것이다.

이러한 광장은 이질성이 충돌하고 갈등을 빚어내는 전장戰場인 것이지 목소리들이 일치하고 합의가 전제되는 곳은 아니다. 바흐친이 "우리는 자유롭고 민주화된 언어의 세계에서 살고, 글을 쓰며 그리고 말한다"고 이야기한 사실을 상기한다면 카니발의 광장은 바로 민중적이고 민주적인 언어적 공간이다.

이러한 언어적 공간에서 '독백주의'가 아닌 '다성성polyglossia'문학을 창조할 수 있으며, 다양한 작중인물의 독립적인 목소리를 통해 대화적 의사소통을 할 수 있는 것이다. 다성성의 창안은 문학에 있어서 일종의 '코페르니쿠스적 혁명'에 해당된다고 할 수 있다. 마치 코페르니쿠스의 체계가 지구와 다른 행성의 관계를 바꾸어 놓은 것처럼 다성성은 작가와 문학 작품의 관계를 바꾸어 놓기 때문이다.

바흐친은 다성적 문학의 뿌리를 카니발에서 찾고 있는데, 카니발의 근본정신은, 형식과 권위를 부정하는 자유분방하고 파괴적인 특성을 지니고 있는 '유쾌한 상대성'이 속과 겉이 거꾸로 뒤바뀐 삶을 창출한다. 카니발적 세계관은 파괴적인 동시에 생명력을 창출하는 '양가성ambivalence'을 지니며 진지하면서도 해학적인 장르인 풍자와도 통한다.

바흐친의 이러한 논의를 이명랑의 소설 ≪삼오식당≫과 연관시켜 볼 때, 사람들이 북적대는 '시장'이라는 공간적 배경에서 나오는 다양한 몸짓과 유쾌한 언어가 광장에서 나타나는 카니발의 향연이라 말할 수 있을 것이다.

이러한 점을 염두에 두면서 ≪삼오식당≫을 미하일 바흐친 이론과 연결시켜 분석함으로써 독자와 어떻게 교통할 수 있는지 살펴보고자 한다.

2. 미적 활동에서의 작가

치열한 언어 구사와 풍부한 이야기성으로 주목받은 소설 ≪꽃을 던지고 싶다≫의 작가 이명랑이 4년 만에 새롭게 선보인 연작소설 ≪삼오식당≫은 인간 내면의 가장 솔직한 목소리를 생동감 있게 느낄 수 있는 '재래시장'을 공간적 배경으로 인간의 사랑과 욕망의 서사를 재미있게 펼쳐 보이는 작품이다. 이명랑은 장편소설 ≪꽃을 던지고 싶다≫와 산문집 ≪행복한 과일가게≫에서도 스스로 '고향'으로 부르는 영등포시장 얘기를 썼다. 이명랑이 나고 자란 그리고 낮에는 과일장수로, 밤에는 소설가로 지금도 살고 있으며 어머니의 가게가 존재하는 영등포시장은, 작가에게 있어서 곧 상상력의 태胎다. 작가 자신도 과일밖에 모르는 과일 경매사와 결혼했다고 일찌감치 밝혀놓았다. 그래서 이 소설에서도 작가의 신변을 연상시키는 묘사가 많다. 이명랑 만의 거침없는 입담과 능청스럽고 천연덕스러운 시선이 못난 인생들의 비루한 개인사들과 묘하게 어우러지면서 독자들에게는 삶에 대한 색다른 숭고함마저 선사한다. 질펀한 삶터 이야기를 능청맞게 풀어놓는 이명랑을 두고 소설가 김형경은 '여자 성석제'라고 이름 붙였다.

3. 역동적인 '카니발의 광장'

≪삼오식당≫의 소설적 무대는 사람 냄새 강하게 나는 영등포 시장을 무대로 소박하고 친근한 이웃들의 애잔한 눈물과 희망찬 웃음, 삶의 악다구니를 따뜻한 시선과 구성진 입담으로 그려낸 작품이다. 과일장사, 밥장사, 야채장사, 양말장사, 생선장사, 커피장사 등 온갖 장사꾼들이 모여 사는 그곳 영등포 시장 길에서, 인간 본연의 사랑과 욕망의 솔직하고 생기발랄한 목소리와 만날 수 있다.

이처럼 '사람과 사람들 사이에서의 스스럼없는 접촉'은 일상생활을 지배하고 있던 위계질서를 무너뜨리고 거리를 없앤다. 소설의 배경인 시장은 현실에서 장벽을 이루는 사회적 지위, 학식, 빈부의 차이 등 가로막던 벽을 없애고 거리낌 없는 집단적 행위, 친숙한 몸짓, 질펀한 언어교향곡을 연주하여 수평적 카니발적 광장을 만든다. 그럼으로써, '관습적인 가치관이 지배하고, 장터 내부의 소문에 의해 의사소통이 개시되며, 돈의 엄청난 위력을 수긍할 수밖에 없는' 그런 곳이다. 그 소란스러운 풍경이란 바로 '산다는 것'의 그 이상도 그 이하도 아닌 삶이라는 본연의 태態에 가까울 정도로 솔직하고 리얼한 모습이라 할 수 있다. 상업 자본주의의 속성을 지닌 대형 할인마트의 합리적이고 기계화되고 근대화된 모습이 아닌 여전히 통속적이고 세속적인 가치관이 지배하는 세계이다.

뿐만 아니라 등장인물들의 포악한 태도, 패러디적이고 외설적인 말과 전복의 몸짓 등이 카니발적 '세속화Profanation'와 일치한다. 이러한 카니발적 세계관의 바탕에는 모든 일반적이고 공식적인 진지함을 거부하는데 바흐친은 이것을 '유쾌한 상대성'이라고 부른다. 카니발에서는 모든 계급조직이 뒤바뀌며 대립적인 것들이 혼합된다. 권위적이고 경직되고 진지한 모든 것들이 바로 이 유쾌한 상대성의 원칙에 의해 파괴되고 조롱당한다. 이 현상에서 가장 중요한 요소는 바로 '카니발 웃음'과 '패러디'다. 부자가 거지가 되고 왕이 노예가 될 수 있으며, 현실과 꿈이 뒤바뀔 수 있는 것이다.

시장이라는 곳은 생계와 양육으로 대표되는 먹고 사는 고민이 가득하고, 남성적인 일상의 폭력이 횡행하고, 육욕에 가득 찬 중년 여인들의 소문이 무성한 곳이다. 시장은 결국 입에 관련된 모든 것이다. 주변의 소문, 먹는 문제, 떠들썩한 노랫소리, 왁자스런 욕설, 싸움 등이 난무한다. 시장의 문제 즉 사는 문제는 결국 입으로 수렴되고 입 밖을 벗어나지 못한다는 사실을 소설은 말하고 있다. 그들은 닥치면 다 하게 되고, 언제, 어떻게 될지 모르는 게 사람 일이라는 사실을 삶의 철학으로 삼고 살아가고 있다. 인간이란 어떤 결정적 각성의 계기에 의해 확 바뀌지 않는다는 얘기다. 그래서 대개의 사람들에게 생은 드라마가 될 수 없다.

이곳에서 삼오식당 둘째 딸인 화자의 눈을 통해 펼쳐지는 영등포시장 풍경은 소위 '서민의 삶'이란 무엇인지 생생히 알려준다. 정치인들이 쓰는 단골 어휘이자, 이데올로기에 붙잡힌 '민중'보다 더 쉽게 마음을 때리는 '서민', 이 소설은 '사회적 특권이나 경제적 부를 누리지 못하는 일반 사람'인 서민이 어떨 때 분개하고 무엇을 위해 살아가는지 겁없이 보여주고 있는 것이다.

4. 시장언어의 유쾌함

≪삼오식당≫속에는 바흐친이 ≪라블레≫에서 말하는 억압된 몸의 해방, 즉 카니발의 물질적–육체적인 이미지인 '그로테스크 리얼리즘'은 등장하지 않는다. 또한 물질적 '풍요'도 나타나지 않는다. 그러나 욕설, 외설, 상소리 등 온갖 비속어와 상인 특유의 은어들이 출몰하는 하위 언술 장르인 '시장의 언어language of the marketplace'가 말의 문화를 중요하게 생각하게 만들며 '그로데스크한 언어grotesque language'를 만든다. 시장의 언어가 '그로데스크한 언어'라고 표현되는 까닭은 그것이 정상적이고 규범적인 문법질서의 위반과 언어의 '기괴한 배열'에 대한

새로운 의미층위를 확보하기 때문이다.

오늘날 백화점에서는 '침묵'과 '독백', '방백'이 암묵적으로 강요된다. 큰 소리로 떠들지 말고 우아하게 눈요기를 해야 하는 '독백주의'는 극단적인 경우 그 자체 이외에 존재하는, 동등한 권리와 동등한 책임을 지닌 또 다른 의식, 즉 또 다른 나(당신)의 존재를 인정하지 않는다. 독백적 접근방법에서는 또 다른 사람은 전적으로 그리고 단순히 의식의 객체로 남아 있을 뿐 또 다른 의식으로는 남아 있지 않는다.

이와는 달리 난장亂場에서는 민중들의 고함이 들려온다. 그들은 '명품'의 이름이 아니라 '물건'들의 이름을 목청껏 불러대며 '시장언어의 유쾌한 카니발'로 독자와의 '대화'를 유도하고 있다. 이 경우 대화는 단순히 두 사람이 주고받는 말을 의미하는 것이 아니라 포괄적인 개념으로 사용된다. 좁게는 그의 문학이론, 넓게는 그의 이데올로기 이론에 이르기까지 광범위하게 그의 사상적 근저를 이루고 있다.

바흐친은 표준어 같은 합법적이고 공식적인 담론 영역에서 배제되어 온 욕설, 상소리, 은어, 외설 등의 '시장의 언어'가 오히려 상대적으로 자유로운 언어라 일컬었다. 공식 언어의 '관행'이나 '질서'로부터 해방된 언술 형태들은 '친밀한 소통'을 기반으로 자신들만의 특별한 공동체를 만들어 '비공식의 자유로움'을 표출한다. 이러한 속성은 민중들의 '삶의 터'이자 '놀이의 터'를 이루는 시장에서 다양한 목소리를 냄으로써 협화음과 불협화음이 혼재하여 언어의 이질성이 드러나게 된다. 무엇보다 시장언어의 가장 큰 특징은 '웃음'이다. 웃음은 비판적 속성을 지니고 있음을 암시하며, 위엄을 박탈하는 행위이며 그것을 조롱하고 모독하는 행위이다.

'말'이라는 것은 대상이 삶의 사건이 되게끔 만드는 것이고 말이 다른 말과 접촉함으로써 사건으로서의 세계안의 뭔가를 바꿔나가는 것을 의미한다. 요컨대 대화는 화해가 아니라 갈등이며 각자 내적인 확신을 가진 인간들이 필연성에 대한 통찰을 벌이는 투쟁이고 사건이다. 서로가 서로를 종합하지도, 침투하려고도 하지 않는 두 세계, 두 개의 말이 경계에서 대화의 열린 공간이 마련된다. 만일 이 공간마저 없으면 대화는 불가능하다. 즉 바흐친에 있어서 '대화'란 것이 '양가성ambivalence'을 의미하는 것이다. 바흐친에 의하면 언어 구조 내부는 서로 용해될 수 없는 대립 개념들의 체계들로 형성되어 있다. 인식과 교환, 대화와 독백, 발신자와 수신자 사이의 담화, 보편적인 것과 특수한 것, 언술과 발화 등이다. 그러나 이들 대립된 개념들이 상호 보완적으로 참여하여 이들 이원적인 구성요소들의 정-반대의 대립에서 그 양자를 융합, 보완해 새로운 합일의 체계에로 나아가는 것을 말한다.

이명랑은 그의 소설에서 자유분방한 노골적인 언어를 구사하고 알몸의 육박을 표출하여 격하함으로써 오히려 시장은 삶의 활기가 넘치는 곳이며, 수태와 새로운 탄생을 의미하고 모든 것이 풍요롭게 성장할 수 있는 대치 관계를 그려내었다. 그리하여 격하는 하강의 곡선이 아니라, 재생의 의미를 지니고 있기에 서로 다른 것이 공존하는 그로데스크의 원칙과 일맥상통함을 보여주었다. 또한 '시장의 언어'를 소설 속에 배치함으로써 '유쾌한 속임수gay deception'를 동원해 '낯설게'함으로써 우리사회의 이데올로기적 속성을 비판하려는 전략을 담았다고 볼 수 있다. 바흐친은 이를 "산문적인 낯설게 하기"라고 부르는데 이는 일상어의 문법, 리듬 등을 바꾸고 언어를 '낯설게' 함으로써 다른 시각

언어를 창출해 낸다고 생각하였다.

5. 등장인물의 모자이크

≪삼오식당≫에 등장하는 인물들은 전형적이다. 제각각의 불운한 경험과 좌절당한 욕망의 뿌리 깊은 사연들을 안고서 살아가는 한결같이 초라하고 비루한 존재들이다. 새벽에 잠이 깨어 동트는 아침에도 노동으로 하루를 시작하는 영등포시장 사람들, 그들은 결코 순진하거나 고고하지 않다.

중풍으로 십 년 가까이 자리보전하고 있던 남편을 두고 악착같이 밥장사를 하여 세 딸을 키워낸 삼오식당 여주인에서부터 사위의 매타작에 딸의 몸보신용으로 우연히 개발한 '정력한방차'로 인생 대역전 드라마의 주인공이 된 커피 아줌마 차씨, 노름빚으로 달아난 무능력한 남편을 둔 과일가게 0번 아줌마, 일수꾼 특유의 곤조를 자랑하는 로타리 할머니, 술집 여자의 마지막 순애보를 처절하게 대변하는 노랑머리, 동네의 '걸어 다니는 생중계 소문 전파 라디오' 고물장수 박씨 할머니, 반 평도 안 되는 평상 위에서 아들딸 공부시키고 살림 밑천 마련한 봉투 아줌마, 번쩍거리는 눈동자를 굴려가며 목숨을 걸다시피 동네 공중 화장실을 지키는 똥할매 등이다. 삼오식당 여주인의 둘째딸이기도 한 화자 역시 시장 바닥에서 소설을 쓰고, 술에 절어 사는 '토박이 시장 놈'과 결혼했다.

이렇듯 ≪삼오식당≫에 등장하는 여러 인물들은 모두가 외향적인 특성과 내면적인 고민을 안고 살아가는 '살아 있는' 인물들이다. 이러한 인물들의 웅성거리는 모습은 삶의 활기와 인간 사회의 역동성을 대변하고 있다.

≪삼오식당≫에는 강력한 힘을 가진 절대적인 권력의 주인공이 등장하지 않는다. 작가는 살아 있는 전형적 주변 인물들을 골고루 '배치agencement'하여 수많은 이야기들을 형상화해서 독자와의 대화를 꾀하려 하였다. 이는 곧 민중의 힘을 한곳에 집중시키고 사람들의 말과 행동을 한 방향으로 몰고 가려는 지배적 이데올로기 소설이 아닌 바흐친의 말처럼 "형식의 각 요인들은 사회적인 상호작용의 결과"인 것이다.

이들의 삶을 둘러싼 무성한 소문과 진실, 가난과 불우의 기원과 행로를 좇아가다 보면 별볼일없는 인생들의 불운한 과거와 사연 많은 눈물과 악다구니가 7개 연작 속에 한바탕의 소란처럼 펼쳐진다. 작가 이명랑이 풀어낸 날고기처럼 생생한 언어 구사를 통해, 우리네 일상을 기발한 웃음과 즐거움으로 만날 수 있고 독특한 감동과 희망의 카타르시스를 느끼게 된다.

6. 들여다보기

시장통에 있는 공중화장실 안에 낡은 소파를 들여놓고 볼 일 보러 오는 사람들에게 동전을 뜯어 먹고 사는 똥할매와의 신경전은 웃음을 잃어버린 도심 한복판에 새로운 해학의 풍속을 그려보인다.

> 오줌 한 번 싸는데 오백 원이라니! 하루에 두 번만 싸면 천 원이다. 들어갔을 때 똥도 싸고 오줌도 누고 나오면 그래도 그나마 위안을 삼는 다고 치자. 똥 싸러 들어갔다가 똥은 못 싸고 겨우 오줌 한 번 찍 갈기고 나온 날은 얼마나 부아가 치밀어 오르는지 모른다.
>
> – ≪삼오식당≫, 205쪽

이렇듯 똥할매는 화장실에 들어가는 사람이 있으면 쫓아 들어가 기어코 몇백 원씩 뜯어낸다. 만약 주지 않고 들어갔을 경우 화장실 바깥에서 문을 걸어잠그는 일도 마다않는다. 생활전선에서 알몸뚱이로 버텨내는 시장통 사람들의 생생한 모습이다.

카니발 문학에서는 땀흘리기, 코풀기, 재채기하기, 한숨쉬기 등의 간접적인 배설행위를 포함한 대변이나 소변과 같은 직접적인 배설행위가 근심을 없애는 정신적인 배설행위로 표현 된다. 이러한 배설행위는 반대적인 면을 공유하는 이중적인 모티프로서, 카니발적인 세계 즉, 뒤집혀진 세상과 연결될 수 있다.

욕설 또한 카니발 문학에 잘 부합되는 언어이다. 이는 겉치레 중심인 정중하고 엄숙한 고급 언어에 반대하면서 친숙성과 솔직성을 나타내게 된다.

> "지선이? 앉어, 이년아. 그렇게 서 있으면 씨팔, 쪽팔리잖아."
>
> "병신 같은 년…… 쪽팔린 건 알구?"
>
> 피딱지가 엉겨붙은 입술 사이로 혀를 낼름 내밀어 보이며 억지로 웃음을 만들어내는 정희도, 누운 채로 팔만 뻗어 정희가 내 앞으로 밀어준 카스테라 빵 봉지를 발로 걷어차며 이딴 건 너나 처먹으라고 욕을 하고는 또 〈중략〉
>
> "나중엔 씨팔 오기가 생기잖아. 그 자식 밑구녕에 쏟아부은 돈이 얼만데. 다는 아니더라도 반은 건져와야지. 야. 너 같으면 안 그래? 맞은 것도 억울한데 돈까지 날려!"
>
> – ≪삼오식당≫, 25쪽

장터 사람들이 내뱉는 언어는 거친 육담과 질펀한 욕설 투성이다.

이러한 욕설은 '문화인의 교양이나 예의를 벗어던진, 자신의 욕망이나 감정을 직접적으로 노출시키는 언어'이기에 심각함 없이 생동감이 넘치게 된다. 그러므로 독자는 다성성을 지닌 서술자의 말에 공감하면서 새롭게 대상을 바라보게 되는 것이다.

이명랑은 그의 소설에서 희극적 언술을 구사하는 패러디 형식을 곳곳에 드러내 보이고 있다. 패러디는 문학사에서 '단어성monoglossia'의 세계가 높이 쌓아 올린 언어의 벽을 무너뜨림으로써 소설의 장르가 탄생하는 결정적인 길을 열어준다. 언어의 다성적 성격이 이질적인 요소들이 혼류함으로써 고상한 표현, 정형적인 틀, 고착된 가치관, 텍스트의 응집력을 파괴하고 초점을 흐트려 잡다한 것의 집합체가 되게 하므로 정적인 구조물이 아닌 역동적인 에너지를 지닌 구조가 될 수 있다. 바흐친에 의하면 패러디는 언어의 절대적 권위를 파괴하는데 있어 웃음과 풍자를 주요한 무기로 삼아 단성적 문학에서 벗어나 다성적 문학으로 나아가는 계기를 제시하고 있다.

> 장터길 대로변을 반도 채 가지 못해서 싸움판에 잠시 발이 묶였다. 노점상 단속하라고 나라에서 돈 주고 고용한 양아치들과 장터길 대로변을 까마귀떼처럼 뒤덮고 있는 바구니치기 장사꾼들 사이의 멱살잡이야 어제, 오늘의 일도 아니지만은 오늘의 분란은 애초부터 단속반 쪽에 더 큰 허물이 있는 듯싶었다. 〈중략〉
>
> "아이구! 저눔이 내 물건 밟고 그냥 간다, 그냥 가! 돈도 안 주고 내빼부리네!"
>
> 하필이면 이런 때 그 앞을 지나가던 행인 하나가 인도 아래로 쏟아져내린 할매의 방울토마토 하나를 밟았는데 악바리 할매는 단속반의 어린 놈과 죽

이네, 살리네, 드잡이를 하는 와중에도 그걸 그냥 놓치지 않고 쫓아가서 행인으로부터 기어이 천 원짜리 한 장을 받아냈다.

– ≪삼오식당≫, 23쪽

위의 인용에서는 패러디를 통하여, 행정관리의 허점을 날카롭게 꼬집으면서 삶의 전쟁터인 재래시장에서 '천 원짜리 한 장'의 소중한 가치를 대립시켜 자본주의의 폐해를 조명할 수 있게 하였다. 이렇게 돈에 집착하는 시장사람들을 비난할 수 없는 이유는 그들에게 돈은 탐욕과 축적의 대상이 아니라 생존의 필수조건이기 때문이다. 이러한 패러디는 과거의 것을 그대로 모방하는 반복의 패러디가 아니라 '비판적 거리를 가진 차이를 가진 반복'이다. 독자에게는 패러디의 담론을 통해 권력을 비판하는 기능과 틀과 틀의 파괴를 통해서 소설의 자기정체성을 확인하는 자기반성적 모드를 형성시켜 준다.

이러한 점으로 볼 때 패러디 문학은 창조와 비평의 기능을 동시에 수용하므로 도자와의 대화성이 형성되며 이러한 대화성은 담론이 닫힌 체계가 아닌 열린 기능을 가지고 타자의 목소리를 수용할 수 있는 개방성을 가진다. 즉 바흐친의 '이중적 목소리'를 가진 내적 대화로서의 담론이 되며, 현실의 부조리와 모순들을 뒤집는 카니발적 패러디가 되는 것이다.

7. 나오는 말

바흐친이 ≪라블레와 그의 세계≫를 비롯한 주요 저작을 통해 꾸준한 관심을 표명한 것은 '카니발Carnival'이다. 카니발은 지배적이고 공식적인 문화와 이데올로기의 영향권 바깥에서 오랜 기간 존속해 온 민중적인 웃음문화의 유산으로, 광범하고 파괴할 수 없는 삶의 조건이자 생산성과 역동성을 포착하는 축제의 개념이다. 이 축제는 위계의 개념을 전복시킨다는 점에서 해방적이며 축제적인 웃음은 끊임없이 변화하고 생성하는 세계에 대한 유토피아적 전망을 제시한다는 점에서 긍정적이다.

이러한 점과 연관시켜볼 때 소설 ≪삼오식당≫은 세속적인 가치관이 작동하는 재래시장을 배경으로 거침없는 입담이 있고 장사꾼들의 능청스런 시선이 있고 사연 많은 눈물과 한숨의 민중문화가 공존하는 진정한 '카니발의 광장'이다.

작가 이명랑은 능청맞고 천연덕스러운 시선으로 과일가게와 생선가게, 식당, 슈퍼마켓, 여관, 공중화장실 등이 즐비한 시장통의 고단한 삶을 모자이크화함에 있어 시장언어의 유쾌한 언술 장르를 펼쳐보였다.

시장 사람들의 삶은 질곡의 연속이다. 너나없이 가난하고 불우하지만 그 어떤 분노도, 미움도, 사랑도, 희망과 절망도 극단화하지 않고 삶의 흐름 속에 녹여버린 채 언제나 현재일 뿐인 삶을 살아간다. 작가는 시장 사람들이 밑바닥 삶의 체험에서 건져 올린 진리에 귀 기울이며 시장의 메커니즘을 날카롭게 보여줄 뿐이다.

이러한 점은 바흐친의 대화의 담론을 수용한 것으로 '다성성polyglossia'과 '이질성heteroglossia'을 함의하고 있다. 또한 어떠한 비전을 제시하지 않는 비종결성의 의미를 부여하게 된다. 즉, 인간은 고정불변한 상태로 남아 있고자 하는 모든 것을 거부함으로써 영원불변한 본질을 지니지 않는다.

이런 맥락에서 볼 때, 소설 ≪삼오식당≫은 언어와 인간, 예술과 사회는 모두 예측을 불허하는 자유로운 존재이며 새로운 변화로 발전할 수 있음을 가늠케 하였다. 아울러 민중들의 웃음 문화가 지닌 그로테스크의 본성을 담고 있는 '시장언어'를 다성적으로 '배치agencement'하여 언어의 이질성을 확장하고 심화시켜 카니발적 세계관을 담은 대표적 작품이라고 할 수 있을 것이다.